中国核工业发展历程

编著　沈昌亚　苏位莹

中国原子能出版社

图书在版编目(CIP)数据

中国核工业发展历程 / 沈昌亚，苏位莹编著．—北京：中国原子能出版社，2013.9

ISBN 978-7-5022-5268-7

Ⅰ.①中… Ⅱ.①沈… ②苏… Ⅲ.①原子能工业—概况—中国 Ⅳ.①F426.23

中国版本图书馆 CIP 数据核字(2011)第 123829 号

内 容 简 介

本书是根据中核集团公司人力资源部为配合新员工入职教育而编写的教材。书中系统、全面介绍了核工业发展的各个历史进程，通过翔实的历史资料和人物描写真实再现了核工业战线的全体职工在党中央的英明决策下，发愤图强，艰苦奋斗，完成“两弹一艇”的辉煌业绩；同时记载了我国从“以军为主”到“军民结合”，实现核电零的突破，以及在新形势下积极探索“以我为主，中外合作”发展中国核电的艰难历程。本书共分为十四章，第一章介绍了国外几个核大国核武器生产及我国解放初期核科研队伍状况；第二章至第五章介绍了第一次创业过程中取得的辉煌成就；第六章和第七章介绍我国处于转型时期的核工业状况；第八章至第十二章介绍我国核工业成功完成转型后，第二次创业再铸辉煌；第十三章介绍中国核工业集团公司的发展现状；第十四章介绍了与核电有关的其他集团公司。回顾过去，业绩辉煌；展望未来，前景广阔。在党中央领导下，中国核工业必将继续蓬勃发展，为经济建设和国防建设作出新的贡献，为振兴中华和造福人民提供更大的能量！

本书可作为中核集团及各成员单位新员工入职培训教材使用，同时也可作为社会各界、各院校广大对核工业事业感兴趣人士的参考读物。

中国核工业发展历程

出版发行 中国原子能出版社(北京市海淀区阜成路 43 号 100048)
责任编辑 王 青
技术编辑 丁怀兰
责任印制 潘玉玲
印 刷 保定市中画美凯印刷有限公司
经 销 全国新华书店
开 本 787 mm×1092 mm 1/16
印 张 9.5 **字 数** 236 千字
版 次 2013 年 9 月第 1 版 2013 年 9 月第 1 次印刷
书 号 ISBN 978-7-5022-5268-7 **定 价** 46.00 元

网址：http://www.aep.com.cn **E-mail：atomep123@126.com**
发行电话：010-68452845

中国核工业集团公司
核电培训教材编审委员会

中国核工业集团公司
新员工入职培训教材编审委员会

总　　编　孙　勤
副 总 编　李学东　黄国俊

编辑委员会

主　　任　王安民
副 主 任　潘建明　王理珩　孙习康　周刘来
委　　员　葛立华　陆文江　徐荣松　刘新河　魏素青

执行编委

朱　黎　刘玉山　王治丹　何　石

统审专家

黄国俊　郑庆云　汪兆富　吴国安

总　序

核工业作为国家高科技战略性产业，是国家安全的重要基石、重要的清洁能源供应，以及综合国力和大国地位的重要标志。

进入新世纪，党中央、国务院和中央军委对核工业发展高度重视、极为关怀，对核工业做出了新的战略决策。胡锦涛总书记指出："无论从促进经济社会发展看，还是从保障能源安全看，我们都必须切实把我国核事业发展好"。

中国核工业集团公司作为国家核科技工业的主体，拥有完整的核科技工业体系，是国家战略核力量的核心和国家核能发展与核电建设的主力军，肩负着国防建设和国民经济与社会发展的双重历史使命。从1950年创建核工业至今，历经了"两弹一艇"第一次创业的辉煌时刻，走出了和平利用核能、发展民族核电的成功之路，迎来了第二次创业的契机。

特别是2007年10月国务院正式颁布了《核电中长期发展规划(2005—2020年)》以来，国家核电发展战略已由"适度发展"、"积极发展"转变为"高效发展"，核电产业进入规模化快速发展时期，核电发展的强劲需求，为核燃料循环产业带来了广阔的发展空间。

随之而来，核专业人才需求进入高峰期，为加速培养核事业所需人才，满足中国核工业集团公司发展需要，使新员工尽快适应新的岗位，配合中核集团公司新员工入职培训，组织相关领域专家，撰写了中国核工业集团公司新员工入职培训系列教材。

这套教材旨在帮助新员工了解核工业产生、发展过程及核工业总体发展形势，秉承核工业精神，从而激发新员工的爱岗敬业精神。同时，通过对集团公司发展战略、企业文化、安全保密以及职业道德的学习，使新员工明确职业发展目标、提升职业素养、增强岗位适应能力、强化集团意识，使中核集团公司新员工培训工作更加正规化、规范化。

新员工入职培训教材可作为中核集团公司及各成员单位新员工入职培训

教材使用,同时也可作为社会各界、各院校广大对核工业事业感兴趣人士的参考读物。

中国核工业集团公司总经理 孙勤

2011 年 1 月

前　言

回顾历史是为了更好地展望未来。在党中央、国务院和中央军委的正确领导和亲切关怀下，我国核工业经历了两次艰苦创业。20世纪50年代至70年代，核工业的广大职工肩负国家安全与民族自强的崇高使命，克服重重困难，在第一次创业过程中成功研制了原子弹、氢弹、核潜艇，建立了一套完整的核科技工业体系。前辈们用自己的忠诚和智慧铸就的“两弹一艇”伟业，打造共和国盾牌，有效地遏制了敌人对我国实施大规模侵略的战争企图。核工业第二次创业的征程，始于党的十一届三中全会，在这一阶段，核工业的广大职工克服种种困难，“和平利用原子能，发展中国核工业”，成功建设了秦山一、二、三期核电厂，江苏田湾核电厂，广东大亚湾、岭澳核电厂，初步形成了核电、核燃料、核技术应用三大支柱产业的总体格局。

我国核工业60年的创业史，是核工业各级领导、科学家、工程技术人员和广大干部职工顽强拼搏、无私奉献的结果，是“事业高于一切，责任重于一切，严细融入一切，进取成就一切”的核工业精神的最好体现。为了激励和鼓舞年青一代的核工业人能继往开来，不断创新，核工业培训中心编写了《中国核工业发展历程》一书，书中记录了我国核工业在国防建设和国民经济建设中所走过的光辉历程。希望新一代核工业工作者能通过阅读此书，弘扬核工业精神，把握时代发展的脉搏，续写核工业发展新的篇章。

当前，我国核工业已进入了一个崭新的发展阶段，核军工科研生产和核电、核燃料产业要全面实现跨越式发展，新世纪头20年，是核工业人大有作为的一个时期。让我们肩负起历史赋予的重任，继往开来，不辱使命，为实现中国核工业集团公司提出的宏伟目标，为中华民族的伟大复兴贡献我们的力量！

编　者

2011年4月

目　录

第一章　创建核工业，保卫国家安全，维护世界和平

第二章　独立自主，攻克难关，建立军用核材料基地

第三章　自力更生,奋发图强,成功爆炸我国第一颗原子弹

第四章　不畏艰难,再接再厉,成功爆炸我国第一颗氢弹

第五章　第一艘核潜艇下水并试航成功

第六章　调整核工业布局，完成三线建设

第七章　改革开放为核工业带来了无限生机

第八章　大力发展核电，和平利用核能

第九章 核燃料循环产业得到长足发展

第十章 积极发展核技术应用产业

第十一章 核科研开发取得重大成就

第十二章 核能利用战略的新布局

第十三章　中核集团公司现状及发展

第十四章　与核电工程有关的其他集团公司(研究院)简介

中国核工业是在中国共产党正确领导下创建与发展起来的，是中华民族历史上前所未有的一项全新事业。为了制止核讹诈，反对核战争，保卫国家安全，维护世界和平，以毛泽东主席为核心的第一代中央领导集体，毅然作出了发展我国核事业的战略决策。毛泽东主席强调指出："要有原子弹，在今天的世界上，我们要不受人家欺负，就不能没有这个东西。"从此，中国开始了攀登当代科学技术高峰，建立核科技工业体系的历史征程。

"两弹一艇"（原子弹、氢弹和核潜艇）的研制成功，为建立我国的战略核力量提供了强大的武器装备保障，成功地构筑了保卫国家安全、维护世界和平的强大盾牌。同时，它标志着我国已经掌握了军用核材料生产和核武器技术，打破了帝国主义、霸权主义的核垄断和核讹诈，有效地制止了敌人对我国的战争威胁，为国家的长治久安提供了牢固的国防支撑，弘扬了军威与国威，使中国在一些原本空白的重要科技领域缩短了与世界发达国家的差距。在研制"两弹一艇"的过程中，成千上万的职工在茫茫无际的戈壁荒原，在人烟稀少的深山峡谷，隐姓埋名，以身许国，风餐露宿，不辞辛劳，经受了各种艰难险阻的考验。广大核工业人把个人的兴趣、人生的价值与国家安全、民族自强的伟大事业统一起来，为推进民族核事业的发展，献出了青春、智慧甚至生命，铸就了"事业高于一切，责任重于一切，严细融入一切，进取成就一切"的核工业精神，谱写出一曲曲感天动地的壮歌。中国建立了从铀矿地质勘查、铀矿采冶、铀转化、铀浓缩、核燃料元件制造、核反应堆，到乏燃料后处理、放射性废物处置一整套独立完整的核科技工业体系。目前，中国是世界上为数不多的拥有完整的核科技工业体系的国家之一，为中国核力量建设和核事业持续发展奠定了重要基础。面对风云变幻的未来世界，为保障国家安全、维护世界和平，中国必须保持有效的核威慑能力。

第一章　创建核工业，保卫国家安全，维护世界和平

1.1　20世纪中叶国内外核武器研究状况

1.1.1　国外核武器的发展态势

1.1.1.1　德国是最早从事核武器研究与试验的国家

1938年12月，德国科学家哈恩和斯特拉斯曼花了6年时间，在柏林威廉皇家化学研究所发现了铀裂变现象，并且掌握了分裂原子核的基本方法。这个科学研究结果震动了全球科学界。1940年年初，由物理学家魏茨泽克、海森堡、布雷格和施罗德等制订了德国核研究计划，代号为"U工程"。执行这一计划的领导机构是"帝国研究委员会"。他们很快设计并建造出了第一座用于实验的核反应堆。当时德国已占领了捷克斯洛伐克，并获得了普日布拉姆和雅希莫夫沥青铀矿。同时德国在挪威南部建造了一座世界上最大的重水生产工厂，从而使核武器研制的基本原料问题得到了解决。1942年，海森堡和德佩尔运用一个球形装置（反应堆）研制成功，从而开启了原子弹制造的大门。就在德国研制原子弹期间，美国和英

国也获得德国正在试验和制造这种威力巨大的核武器的情报。因此，同盟国不断派出飞机对德国的试验基地进行轰炸，主要目标之一就是德国的核试验场所，又不惜代价地破坏了德国生产重水的工厂，使得德国人在 1944 年 2 月 20 日不得不把设在挪威的工厂设备和 1 100 多千克重水运往德国本土。就在运输的过程中，英国派出一个特别行动小组，将运载设备和重水的《海德》号轮船炸沉于波罗的海，因此而延缓了德国研制原子弹的进程。直到第二次世界大战结束时，德国人也没能制造出一颗原子弹。但德国科学家哈恩和斯特拉斯曼因发现了重原子核的裂变反应，并且掌握了分裂原子核的基本方法，于 1944 年 12 月 10 日获得诺贝尔化学奖。

1.1.1.2 美国原子弹投向了日本

1939 年 10 月 11 日，美国总统罗斯福下令成立了“铀顾问委会员”。1942 年，罗斯福决定成立原子弹研究机构，地址设在纽约，代号为“曼哈顿工程”。这一工程投资 22 亿美元，投入人力达 50 余万。工程由格罗夫斯将军负责全面指挥，诺贝尔化学奖获得者、芝加哥大学教授康普顿负责裂变材料的制备工作，美籍意大利著名科学家、诺贝尔物理学奖获得者费米负责制造原子反应堆，物理学家奥本海默为原子弹总设计师。1942 年 12 月在费米领导下，于芝加哥大学建成世界上第一座核反应堆，并于 12 月 2 日首次实现人工控制的自持链式核反应。随后美国又建造了三座石墨水冷生产堆和一个后处理厂以生产钚。到 1945 年，终于研制出 3 枚原子弹，分别命名为“小玩意儿”、“小男孩”和“胖子”。1945 年 7 月 16 日，美国在新墨西哥州阿拉莫戈多的“三一”试验场内 30 米高的铁塔上，进行了人类有史以来的第一次原子弹试爆。“小玩意儿”钚装药重 6.1 千克，梯恩梯当量 2.2 万吨，试验中由于核爆炸产生了上千万摄氏度的高温和数百亿个大气压，致使一座 30 米高的铁塔被熔化为气体，并在地面上形成一个巨大的弹坑。在半径为 400 米的范围内，沙石被熔化成了黄绿色的玻璃状物质，半径为 1 600 米的范围内，所有的动物全部死亡。这颗原子弹的威力，要比科学家们原估计的大出了近 20 倍。

第二次世界大战的胜利以日本正式投降为标志。导致日本投降的原因有很多，其中美国向日本投掷了两颗原子弹是加速日本投降的重要原因之一。1945 年 7 月 28 日，针对敦促日本无条件投降的《波茨坦公告》，日本首相铃木表示，“本国政府……除了完全不予理睬并坚决把战争进行到胜利以外，别无他途”。美国通过截获的密码电报得知日本打算拖延时间，以争取有条件的投降。为此，美军方高层一致同意：应尽可能多地对日本平民和日本最高决策当局造成极其深刻的心理影响，而使用原子弹无疑就是一张王牌。

日本广岛是一个非常重要的军事目标，日本陆军总部就设在这里，有 2 万 5 千人的警卫部队保护着它。广岛还是一个军事工业密集的地方，在许多工厂、车间，甚至许多家庭中都进行着军事生产。1945 年 8 月 6 日上午 9 点 15 分，美军一架 B-29 轰炸机飞临日本广岛市区的上空，投下了名为“小男孩”的原子弹，致使广岛市 24.5 万人中有 15 万人死伤，城市建筑物在巨大冲击波的作用下几乎全部倒塌和烧毁，城市毁坏程度达 60%。一枚原子弹毁掉了一座城市。

长崎是日本最大的船舶制造和修配中心之一，同时也是一个重要的军港。在广岛被炸三天后，1945 年 8 月 9 日上午 11 时，美军又用 B-29 轰炸机将第二枚原子弹“胖子”投在长崎市中心，使长崎市 23 万人中 10 万人死伤和失踪，城市毁坏程度达 44%。就在长崎爆炸原子弹后的第六天，日本天皇裕仁宣布日本无条件投降，9 月 2 日，日本作为战败国，中、美、加、苏、英、澳、法、荷、新西兰等国代表依次签署了受降书，接受了日本的投降。日本在美国投下两颗原子弹后正式投降，加速了第二次世界大战结束的进程。

康普顿对用原子弹杀害无辜平民感到十分遗憾，他认为"让原子能为人类的进步和文明多多造福，这才是我们研究和生产原子能的目的"。

1952 年 11 月 1 日，美国在太平洋比基尼岛核试验基地成功爆炸了世界上的第一颗氢弹。

1.1.1.3　苏联爆炸试验成功原子弹

20 世纪 30 年代初期，苏联已经初步建立了核研究中心，当与德国化学家哈恩一起工作的犹太化学家迈特纳从德国逃到苏联并将铀裂变可能用于军事和德国的研究情况透露给了苏联人之后，斯大林决定加紧原子弹的研制。1938 年由核科学家库尔恰托夫和彼得·卡皮察主持开始了艰苦的研究试验工作。1939 年，苏联成立了"铀研究委员会"。

1941 年，苏德战争爆发，苏联的研究和试验场所几经搬迁。1942 年，苏联获得美国的"曼哈顿计划"情报，与此同时，苏联地质专家在阿尔泰、乌拉尔等地找到了丰富的铀矿，并在车里雅宾斯克、兹拉托乌斯特地区建立了一个特殊的原子研究中心。1943 年 9 月完成了第一个核装置的爆炸准备。这一核装置的当量只有 2 千吨左右，但却是世界上真正的第一颗原子弹核装置。9 月 10 日，这颗核装置被安放于无人的湖心岛上，以马林科夫为首的苏联大批官员和科学家亲赴现场观看苏联有史以来的第一次核爆炸。起爆前，人们被撤到 1 千米外的地下掩体中，只有物理学家别特尔萨克拒绝进入掩体。他不相信这颗核装置会有那么大的威力。核装置爆炸成功了，它在地球上升起了第一个蘑菇状烟球，别特尔萨克有幸第一个看到了原子弹核装置爆炸的壮观景象，却被原子弹核装置炸得无踪无影。

这个核装置由于体积大，容量小，难以达到实战要求。此后进展甚微。1945 年 7 月波茨坦会议上，斯大林得知了美国拥有原子武器的信息。接着美国的两颗原子弹在日本广岛和长崎爆炸。斯大林下令成立直属国防委员会的原子弹研制委员会，由贝利亚全权指挥，上千名科学家加入了原子弹的研制试验工作。

1945 年年底，斯大林亲自为核项目重新命名为"鲍罗金诺"，库尔恰托夫仍被任命为首席科学家。在美国参与原子弹研究的物理学家福克斯向苏联提供了有关制造原子弹的各种详细资料。1946 年 12 月 25 日，库尔恰托夫领导的核反应堆实现受控链式反应。1949 年春，苏联人获得了足以制造原子弹的钚。他们为即将研制成功的第一枚钚充料的原子弹命名为"铁克瓦"(意即南瓜)。试验选在中亚哈萨克的塞米巴拉金斯克靠近卡劳尔村的"米什克瓦"试验场进行。塞米巴拉金斯克核试验场戒备森严，外观看上去像座工厂。指挥所设在乌斯特卡迈诺高斯克。试验代号为"珀瓦亚-穆尔尼亚"，即"首次闪电"的意思。1949 年 8 月 29 日凌晨 4 时，"铁克瓦"在大气层中试爆成功。至此，苏联打破了美国的核垄断，成为世界上第二个拥有可用于实战的原子弹的国家。

在美国研制氢弹的同时，苏联科学家萨哈罗夫 1948 年也领导了氢弹的研究，1953 年 8 月在北极圈的弗兰格尔岛成功爆炸了一颗氢弹，仅比美国晚了 9 个月。

1.1.1.4　英国在澳大利亚沿海的一艘船上试爆原子弹成功

1939 年，英国的牛津、剑桥、利物浦和伯明翰大学全面展开了原子能的研究工作，并得到逃亡到英国的许多外国科学家的帮助。1940 年 5 月，丘吉尔就任英国首相后，在首都成立了以帝国化学工业公司华莱士、佩林为代表的秘密理事会，代号为“合金管”，进行核武器研究。丹麦著名物理学家尼尔斯·玻尔，为英国人提供了德国人“利用慢中子连锁反应制造炸弹”的重要情报，加速了英国人的科研速度。在一年多的时间里，英国人在核武器结构和供弹芯用的铀同位素分离研究方面取得了重大进展。但英国当时已被战争消耗得精疲力竭，已很难有财力、物力去加速研制原子弹。第二次世界大战后，英国人迅速在伯克郡建立了自己的科研基地，在坎伯兰市温克尔建立了一座生产钚的核反应堆。第一任负责人是约翰·科克罗夫特爵士。1946 年 6 月，K·福克斯从美国回到英国担任原子能研究机构理论部主任。1946 年 8 月，美国总统杜鲁门签署麦克马洪法案，决定由美国垄断原子弹生产，堵塞了美英原子情报交流渠道。1949 年 2 月，布鲁诺·蓬泰科尔从加拿大回到英国接任该基地主管科研的主任职务，使得英国的核科研工作得到加强。1952 年 10 月 3 日，英国第一颗原子弹在澳大利亚蒙特贝洛沿海的船上试爆成功，成为世界上第三个拥有核武器的国家。

1957 年 5 月英国在太平洋圣诞岛又成功爆炸了氢弹，成为继美国、苏联之后第三个爆炸氢弹并具有核作战能力的国家。

1.1.1.5 法国成为世界上第四个拥有核武器的国家

1945 年 10 月 18 日，戴高乐将军决定进行原子弹的研究，成立了原子能委员会，由著名物理学家居里夫人的女婿弗雷德里克·约里奥·居里担任主要负责人。1948 年，法国在本土上找到了铀矿，建造第一座反应堆，并于 1949 年分离出钚。

1952 年法国政府提出发展核武器的设想。1954 年 12 月，这一设想被孟戴斯-弗朗斯政府内阁会议列入议程。富尔执政时，决定发展钚元素的生产，并且筹办了分离同位素的工厂。1956 年，席勒内阁制订了核能试验五年计划。第四共和国末期的费利克斯·加亚尔政府决定制造第一颗原子弹。同年，法国建成第一座使用天然铀的二氧化碳石墨反应堆试验电站。1958 年戴高乐重新上台执政后，加快了研制核武器的步伐，最终，于 1960 年 2 月 13 日，法国在西部非洲撒哈拉大沙漠赖加奈的一座高 100 米的塔上成功爆炸了第一颗原子弹。这颗原子弹具有 6 万吨 TNT 当量的核裂变能量。法国成为世界上第四个拥有核武器的国家。

1962 年 6 月，法国政府又提出耗资达 300 多亿法郎的“军事装备计划法案”，其中 60 多亿法郎用来建立核威慑力量。法国很快便建立起了由陆基导弹、潜艇导弹和由飞机携带的核导弹所组成的三位一体的独立核力量。

1968 年 6 月 28 日，法国又成功地爆炸了第一颗氢弹，成为世界上继美国、苏联、英国和中国之后第五个拥有氢弹的国家。

1.1.2 要粉碎核威胁、打破核垄断，中国必须拥有自己的核武器

建国初期，新生的中华人民共和国面对的是一个满目疮痍、贫穷落后、百废待兴的烂摊子，经济和技术十分落后。国际上，以美国为首的一些西方国家在经济上对新中国实行全面封锁，在军事上美国宣布派第七舰队进入台湾海峡，武装干涉我国内政，严重地威胁新中国的安全。

1950 年 6 月 25 日，朝鲜半岛爆发战争。美国打着“联合国军”的旗号，悍然发动了侵略朝鲜的战争，并无视中国政府的严正警告，将战火一直烧到中国边境鸭绿江畔。1950 年 10 月 19 日，中国人民志愿军赴朝参战，朝鲜战争的形势发生急剧变化，志愿军和朝鲜人民军节

节胜利，把麦克阿瑟圣诞节前结束朝鲜战争的美梦化为泡影，在短短的一个多月内，美国军队向后溃逃了 400 多公里。朝鲜战场的战局震惊了美国最高决策层。11 月，美国总统杜鲁门在一次记者会上，公开叫嚣要采取一切必要措施，挽回朝鲜战局。在场的《纽约每日新闻》的记者敏感地提问：您所讲的一切必要措施，是否包括使用原子弹？杜鲁门明确回答：当然包括原子弹。这一条爆炸性的新闻，立刻传遍了全世界。当消息传到北京时，毛泽东看到此新闻报道内容后，没有丝毫畏惧，相反的，他命令志愿军继续向南推进。中国没有被杜鲁门要对中国扔原子弹的威胁吓倒，而陷入恐慌中的却是西欧各国，特别是英国，更是惊慌失措。他们认为，当时苏联已掌握原子弹，中国是苏联的盟友，如果美国对中国使用原子弹，西欧各国是美国的盟友，这样英国等国同样处于危险状态之中。英国首相艾德礼立即飞往华盛顿，会见了杜鲁门，陈述了利害关系。杜鲁门听了艾德礼的诉说，面对苏联同样拥有原子弹和西欧各国的危险处境，权衡利弊，终于把伸向核按钮的手，缩了回来。经过两年零 9 个月的时间，中国人民志愿军与朝鲜人民军一起浴血奋战，打得所谓“联合国军”溃不成军，闻风丧胆。最终将以美国为首的“联合国军”及其韩国国军赶回到三八线以南，世界为之震惊。美国发动的侵朝战争和挥舞的核大棒，没有吓倒中国人民，但却使我们认识到，要反对侵略、粉碎核讹诈，保卫祖国安全，维护世界和平，中国就一定要建立起强大的国防，一定要拥有自己的核武器。

在国外，坚决反对美国核讹诈政策的世界和平人士，也希望中国掌握核武器。1951 年，著名的国际和平人士、法国杰出的核科学家、诺贝尔化学奖得主约里奥·居里，在得知中国放射化学家杨承宗即将学成归国时，特地约见杨承宗并对他说，“你回国后，请转告毛主席，你们要反对原子弹，你们就必须要拥有原子弹。原子弹也不是那么可怕的。原子弹的原理也不是美国人发明的。”约里奥·居里还亲手将 10 克含微量镭盐的标准源送给杨承宗，作为对中国开展核科学研究的支持。刚刚推翻“三座大山”站立起来的新中国，此时连坦克、飞机等武器装备都还不能生产，核武器的出现又可能会在世界武器发展方面把中国远远地抛在后面。然而，掌握了自己命运的中国人民决不甘心落后，为了粉碎帝国主义的核讹诈和核威胁，发展核科学技术，研制核武器，建立核工业的任务，就被提到了新中国建设的日程。

1.1.3　解放初期中国核科研队伍状况

中国要研究核武器、建设核工业，就必须掌握核科学技术。早在 20 世纪二三十年代，就有一批中国青年知识分子远赴重洋，前往西欧、北美，就学于当时世界著名的物理学家和核科学家，学习掌握了许多的理论知识，并在国外开展了相关的理论和实验研究工作，如吴有训、赵忠尧、钱三强、王淦昌、彭桓武等人。他们分别在康普顿散射、γ 射线反常吸收、核裂变、宇宙线实验和理论等领域取得了显著的成绩。在旧中国，曾设立过两个核科学机构，一个是解放前不久，在中央研究院物理研究所设立的原子核物理研究室，仅有吴有训、赵忠尧（在美国）、李寿枬等 5 名科研人员。另一个是解放前半年，在北平研究院镭学研究所的基础上成立起来的原子学研究所，也仅有钱三强、何泽慧等 3 名科研人员。全国解放前夕，原子核科学高级研究人员只有 10 人左右，又分散在各处，至于设备，连一台小型加速器都没有。所以，尽管这些科学家虽曾于 30 年代在国内开展过原子核物理和放射化学的研究工作，但都因经费拮据，设备匮乏，没有取得什么进展。

新中国成立后，党和政府高度重视科学技术的发展，1949 年 11 月 1 日成立了中国科学院，在北平研究院原子学研究所和南京中央研究院物理所的一部分的基础上，于1950年5月，成立了从事核科学研究工作的中国科学院近代物理研究所。政务院任命吴有训为所长，钱三强为副所长（该所后于1953年更名为物理研究所；1958年更名为中国科学院原子能研究所；1984年更名为中国原子能科学研究院）。后由钱三强任所长，王淦昌、彭桓武任副所长。新成立的近代物理所于1952年制订了第一个发展核科学的五年计划，提出“在核科学技术基础上打下基础，为进一步开展核物理实验和建造反应堆创造条件”的目标。近代物理研究所一方面积极吸纳国内的科技人才，另一方面还积极争取在国外的中国科学家和留学生回来参加工作。一些在国外的爱国知识分子，积极响应祖国的召唤，放弃了国外优越的科研条件和生活待遇，历尽艰难，突破重重阻挠，相继归来。核物理学家赵忠尧就是其中一位。1949年年底至1950年年初，他利用中美之间还维持通航的机会，冲破美国联邦调查局的阻挠，把在美国购买的一批静电加速器部件和核物理实验器材运回祖国，自己在归国途中，曾遭驻日美军的非法扣押。后经我国学术团体和国外科学界朋友的声援，才于1950年11月底安全回国。1950年从国外归来并先后到近代物理所工作的有理论化学家郭挺章，理论物理学家邓稼先、金星南，实验物理学家肖健等。从1951年到1957年，回国并先后到近代物理所工作的科学家还有核物理学家杨澄中、陈奕爱、戴传曾、梅镇岳、李正武、郑林生、丁渝、张家骅，高能物理学家张文裕，理论物理学家朱洪元、王承书，物理学家汪德昭，放射化学家杨承宗、肖伦、冯锡璋，加速器专家谢家麟，计算机和真空器件专家范新弼等。他们回国后和已经在国内的科学家一起成为我国核科学研究的带头人。

1950年后，近代物理所又从国内大学选拔了大批优秀毕业生到所里工作。他们在老一辈科学家的教育、指导和培养下，通过科研工作的实际锻炼，系统地学习相关的理论知识，展开学术讨论，很快成为核科学各领域的中坚力量。

1.1.4 新中国成立以后核科研工作取得初步成果，为核事业发展积蓄力量

由于西方列强对我国实行了经济封锁和禁运，新成立的近代物理所缺乏研究所必需的仪器设备。科技人员就和工人密切合作，自己动手修旧利废，研制了一些必不可少的仪器。例如，清华大学的讲师金建中到所后，勇敢地承担了真空泵的研制工作，并成功地制作出各种不同规格的油真空泵，后成为我国真空技术方面的专家。

实验原子核物理方面，由赵忠尧、杨澄中指导，设计并建成了一台能量为70万电子伏特的质子静电加速器。后在赵忠尧、梅镇岳、李正武指导下建造了250万电子伏特的高压质子静电加速器。杨澄中设计的40万电子伏特的高压倍加器也初步建成，同时对回旋加速器的高频、磁铁系统也进行了初步设计，为发展圆形加速器作了技术上的准备。谢家麟开始了电子直线加速器的研究、设计和制造。

探测器研制方面，在何泽慧和戴传曾指导下，研制成功适用于记录射线和核物理、放射化学实验用的多种探测器，为我国粒子探测技术打下了基础。由陈芳允、忻贤杰小组研制了多种核电子仪器，解决了铀地质勘探队伍的急需。在梅镇岳、郑林生指导下，多种β谱仪和同位素分离器的设计研制工作也都取得了进展。

理论物理方面，在彭桓武、朱洪元指导下，摸清了当代核物理理论和实验研究的趋势，逐步开展了原子核物理和粒子物理理论的研究工作。

宇宙射线方面，王淦昌和肖健指导筹建了云南高山实验室，并利用多板云室开展了对电

磁簇射和奇异粒子的研究工作，后建成为中国第一座高山宇宙射线实验室，开始了奇异粒子和高能核作用的研究。20 世纪 50 年代，这个实验室共获得 700 多个奇异粒子事例，使我国在利用宇宙射线进行基本粒子研究方面达到当时的国际水平。

放射化学和反应堆材料研制方面，在杨承宗指导下，开展了铀的提取，制备了克级较纯的铀氧化物。由郭挺章指导研究了重水和石墨的制备，为建造反应堆做了技术上的准备。

对于一些非常急需而国内一时又无法制造的科研器材设备，在外汇十分困难的情况下，1949 年 3 月国家专门批给钱三强一笔外汇，请他利用去巴黎出席第一次世界保卫和平大会之机设法购买。后来因为大会改在捷克斯洛伐克首都布拉格举行，钱三强只好托人将部分外汇转交给支持中国搞核科学研究的法国物理学家约里奥·居里，请他代购一些器材和图书资料，1951 年先后由杨澄中和杨承宗携带回国，后来成为近代物理所依靠的重要器材和资料。

从 1950 年到 1955 年，全国的核科研工作取得了初步的成就，不仅使我国有了一定的核科学技术储备，更重要的是，通过实际科研工作，锻炼和培养了一批优秀的核科技人才，为我国发展核科学技术，迎头赶上原子能时代积蓄了力量，奠定了基础。

1.2　在我国广西发现新中国第一块铀矿石

有了核科学，如果没有铀资源，原子能事业也是不可能发展起来的。铀是实现核裂变的主要物质。早期，美国和英国的铀矿石是从刚果、南非、加拿大掠夺或购买来的。西方对中国的封锁和禁运使得中国连一般物资都难以购买到，更何况是铀这样的战略物资。即使买得到，当时的中国也买不起。所以新中国的核事业一开始就必须立足于国内的铀矿资源。

我国发现铀矿比较晚。1943 年地质工作者南延宗和田遇奇在广西钟山红花区黄羌坪发现铀矿物，这是我国首次发现的铀矿产地和铀矿物。但在旧中国，地质人员寥寥无几，加之国民党当局不重视，也没有作进一步的勘查工作。新中国成立后，毛泽东注重发展原子能事业，急于想了解我国铀矿方面的情况，因此十分重视铀矿地质事业。1954 年 2 月，地质部部长李四光、副部长刘杰等领导经过认真研究，并征求了前苏联专家组的意见，决定成立普查委员会第二办公室（简称普委二办），专门负责筹备铀矿地质勘查。普委二办成立以后，悉心搜集与铀矿有关的线索和信息，开展了两次意义重要的地质调查。第一次在 1954 年 7 月，根据日本人富田达在辽宁海城发现铀的记述，对该地区进行了复查，并采集了标本，经过估算，采场区的铀只有 800 千克，无工业开采价值。第二次是 1954 年 10 月，在广西壮族自治区富钟县黄羌坪发现了花岗岩体中的铀矿化，局部很富集，并采集了一块铀矿石，即新中国的第一块铀矿石（见图 1-1），并确定了我国南部地区铀矿床具有工业开采价值。广西发现铀矿的消息让毛主席欣喜万分，表示一定要亲眼看一看铀矿石。地质部副部长刘杰等人带着铀矿石标本和探测仪（盖革计数器）向毛主席作了汇报，毛主席还详细询问了勘查情况，当毛泽东、周恩来等领导从探测仪中听到“嘎嘎”的响声时，既感到新奇、神秘，又显得格外高兴。毛主席抑制不住内心的兴奋，说：“我们的矿石还有很多没被发现嘛！我们很有希望，要找！一定会发现大量铀矿。”又说：“我们有丰富的矿物资源，我们的国家也要发展原子能。”汇报结束后，毛泽东起身亲自送刘杰到门口，并握着刘杰的手嘱咐道：“刘杰啊，这是决定国家命运的大事哟，要好好干喽！”

图 1-1 新中国的第一块铀矿石

1.3 确定发展核武器战略决策，争取苏联技术援助

1.3.1 中央作出创建我国原子能工业的战略决策

1955 年 1 月 15 日，这是具有划时代意义的一天。下午，毛泽东主席在中南海主持召开中共中央书记处扩大会议，作出了建立和发展我国原子能事业的战略决策。这是一个崭新的历史起点，从此揭开了中国核工业艰巨而又伟大的创业历程。

由于这次会议事关重大，是中央专门讨论创建我国原子能事业的绝密会议，周恩来总理为这次会议做了精心准备，并亲自拟定了出席会议的名单，除书记处成员外，还建议彭真、彭德怀、邓小平、李富春、薄一波、刘杰参加，并且特邀两位著名的科学家李四光和钱三强。

这次会议由毛主席亲自主持。会议一开始，他就开宗明义地说："今天，我们这些人当小学生，就发展原子能有关问题，请你们来上一课。"李四光部长首先讲解了铀矿资源与发展原子能事业的密切关系，分析了中国有利于铀矿成矿的地质条件，介绍了我国铀矿资源勘查工作的筹备情况，并对中国的铀矿资源前景作了预测。接着，刘杰副部长作了补充发言。他主要介绍在广西地区发现铀矿的经过，并向在场的领导展示了从广西采来的新中国第一块铀矿石标本。之后，钱三强介绍了美、苏、英、法等国原子能发展的概况和我国近几年在这一领域所做的工作，以及核科学人才的聚集和培养情况。他还特别表示，目前虽然我国在原子能科学技术方面还很落后，但有党和人民的支持，有苏联的援助，有决心和信心赶上去。

最后，毛主席作了总结性讲话："我们国家，现在已经知道有铀矿，进一步勘探一定会找出更多的铀矿来。解放以来，我们也训练了一些人，科学研究也有了一定的基础，创造了一定的条件。过去几年其他事情很多，还来不及抓这件事。这件事总是要抓的。现在到时候了，该抓了。只要排上日程，认真抓一下，一定可以搞起来。"毛主席看了看大家问："你们看怎样？"然后又满怀信心地说："现在苏联对我们援助，我们一定要搞好！我们自己干，也一定能干好！我们只要有人，又有资源，什么奇迹都可以创造出来！"

这次会议开了 3 个多小时。会议结束后，毛主席请大家到餐厅吃晚饭。平日不喝酒的毛泽东，那天格外高兴，特意准备了红葡萄酒，举杯向大家祝酒，并大声说："为我国原子能事业的发展干杯！"

创建我国原子能事业的战略决策就这样决定了下来。在抗美援朝战争刚刚结束，我国经济力量还很薄弱，科技也十分落后情况下，作出这样一个决定是非常不容易的，这需要超凡的智慧与魄力。历史证明，这是一个极其英明的决策。邓小平在 1988 年谈到我国必须发展高科技，在世界该领域占有一席之地时特别指出："如果 60 年代以来中国没有原子弹、氢弹，没有发射卫星，中国就不能叫有重要影响的大国，就没有现在这样的国际地位。"

1955 年 1 月 20 日，我国和苏联签订了中苏合营在中国勘探放射性元素的协议书。同年 4 月，原普委二办改为地质部第三局，仍隶属于国务院第三办公室领导。

1955 年 9 月 14 日，决定在北京大学和兰州大学各设一个物理研究室，并决定在北京大学和清华大学设置相关专业。清华大学于 1956 年正式成立工程物理系。

1.3.2　争取苏联援助，引进核科学技术

1954 年 10 月 3 日，中南海丰泽园颐年堂，进行了中国和苏联两国最高级会议。中苏双方各自对国内情况和国际局势作了介绍和阐述之后，赫鲁晓夫主动问中方："你们对我方还有什么要求?"会谈前，毛泽东、周恩来等就已商定，在核武器研制方面要抓住时机，争取苏联援助，以谋求一个较高的起点和较快的发展速度。于是，毛泽东直截了当地提出："我们对原子能、核武器很感兴趣，你们能否在这方面提供点帮助?"听了这话赫鲁晓夫很吃惊，愣了一下后说："搞那东西太费钱。我们这个大家庭有了核保护伞就行了，不用大家都来搞它……如果你们十分想要办这件事，而且是为了进行科研，培训干部，为未来新兴工业打基础，我们可以帮助先建一个小型原子堆。这比较好办，花钱也不会太多。"显然，赫鲁晓夫婉言拒绝了毛泽东的要求，但是答应帮助建造一座实验性反应堆，这对于中国来说也不失为一件好事。

1955 年到 1958 年，中共中央抓住赫鲁晓夫在国际政治斗争中寻求中国支持的有利条件，最大限度地争取了苏联的援助。中苏在核科学技术和核工业领域以及核武器研制方面共签订了 6 个协定。援助的范围和内容也逐渐扩大。大批的苏联科学家和专家千里迢迢、不辞辛劳来到中国，积极地投身于我国的核工业建设事业，体现了精诚合作的国际主义精神。

苏联对中国的援助主要经历了三个阶段。

第一阶段，自 1953 年苏联成功爆炸了第一颗氢弹以后，苏美核军备竞赛进一步升级，因此，苏联深感核原料的匮乏，提出与中国联合开发铀矿资源的意向。中国对苏联的提议起初持不赞成的态度，但后来考虑到这有利于引进和掌握铀矿地质勘探技术，就同意了。1955 年 1 月至 1956 年 12 月，中苏在铀矿普查勘探和核物理研究方面签订了 3 个援助和合作协定。在铀矿的勘探和开采方面，1955 年 1 月 20 日，中苏两国签订了由两国合营在中国进行铀矿普查勘探的协定。协定规定：中方对有工业开采价值的铀矿床进行开采，铀矿石除满足中国的发展需要外，其余均由苏联收购。1956 年，鉴于苏联已经同意为帮助中国建立原子能工业提供技术援助，中国也需要大量的铀矿石，无法向苏联再提供铀矿石，1956 年 12 月 19 日，中苏修改协定，将两国合营改为由苏联提供技术援助，中国自主经营。另外，在核物理研究方面，中苏两国于 1955 年 4 月 27 日签订了关于苏联援助中国发展核物理研究与和平利用原子能的协定，由苏联帮助中国建造一座功率为 7 000 千瓦的研究性重水反应堆和一台 2 兆电子伏特的回旋加速器。重水反应堆和回旋加速器的建成，显著改善了我国核科学研究的技术装备，加快了我国核科学研究的步伐，促进了我国第一个综合性核科研基地的建设，对核科学理论和应用技术的发展产生了深远的影响。

第二阶段是苏联援助中国建设原子能工业。中国早就有创建核工业的设想。1956年，苏联原子能科学家代表团来华访问，向我国科学家介绍前不久在日内瓦召开的国际和平利用原子能会议的情况，了解中国发展原子能的规划，并向周恩来表示愿意对中国进行援助。8月17日，两国政府正式签订协定。协定规定：苏联援助中国建设一批原子能工业项目和一批进行核科学研究用的实验室。

第三阶段主要是在核武器研制方面。1957年中国在争取苏联援助上又出现了新的转机，赫鲁晓夫想在莫斯科召开的世界共产党工人党会议上巩固其地位，需要中国共产党的支持。中共中央抓住这一时机，派聂荣臻于6月18日会见苏联驻华经济技术总顾问阿尔希波夫，再次提出核科学技术援助要求。9月赫鲁晓夫表示，原子弹、导弹都会给的，请毛泽东到莫斯科参加国际会议。在参加国际会议期间，中国与苏联签订了国防新技术协定。协定规定：为援助中国研制原子弹，苏联将向中国提供原子弹的教学模型和图纸资料。此外，1958年9月29日，中苏两国还签订了关于1956年8月17日协定的补充协定，明确多数项目的完成期限定于1959年至1960年。

由于成功地引进苏联的先进技术，我国的核工业建设一开始起点就比较高。同时，中国核工业很好地贯彻执行了中共中央关于“自力更生为主，争取外援为辅”的方针，在建设过程中一方面虚心向苏联专家学习，另一方面注重培养自己的科研队伍和人才，掌握关键的科学技术，使中国核工业一开始便走上了健康发展的道路。后来，由于苏联单方面撕毁协议，协议中的许多条款都未能兑现，也给我国核工业建设造成很多困难。

1.4 全国抽调精兵良将，建立核科学研究基地

1.4.1 全国大规模选调人员，组建核工业队伍

中共中央作出发展核工业的决定后，为了确保核工业的顺利创建，1955年1月31日周恩来总理在国务院全体会议上的讲话中特别指出，办原子能事业没有足够数量的人是不成的。在全国范围内，从核宣传、组建新机构到大规模地选调干部、专家、高级技工和大学生等都做了大量的工作，使核工业逐步拥有了一支政治素质好、科技攻关能力强、吃苦耐劳、能经受各种考验和锻炼的队伍。

1954年年底至1955年上半年，为了使全国都来关心和重视原子能事业的建设，周恩来指示，首先做好舆论宣传工作。他要求：中国科学院组织在北京的有关科学家和教授向领导干部宣讲原子能的科学知识及其重要性，以提高他们对这一事业的认识和关心程度；举办科普讲座，编写通俗读物，普及原子能科学知识和应用知识，造成一个全国人民关心原子能事业的气氛；在全国重点院校中创办原子能方面的专业，以保证核工业科技干部队伍建设与发展的需要；核工业可以根据需要优先选择回国的留学生；让在行政岗位上的专家归队，从事原子能工业科技工作。遵照周总理指示，中科院很快成立了以吴有训副院长为首的“原子能知识普及讲座委员会”。近代物理所钱三强等20多位科学工作者和高等学校的教授们组成了宣讲团，到北京和全国各地进行宣讲。出版了《原子能通俗讲话》，发行20万册。赵忠尧、何泽慧、杨承宗编写了《原子能的原理和应用》。为配合宣传，杨澄中当顾问，拍摄了关于原子能的科普幻灯片。

1956 年 7 月 28 日,周恩来向毛泽东、党中央报告,建议成立原子能事业部。同年 11 月 16 日,第一届全国人民代表大会常务委员会第 51 次会议通过决议,设立中华人民共和国第三机械工业部,宋任穷任部长,刘杰、袁成隆、刘伟、雷荣天、钱三强任副部长。之后,由地质部组建的铀矿地质局及其所属的地质勘探队,冶金部所属的铀矿冶局及其所属的三矿两厂,中科院所属的原子能所,建工部所属的北京第三研究设计院和建筑安装公司,由国务院下令调拨到第三机械工业部(1958 年 2 月 21 日,第一届全国人民代表大会第五次会议决定,将第三机械工业部改名为第二机械工业部)统一领导。另外还将技术力量较雄厚的一些工厂也调拨到该部,如:北京市综合仪器厂(后改为北京核仪器厂)、上海光华仪表厂、苏州阀门厂、大连五二三厂等 22 个单位,调入总人数超过 7 万人。

除了舆论宣传、组建机构外,还在全国多次进行大规模人员选调。其中 1956 年 4 月,经周总理亲自审核修改,并送刘少奇、邓小平、彭真核阅的《中共中央关于抽调干部和工人参加原子能技术工作的通知》下发后,在全国范围形成了一个为原子能事业大调干的热潮。有 1 895名党政管理干部和科学技术干部分别充实到铀矿地质队伍、原子能研究所、核工程研究设计院等单位,其中局处级干部 1 040 名,科技干部 815 名,俄语翻译 40 名。1958 年 9 月,党中央又发出了《关于为第二机械工业部抽调干部和工人的通知》。为配合抽调工作的顺利进行,二机部组成了 147 人的调干队伍,分为 11 个调干工作组,由局级干部带队,在全国展开选调,共调入 16 899 人,其中党政管理干部 2 579 名,科技干部 3 292 名,技术工人 11 028名。同年 9 月,卫生部还做出了《从上海、北京等 14 个省市医疗卫生部门为二机部抽调 700 名医务干部的决定》。1960 年 3 月经党中央决定,从中央各工业部门和科学技术部门抽调 106 名科技专家;1961 年 7 月,选调局级干部 69 名,科技骨干 121 名。1962 年 9 月又调入了 126 名科技专家到军工系统重要岗位,其中有郭永怀、余大光、程开甲、陈能宽、赖祖武等。1963 年 1 月,选调局级干部 18 名,科技骨干 226 名。如:姜圣阶、张沛霖、陈国珍、曹本熹、汪德熙、吴焕林、吴世英、吴征铠等科学家。

1.4.2 以“一堆一器”工程为基础,建设核科学研究基地

创建核工业最重要的一个环节就是建立核科学研究基地。1955 年 1 月 31 日,周恩来总理主持召开了国务院第四次全体会议,通过了《国务院关于苏联帮助中国研究和平利用原子能问题的决议》。同年 4 月,中国政府派出了以刘杰、钱三强、赵忠尧等人组成的代表团赴莫斯科,与苏联签订了《关于苏维埃社会主义共和国联盟援助中华人民共和国发展原子核物理研究事业以及为国民经济需要利用原子能的协定》。协定规定,苏联帮助中国建造一座功率为 7 000 千瓦的实验性重水反应堆和 2 兆电子伏特的回旋加速器。“一堆一器”的建成为全面开展核科学技术的研究和核试验创造了有利的条件。党中央决定以“一堆一器”工程为基础,建设综合性原子能科学研究基地。

当时国务院第三办公室负责筹划核工业的建设,三办副主任刘杰主抓这项工作。建筑技术局在国务院三办的直接领导和在苏联专家的协助下,首先进行了基地的选点工作,很快确定北京以西 40 公里左右的山区作为“一堆一器”的建设基地。在选址的同时还拉开了人员选调和组建队伍的序幕,一方面从各部门抽调政治过硬、业务能力强的专家、科技骨干、大专学生、熟练工人,从军队和地方调来党政干部;另一方面从国内选派专家、科技人员赴苏实习,并从留苏的研究生、大学生中挑选一部分改学核专业,建立一支科研和技术力量都十分

雄厚、特别能攻关、特别能战斗的队伍。

“一堆一器”工程共有39个子项，包括1号反应堆厂房、2号加速器厂房、通风中心、冷却塔、低温车间、实验楼等辅助工程。由于核工程具有高压、密封、清洁、防射线、耐腐蚀、耐辐照等特点，以及需要进行不锈钢焊接等特殊要求，而国内又没有这方面的经验和技术，因此施工和安装的难度很大。为此，中央特别从公安部选派军级指挥员刘伟来实际负责综合性原子能科研基地的建设。为了如期建成“一堆一器”，由三机部副部长刘伟、中共北京市委书记郑天翔和建工部副部长杨春茂组成三人领导小组，负责总协调。为了保证工程的进度，他们每月定期召开会议，总结任务完成情况，提出下一阶段的工作计划，检查存在的问题，组织协调解决。在工地上成立了三方联合指挥部，三个部门派出了一批司局长，常驻工地，统一指挥，现场解决问题。

负责原子能工业建筑与安装的人员，无论是技术人员还是工人都为能接受这项十分光荣而艰巨的任务而感到兴奋和自豪。他们在工作实践中边学边干、认真钻研、一丝不苟、总结经验、增长才干。为了保证质量和进度，在关键技术和工艺上，都由有经验的干部亲自操作，从而保证了工程的顺利进行。一些领导还与工人们一起同桌吃饭、同住工棚，了解情况，解决问题。回旋加速器的清洁度要求很高，为了达到要求，他们在已安装的设备平面上盖上白纸，上班后用手摸，没有灰尘才算合格。对于反应堆的重水氦气管道，大家用白绸子沾酒精擦拭，做到白绸子进出一个样。

为了保证工程的质量，“一堆一器”的建设者们严格要求，细致严密，决不放过任何一个疑点。当时我国的工业水平比较低，制造设备存在缺陷，就连苏联提供的设备也时常出现问题。如：苏联提供的反应堆铝内壳，在抽真空时出现漏气现象，需要用氩弧焊来补漏，而现场没有这样的焊工，就从沈阳飞机厂请氩弧焊工，借氩弧焊机来完成。

在建设者们的共同努力下，1958年年初实验性重水反应堆基本建成，1月20日开始调试，6月13日达到临界，7月1日正式投入运行。同时，高压静电回旋加速器也已建成，加速电子能量达2.5 MV。9月27日“一堆一器”正式移交使用，整个基地初具规模。中科院副院长张劲夫主持揭幕仪式，陈毅副总理剪彩。10月1日，我国第一座实验性重水反应堆生产出33种放射性同位素。“一堆一器”的建成为核科学技术研究奠定了基础，提供了重要的实验条件，为核工业各个工程项目的建设和投产提供了保障，输送了技术干部，培养了一批专业技术人才，有力地支援了核工业各单位的建设。

“一堆一器”的建成，体现了原子能科学研究基地创建者们高度的责任心、使命感，只有坚持认真细致的工作态度，才能保质保量，如期完成党和国家交给的创建我国第一个综合性核科学技术研究基地的任务。

第二章　独立自主，攻克难关，建立军用核材料基地

2.1　苏联背信毁约，中断对中国的核技术援助

世界风云，瞬息万变。苏联对中国的援助从一开始就是出于自身的政治、军事斗争发展的需要。20 世纪 90 年代，俄罗斯解密的档案证实，赫鲁晓夫对中国提供核技术的提议，曾遭到军方的强烈反对。因此，苏联尽量不提供军事应用方面的援助，特别是关键核心技术。1957 年 10 月，在进行国防新技术协定谈判时，苏联就拒绝提供核潜艇方面的任何资料。协议中达成的应向中国提供的原子弹教学模型和图纸资料，也以种种借口一推再推，如：中方需有专门的储存仓库，仓库修好后又提出保密条件不行，待苏联的保密专家验证合格之后，又以苏联正在与西方谈判禁止试验核武器为由，迟迟不给。

1958 年 4 月 18 日和 7 月 21 日，赫鲁晓夫在其地位巩固之后，先后提议与中国共建长波电台和共同舰队，毛泽东对这种有损中国主权的建议当然是严词拒绝。赫鲁晓夫恼羞成怒，在 1959 年 6 月苏联原子弹样品已经装箱准备发货时，突然下令停运，中断了原子弹重要项目的援助。1960 年 7 月 16 日，苏联政府照会中国政府，决定从 1960 年 7 月 28 日到 9 月 1 日，撤走全部在华专家。8 月，苏联公开单方面撕毁协议，停止一切对华援助。而实际上早在照会之前，苏联专家就已经陆续撤离了，特别是国防尖端技术方面的专家，他们还一并带走重要的图纸和资料。

另一方面，见微知著、洞察风云的毛泽东，早在 1958 年拒绝苏联的提议之后，就频频向二机部发出告诫。5 月 16 日，毛主席作出批示："……尊重苏联同志，刻苦虚心学习。但又一定要破除迷信，打倒贾桂（贾桂即奴才），贾桂是谁也看不起的。"6 月，毛主席亲自指示宋任穷："中国核工业建设一定要实行自力更生为主，争取外援为辅的方针。"根据这个指示，1958 年 8 月，二机部提出了"苦战三年，基本掌握原子能科学技术"和"边干边学、建成学会"的方针，并采取一系列措施，走上了一条自力更生、自主发展的道路。历史证明，这是一条唯一正确可行的道路。

在如何对待自主发展的问题上，毛泽东始终保持着清醒的头脑。1959 年，在技术革新、技术革命的运动中，有人头脑发热，要求对苏联提供的铀同位素分离工厂的设计和设备进行革新改造。宋任穷等领导不同意，便请示毛泽东。毛泽东在听取了宋任穷的详细汇报之后说："你们的意见是对的。这个原子堆，铀-235 厂还没掌握好，怎么能改呢？只有先掌握好了，然后才能去改……"毛泽东的一席话给那些头脑发热的人打了一针清醒剂，避免了一场可能发生的混乱。

苏联的毁约给当时正在建设中的中国核工业，在工程设计、建设进度和设备材料等诸多方面带来了巨大的损失。苏联专家带走了很多关键的图纸、资料，留下来的部分或是不完整，或是有技术疑点，或是有差错，我国设计人员对核心技术又没完全掌握。很多关键、核心的设备材料未到货，许多工程无法形成生产能力。即将建成的工程项目被迫推迟，留下一些

半拉子工程，造成了极大的人力、物力、财力损失和浪费。

1959年7月，面对苏联中断原子能项目的情况，中共中央决定：不理赫鲁晓夫那一套，自己动手，从头摸起，准备用8年的时间搞出原子弹。毛泽东还说："赫鲁晓夫不给我们尖端技术，极好！如果给了这个账是很难还的。"根据中央的决定，1960年二机部提出了"三年突破、五年掌握、八年适当储备"的工作目标。

1960年到1962年，我国国民经济出现了暂时的困难。特别是1961年春，人民生活极度困难。有的人提出"搞原子弹影响国民经济发展"，主张半途而废"下马"算了。陈毅元帅深知原子弹在国际政治斗争中的重要性，直言不讳地说："脱了裤子当了也要把原子弹搞出来！"陈老总的话传遍了大江南北，鼓舞人们去战胜饥荒，坚定了人们制造原子弹的信心。当然，陈老总的话只不过是一个形容，每年投入"两弹"的几亿元，同"大跃进"造成的上千亿元的损失相比，真是微不足道。

1961年5月8日，二机部在摸清了各方面底细后，向中央呈送了《关于当前若干问题的请示报告》，详细汇报了核工业的工作进展情况、存在的问题和困难，提出了相关建议和请求。中央经过认真研究，作出了《关于加强原子能工业建设若干问题的决定》。决定指出：为了自力更生突破原子能技术，加强原子能工业建设，中央认为有必要进一步缩短战线，集中力量，加强各方面对原子能工业建设的支援。最后还要求二机部：加倍努力，加强协作，战胜困难，完成原子能工业建设的任务。据此，确立了自主发展核工业的战略思想。

中央领导同志十分关心原子弹研制工作。1962年8月北戴河中央工作会议期间，陈毅等中央领导人见到二机部部长刘杰，关心地询问原子弹研制进展情况，热切地希望早日能够拿出原子弹来，增强我国军事力量和政治地位。聂荣臻特别指示全国科研部门要同二机部合作好，要"拧成一股劲，共同完成任务"。二机部领导认真学习了北戴河会议精神，深入分析了自己的工作任务，并根据各项工作所取得的进展，认为我国核工业建设和核武器研究已到了从量变到质变这样的关键时刻，形势发展需要提出一个新的目标和规划。会后，二机部领导经过讨论，正式向中央写了报告，提出争取在1964年，最迟在1965年上半年爆炸我国第一颗原子弹的"两年规划"。这是二机部工作中的一项重大决策，等于向中央立下军令状。最后经罗瑞卿审定同意，于1962年9月11日报出。规划上报后，毛泽东于1962年11月3日批示："很好，照办。要大力协同做好这件工作。"刘少奇主持召开中央政治局会议，讨论了二机部的报告。为加强核武器研制的领导，经刘少奇提议，毛泽东批准，1962年11月16日成立了以周恩来总理为主任的中央专委会。中央专委会成员包括贺龙、李富春、李先念、薄一波、陆定一、聂荣臻、罗瑞卿等7位副总理和赵尔陆、张爱萍、王鹤寿、刘杰、孙志远、段君毅、高扬文等7位部长。委员会是一个权力机构，任务是加强对原子能工业建设和原子武器研究、试验的领导。

毛泽东"要大力协同做好这件工作"的指示是总动员令，周恩来亲自主持的中央专委是组织执行这个总动员令的指挥部。从此，核工业建设和核武器研制进入了一个新阶段，各项工作步伐大大加快了。

2.2　依靠自己力量，创建核燃料企业

2.2.1　在广袤大地勘查开发铀矿资源

铀是发展原子能工业最基本也是必不可少的原料；而铀矿普查勘探是这一行业的首要一环。我们知道，铀在地壳中平均含量为百万分之二点五，总埋藏量虽然比金、银、汞还要多，但是，铀在地下的埋藏十分分散，被称为“分散元素”。并且，铀的化学性质很活泼，喜欢和其他元素形成复合矿，铀矿特点是品位低、矿体分散、规模小，要找到高品位的铀矿相当不容易。1955 年 4 月，国家成立了铀矿地质工作的专门管理机构——地质部三局，首任局长雷荣天。三局成立之后，随即拉开了组建地质队伍的序幕。

首先在长沙、乌鲁木齐组建了三〇九队和五一九队两个地区性管理机构，管辖 10 个地质队共 1 000 多人。为了加速铀矿普查工作，1955 年下半年又专门成立了二〇九检查队。1956 年在太原建立了负责华北和西北地区的铀矿地质机构——一八二队。1957 年 2 月在长春成立了四〇六队，1958 年迁至沈阳并扩建为负责东北地区铀矿地质工作的管理机构。1959 年 1 月在南昌建立了六〇八队，负责管理华东地区的铀矿地质工作。同年 6 月在北京建立了铀矿地质研究所。至此，铀矿地质队伍已遍布全国，职工总数约 3 万人，形成了一支庞大的地质勘查力量，为铀矿勘查奠定了组织基础。

1955 年到 60 年代初期，我国正处于铀矿地质工作的初级阶段，刚开始主要是在苏联专家的指导下，学习普查和勘探技术。1956 年，三局提出了“扩大普查，加紧勘查”的方针，在全国范围内开展地质普查与快速勘探，主要解决我国是否存在铀矿资源问题，并尽快设法找到一批可供开采的矿床。在经过了两年的普查之后，1957 年又提出了“巩固提高，重点勘探，适当扩大普查”的方针，把工作重点从普查转向勘探。与此同时，还全面学习并掌握了从铀矿普查勘探到铀矿分析鉴定的方法和技术。1957 年 11 月，生产出 100 台仿苏 YP-4M 型找矿仪，开创了我国自己生产放射性找矿仪的历史。

铀矿地质工作的迅速起步和发展，受到了国家高度的重视和充分肯定。1958 年 1 月，朱德副主席和三机部部长宋任穷出席了三局召开的三级干部会议，接见了会议代表。经过广大地质工作者的不懈努力，终于在 1958 年向国家正式提交了第一批铀矿储量图，到 1960 年共向国家提供了 8 个铀矿开采基地。

1960 年 8 月，苏联毁约，中断了对华援助，铀矿地质部门采取了一系列有力措施，及时扭转了被动局面并取得了新的进展。1961 年 6 月，三局在北京召开了地质工作会议。这次重要会议提出：进一步提高工作质量，千方百计过技术关，加速扩大老矿区，顽强突破新要地，建立巩固的后方，并确立了“既富又近，富近结合，合理布局，及早利用”的指导思想。9 月又制定了《关于地质普查勘探工作的质量要求的规定》等 17 个技术管理规定、规程和规范，第一次形成了符合我国铀矿地质工作特点的、比较完整的技术标准，为我国自力更生发展铀矿地质事业起到了重要作用。另外，在普查和勘探过程中还发现了我国主要的铀矿类型有花岗岩型、砂岩型、含铀煤型、火山岩型等，我国铀矿成矿的多样性显示出良好的找矿前景。

在这场全国范围内的普查勘探中，我国广大地质工作者以他们对国家高度负责的使命

感，一丝不苟的工作态度，献身地质事业的崇高精神，解放思想，在实践中不断求实创新，为我国铀矿地质事业作出了巨大的贡献。以中南三〇九地质大队为例，它在我国南方广袤的土地上，掀开了铀矿普查勘探工作崭新的一页。早在1956年，在江西上饶地区就提交了储量超过500吨的坑口铀矿床；后又在江西抚州的相山地区发现了我国最大的铀资源基地——享有“中国铀都”美誉的相山铀矿田；在广西富钟地区提交了一个大型花岗岩型铀矿床，否定了苏联专家“在花岗岩体内部不利于成矿”的观点，为我国铀矿地质事业的发展增加了新的类型。

在这些工作当中，不乏许许多多可歌可泣的感人事迹。1955年至1956年，三〇九大队根据前人提供的线索，在广西富钟地区展开工作。当时苏联考察团的专家认为是“五元素建造”类型，很有远景，从而提出在花岗岩体外接触带砂岩分布地区找矿。按照一些苏联专家的观点，在花岗岩体内部不利于成矿，因此规定我们的操作员只能进入花岗岩体内部1公里至1.5公里范围进行找矿。然而我国的找矿人员和地质技术人员对此提出了异议。三〇九大队一分队综合研究室副主任刘兴忠曾说：“不能见红的（指花岗岩）就跑（离开）”。通过在实践中不断摸索和学习，对专家权威不盲从，用科学的方法，发现了一个具有工业远景的花岗岩型铀矿点，苏联专家认为该点颇有希望成为工业矿床，建议取名为“希望矿化区”。三〇九大队的发现得到了上级的大力支持，经过进一步的勘探肯定了这是一个花岗岩型铀矿床。在对这个“希望”矿床的勘查中，有一位叫刘显秋的女同志，孩子出生后，没有托儿所也没有保姆，她背上只有几个月大的婴儿，哼着“风儿吹，树叶摇，好宝宝，快睡觉，妈妈就要上班了”的小曲，经受着风餐露宿，日晒蚊叮，继续野外编录工作。在“希望”矿床的耕耘中，谱写和实现了她的人生价值。有这样一首诗真实地反映了当时地质工作艰苦的工作环境：“茅舍帐篷深山中，暮雨晨雾锁苍穹，夜半灯火泥泞路，钻工衣衫霜几重。”

我国广大的核工业地质工作者，就是以这种不屈不挠、克服困难、顽强奋斗、勇于拼搏、无私奉献、开拓创新的精神，开创了铀矿地质工作的新局面，他们的事迹将永载史册。

2.2.2 创建我国第一批铀矿山

在地质勘探队经过普查勘探并发现铀矿之后，就要进行铀矿开采。在1955年我国铀矿地质部门发现铀矿床以后，1956年3月薄一波副总理在向周总理提交的报告中，提出了建立铀矿冶科研和铀矿冶工业的建议。国务院第三办公室决定：由冶金部责成有色金属管理局兼管铀矿冶工作。1958年年初，冶金部成立第三司，成为专门负责铀矿冶工作的管理机构。同年5月31日，中共中央总书记邓小平批准了铀矿冶的选厂报告，决定建设“三矿一厂”，即在湖南的郴州、衡阳和江西的上饶各建一个铀矿，在湖南衡阳地区建一个铀水冶厂。同年12月，冶金部第三司划归第二机械工业部，改称二机部十二局。同时，还成立了新疆矿冶公司和江西矿务管理局，组建了北京铀矿选冶研究所、铀矿冶设计研究院和铀矿开采研究所。

从1958年6月开始，一大批优秀的专家、技术人员、工人、解放军官兵响应中央的号召，服从国务院和中央军委的决定，从冶金、煤炭、化工等部门以及各省（区、市）和中国人民解放军中抽调出来，参加我国第一批铀矿山的建设。他们满怀建设原子能工业的光荣感、责任感和使命感来到了深山老林、荒山野岭、偏远山寨，用隆隆的炮声唤醒了沉睡的荒山、寂静的森林。他们夜以继日地筑路、建厂房、架电线，肩扛人拉搬运设备，手锤打眼挖掘坑道，白天头顶烈日，晚上脚踏月光；建设者们以饱满的热情，积极投入施工；工地上一派紧张繁忙、热火朝天的景象，到处可见这样的标语口号："抓晴天、抢阴天、战雨天"，"争分夺秒，向时间宣战"，"早上班晚下班，不完成任务不下火线"。建设者们不计时间、报酬，工作不分内外，全面拉开了三大矿山基础建设的序幕。

由于三矿都地处偏僻地区，生活十分艰苦。就拿湖南郴州的铀矿山来说吧，这个矿位于郴州的金银寨。金银寨空有"金银"的美名，其实那里贫穷、落后。矿山的建设者们克服了重重困难，走到哪里就在哪里扎根，拉起帐篷就是家，架起木板权当床。当时又遭遇自然灾害，很多职工因营养不良得了浮肿病。即使这样，建设者们还是在困难面前不退缩，振奋精神，与自然灾害和艰苦的生活条件作斗争。为了抢时间，争速度，尽快完成矿山的建设，还因地制宜实行了"勘探、设计、施工"适当交叉的作法，保证了矿山的按时投产。矿山的建设者们用自己的实际行动谱写了一首可歌可泣的创业诗篇。

矿山的建设受到中央的高度重视，党和国家在资金、人力、物力上都给予了大力支持，遇到重大问题，周总理还亲自过问。1960 年的一天，湖南鲤鱼江电厂突然停电，郴州铀矿（又称二矿）的井下排水出现了问题。周总理得知此事后，立即电告湖南省委"马上解决湖南二矿供电问题"。湖南省委当即解决此事，优先保证二矿的用电。

1960 年苏联停止援助之后，十二局召开了常委扩大会议，与各方面积极协同攻关，成立技术委员会和技术领导小组，实行科研、设计、生产"三结合"的方针，走上了一条自力更生的建设道路，解决了因苏联专家的撤离而遗留的各种问题。郴州的建井方案和衡阳竖井改斜井的方案就是技术攻关小组经研究后决定的。在周总理的关心，以及在冶金、煤炭、化工、轻工、一机部、中科院等 40 多家单位的帮助下，攻克了 200 多项技术难题，修改了苏联专家一些设计上的失误，解决了在安装投产中存在的技术问题。1960 年 4 月，郴州铀矿第一个完成了矿山建设，成功开采出了第一批铀矿石。同年 10 月，第一批铀矿山相继建成投产，中国铀矿冶工业翻开了新的一页，成功解决了核原料从无到有的问题。

2.2.3　从铀矿石到二氧化铀的生产

在建设第一批铀矿山的同时，铀水冶厂也在积极筹建之中。湖南衡阳铀水冶厂位于衡阳东阳渡，是我国"二五"计划期间苏联援助的重点项目之一，从设计到关键设备都由苏联提供，被二机部称为原子能工业的"龙头"。

1958 年 8 月，衡阳铀水冶厂正式动工兴建。中央从北京、上海以及全国各地抽调了上千名专家、工程建设人员。他们从四面八方奔赴湖南。骄阳似火、酷暑难当的天气丝毫没有影响人们的建设热情，原计划两个月完成的土石方任务仅用 40 天就完成了。当工厂遇到用电、铁路运输方面的问题时，党中央、国务院和中央军委高度重视，周总理亲自指示国防工业办公室尽快解决；国务院副总理聂荣臻提出了"一定要保质量、保安全"的要求。中央军委确定派铁道兵两个团进厂支援。1958 年 9 月，北京第六所首次从铀矿石中提取出二氧化铀产品。

衡阳铀水冶厂在建设过程中，一方面注意认真学习消化苏联的技术，另一方面还紧密结合中国的实际。这个厂原计划采用苏联进口的弱碱性阴离子交换树脂作吸附剂，但是考虑到这种吸附剂年消耗量达数百吨之多，完全依靠进口，很不经济，决定尽早设法立足于国内。于是，北京铀矿选冶研究所和南开大学联合攻关，1958 年 12 月，终于研制成功了容量和强度都完全达到提铀要求的国产强碱性阴离子交换树脂。1959 年，在化工部的协助下，在天津和上海建成了两座树脂生产厂，解决了对进口树脂的依赖，节约了生产成本。

为了能在衡阳铀水冶厂投产前生产出一批二氧化铀产品，以满足后续工厂试验制造我国第一颗原子弹所需的装料，并验证衡阳铀水冶厂的工艺流程和参数，1960 年 7 月，二机部决定由北京铀矿选冶研究所负责组织，从衡阳铀水冶厂、衡阳矿冶工程学院等单位抽调技术干部和工人，参照衡阳铀水冶厂的工艺流程，进行二氧化铀的简法生产。当时条件非常艰苦，没有厂房就用小平房代替，缺少设备就自己动手制造，不懂技术就在实践中学习，克服了重重困难，11 月 18 日，生产出第一批符合纯度要求的二氧化铀产品，仅用 45 个昼夜就建成了二氧化铀的简法生产厂。这个简法生产厂在两年多的时间内生产出了一定数量的二氧化铀产品，并培养了一批熟练掌握铀水冶技术的人员，为衡阳铀水冶厂的投产做好了技术准备。

1960 年 8 月，苏联毁约撤走专家，给正在安装设备的衡阳铀水冶厂造成了巨大困难。全厂职工怀着对国家高度负责的态度和强烈的民族自尊心，在厂党委领导下，迎难而上，及时调整了工作部署，集中力量，统一指挥，优先建成纯化系统工程，从组织上保证了衡阳铀水冶厂的顺利建成投产。面对因苏联专家撤离后留下的技术难题，二机部领导多次亲临现场指导工作，十二局局长苏华带队到厂蹲点。厂里成立了技术委员会，在核四院、五所的帮助下，先后解决了施工质量、设备、工艺等 500 多个技术难题。1962 年 1 月，为了早日解决衡阳铀水冶厂遇到的技术难题，由钱三强副部长主持，二机部在衡阳铀水冶厂召开技术现场会，邀请了包括中科院在内的国内相关单位的专家，对纯化系统试生产方案进行审查、修订，针对存在的 148 个较大的技术问题，制订了具体的实施方案，在技术上为纯化系统的试生产作了准备。

1962 年，刘杰在二机部党组扩大会上，具体交代了国家要在两年内爆炸第一颗原子弹的计划后，问厂长刘坤："'龙头'怎么样?"刘坤坚定地回答："有信心完成任务!"在会议即将结束时，罗瑞卿总参谋长到会，严肃地阐明了完成任务的重要意义，强调指出：延误时机将负有不可推卸的重大责任。立下了军令状的刘坤深感责任重大，回厂后把完成纯化系统工程和投产任务的时间倒排，定死在当年 10 月前一定生产出合格的核原料。经过 9 个月的苦战，在现场严密的组织下，开始了第一次投料试车。其间他们遇到了很多问题，经过 3 天 3 夜的奋战和精心操作，物料顺利通过，铀纯化系统工程按时完成，并生产出了合格产品。此后，又经过不断总结经验，改进工艺、设备和操作，各项经济技术指标得到了提高。

1963 年 8 月 23 日，衡阳铀水冶一线系统工程正式投入试生产，9 月 22 日生产出首批合格产品，保证了后续生产的需要，填补了我国核工业铀原料生产工艺技术的空白，谱写了铀水冶纯化从无到有的新篇章。

2.2.4 从无到有的扩散厂原料

UF_6(六氟化铀)是供给扩散厂进行同位素分离所必需的原料。按照中苏签订的有关协定规定，生产 UF_6 的工厂是苏联援建项目，在其投产前，扩散厂所需原料将由苏方提供。但是，从 1960 年 7 月起，苏联撕毁合同，拒绝供应 UF_6。此时，扩散机已基本到位，扩散厂很快就要建成了，这使得 UF_6 的供应问题更为突出，如何自力更生生产出 UF_6 供应给扩散厂，成了迫切需要解决的关键问题。

1960 年 7 月宋任穷部长来到原子能研究所布置扩散厂原料实验攻关工作。会后，钱三强副部长又专门召集会议讨论实验方案。与会人员提出采用由苏联设计的氟化炉方案。由于氟化炉方案反应温度低，自动化程度也低，因而实现的可能性比较大，氟化炉方案得到会议的认可。会上，钱三强明确要求在实验研究的同时生产出少量的产品，并确定了实验攻关工作的负责人。

采用氟化炉方案进行实验攻关遇到的首要问题是氟化炉用什么材料。苏联设计的是用钢衬镍。而在当时，我国的工业基础还十分薄弱，既没有尺寸大一点的镍板，也不具备内衬加工的条件，考虑再三只能选用代用材料铜管来进行。而氟化炉的设计制造则是攻关人员面临的真正难题。在苏联的流程图上只标注了氟化炉的一个尺寸外形，文字说明也极其简单。没有设备草图，也谈不上设计根据和计算方法，更没有氟化炉的结构、分段机理、密封方法等核心技术。攻关实验所使用的氟气是一种非常活泼、易燃易爆、毒性和腐蚀性极强的气体，而 UF_6 除化学性质、毒气腐蚀性与之相近外，还具有放射性。在这些困难、危险的条件下，实验人员不畏惧、不退缩，通过多次小型热试验，基本掌握了氟化反应的过程和机理，肯定了一个炉子氟化的可能性。他们在没有耐氟填料的条件下，将普通石棉绳与金属薄片组合起来，经过实验改进，达到了很严格的泄漏率要求，实现了氟化炉的轴端密封，并经多次模拟物料运行实验，找到合适的推进搅拌器，因陋就简地解决了技术难题，完成了氟化炉的加工制造。

UF_6 攻关实验装置包括电解制氟、氟化和冷凝三个主要工序。氟化炉电加热需要几种异形耐火砖，到外面订货，时间太长。于是，无论是技术人员、还是工人，大家一起上阵，硬是用手将普通耐火砖磨成了需要的异形砖，从而赢得了宝贵的时间。

系统调试阶段，为使系统调试顺利进行，有关人员编制了试车方案、技术规程、安全规程和操作办法，并对操作人员进行了培训。经过两个多月的不懈努力，试验装置运行了 10 多个小时后，终于获得了 3.3 克的 UF_6。此后，在袁成隆副部长的指挥下，又新建了第二套 UF_6 实验装置项目，由于采用边设计、边基建的方针，用了近两年的时间就基本建成。1962 年 8 月开始投入热运行实验，实验中解决了高温电解极化等关键技术问题，达到了装置连续运行 72 小时的目标，完成了全流程攻关任务。与此同时，第一套装置又进行了十多次试车，解决了进出料堵塞等影响连续运行的技术问题，达到了连续、稳定生产目标。

以后，利用这两套实验攻关装置，全面完成了 UF_6 生产技术攻关任务，生产出的产品为扩散厂提供了制造第一颗原子弹用浓缩铀所需的大部分材料。

1963 年年初，UF_6 生产厂基本建成，生产准备也已就绪。经过单体试、联动试、冷试、热试等各种试车，于 1963 年 12 月 29 日获得了第一瓶合格产品。由此，扩散厂的原料不再受制于人，我国完全可以依靠自己供应，我国的 UF_6 产品从无到有，已进入大量连续生产即工业生产的新时期。

2.2.5　获取第一瓶高浓铀产品

铀是一种天然放射性元素，其主要同位素为铀-235 和铀-238。其中，铀-235 为可裂变物质，但它在天然铀中的丰度只有 0.71%，其余 99%以上为铀-238，而作原子弹装料的高浓铀需要铀-235 丰度为 90%以上。分离铀同位素主要的方法有：气体扩散法、离心法、喷嘴分离法、激光分离法和化学分离法等，其中前三种已具有工业应用价值，其他方法尚处于实验阶段。气体扩散法在技术上最为成熟，有利于大规模生产，我国从苏联引进的就是这种方法。气体扩散法工艺原理就是依靠不同质量的铀同位素在转化为气态时运动速率的差异。在每一个气体扩散级，当高压 UF_6(六氟化铀)气体透过在级联中顺序安装的多孔镍膜时，其铀-235 轻分子气体比铀-238 分子的气体更快地通过多孔膜壁。已通过膜管的气体随后被泵送到下一级，而留在膜管中的气体则返回到较低级进行再循环。在每一级中，铀-235/铀-238 浓度比略有增加。浓缩到反应堆级的铀-235 丰度就需要 1 000 级以上。

1956 年至 1957 年，选厂委员会在 4 个省调查了 11 个厂址，最后选定在兰州郊区兴建铀浓缩厂。1958 年，来自 21 个省(区、市)的开拓者们云集兰州，铀浓缩厂的建设正式拉开序幕。按照当时确定的有区别引进的方针，凡是我国能承担的任务，一律主要由国内单位承担。如：气体扩散厂的施工设计由二机部设计院负责，土建施工设备安装由一〇一、一〇三公司承担，厂区上下水由建筑工程部给排水设计院设计等。扩散机等重要设备和技术资料按照协定由苏联提供。

根据协定，苏联先后派了 60 余位专家来华，给予兰州铀浓缩厂很大的帮助。但是好景不长，1959 年 6 月，工厂领导决心尽最大努力把主工艺厂房抢上去，把主机运进厂，年底实现主机安装。但当时在场的苏联专家一致认为当年年底安装主机根本不可能，形势异常严峻。12 月上旬苏联专家视察主工艺厂房后，认为第二年才能完工。到了 12 月 28 日，经过大家的艰苦奋战，终于把主工艺厂房抢了上去，为主机安装创造了条件。当苏联专家再次到现场检查时，又提出清洁度不合格，还摇头说："完工起码还要一个多月。"工厂领导坚定地回答："三天以后看了再定!"厂领导立即组织了 1 400 多人搞卫生。广大干部、工人不分职位高低、身体强弱，争先恐后，分片包干进行擦洗。整整干了 24 小时，不仅机座、平台，就是墙角、地沟也无缝不擦，无沟不清。他们先用水冲洗，后用布擦，最后用白布擦净。当苏联专家再次进入现场时，被光洁、明亮的厂房惊呆了，情不自禁地说："这真是变戏法!"随即答应安装设备。主机的顺利安装，为在苏联专家撤走之后工程还能继续进行取得了主动权，对于扩散厂的按期完工起了决定性的作用。

1960 年 7 月，苏联撤走了全部专家，留下了一个"半拉子"工程。兰州铀浓缩厂的全体员工，将面临的困难化为动力，迎难而上，发誓要用自己的智慧把高浓缩铀生产出来。为了尽快生产出所需核装料，二机部调整了铀浓缩厂的建设部署，集中人力、财力和物力积极组织攻关，主管核燃料的副部长袁成隆亲自到厂蹲点，协助解决重大问题。二机部继续推行科研与生产相结合的举措，调复旦大学化学系主任兼原子能系主任吴征铠任原子能所同位素分离研究室主任，调同位素分离专家王承书和钱皋韵任副主任，加强科研室的力量。科学家们利用有限的仪器与设备做了很多实验研究工作，培训了一批扩散理论和工艺运行人员。他们多次下厂解决问题，进行了大量级联的定态和过渡过程的计算，为工厂的方案选择及方案转换中取料的确定提供了重要依据。另外，鉴于铀浓缩厂投资大、技术复杂，二机部为兰州铀浓缩厂提出了"摸着石头过河，一切经过实验"的方针。因此，整个工厂的建设平稳而快捷。

1962 年 9 月，二机部制定了第一颗原子弹爆炸的两年规划，要求铀浓缩厂在 1964 年 1 月具备出产品的条件。为了实现上述目标，重新计算了扩散机组的启动方案，改变了苏联专家的设计方案。按照新方案可以在 1964 年 1 月拿出产品，缺点是获得的产品比原计划少。从大局出发，原子能所同位素分离研究室专家经过论证，表示同意。1962 年 12 月 28 日，刘杰专程到厂参加方案审查会，正式予以批准。于是，第一批机组开始热处理，打响了一场为期14个月的决战。1964年1月14日11时，当精料丰度达到设计值时，厂长下达了开始取产品的命令。第一批丰度为90%的高浓度铀产品在兰州铀浓缩厂诞生了。1月15日，二机部党组发出贺电，称“这是我部事业发展的一个里程碑！”喜讯传到中南海，毛主席欣然在二机部的报告上批示：“很好”。兰州铀浓缩厂生产出了丰度为90%以上的高浓度铀，为我国第一颗原子弹的成功爆炸奠定了重要基础。

2.2.6　武器级钚的生产

钚-239同铀-235一样，是核武器的重要装料。它以铀-238为原料，在反应堆中辐照生成。石墨轻水生产堆就是以石墨为慢化剂，水为冷却剂，专门用来生产核武器装料钚-239的反应堆。生产堆一般是以天然铀金属元件作燃料。在反应堆中，天然铀的铀-235吸收中子发生裂变反应，放出中子和能量。这些中子一部分用于维持链式裂变反应，一部分则为天然铀中的铀-238所吸收，吸收了中子的铀-238则转化为钚-239。

1958年1月30日，三机部选定酒泉原子能联合企业建造生产堆。同年4月，苏联方面开始进行生产堆的初步设计。按照合同，中方派出以周秩为组长的工作组赴苏参加设计。工作组在苏联工作了4个月，参与完成了初步设计任务。生产堆的施工设计由二机部第二研究设计院承担，苏联派专家来华指导。由于中苏双方技术人员的密切配合，施工设计工作进展迅速。1960年3月，土建工程破土动工，8月，堆本体厂房的地基已经挖成，并浇了混凝土底版。正当工程迅速向前推进的时候，苏联政府撕毁了合作协定，苏联专家全部撤走，同时停止一切技术资料和设备材料的供给。致使工程不得不暂时停了下来。苏联政府停援后，反应堆工程的建设者们响应党中央的号召，自力更生，发愤图强，从清查设计和设备材料入手，大力开展材料设备的试制和研究试验工作，使生产堆的建设又开展起来。

石墨轻水生产堆的核心部件是燃料元件、工艺管和堆芯石墨。燃料元件是由包头核燃料元件厂负责研制。1965年10月，他们拿出了合格产品，保证了生产堆装料的需要。工艺管是堆芯放置燃料元件的管道，反应堆的运行对工艺管的物理、热工水力、材料和机械性能要求极其严格。冶金部一〇一厂经过几年努力，于1966年正式投产。反应堆用的石墨既要有良好的机械和辐照性能，又要有极高的纯度，吉林二〇一厂经过几年的工艺研究，进行了大量的机械性能和核性能测试，终于按时生产出合格的石墨砌体和套管。从1960年年底到1966年第三季度，科技人员进行了大量研究试验，其中包括：反应堆堆芯的温度系数计算，反应堆防护层计算，工艺管水力和燃料元件状态试验，反应堆启动模拟装置和回路系统抗震研究等。充分而扎实的试验研究工作，保证了反应堆启动投产的成功。

根据氢弹研制计划的需要，1965年12月，中央专委第十次会议批准了二机部关于加速钚生产建设的计划。成立了以生产技术局局长白文治为主任的开堆委员会，负责领导开堆准备工作。1966年春，反应堆工程开始了堆芯石墨砌体安装。由于对施工安装的各个环节都坚持了高标准严要求，从而保证了总体工程质量。1966年10月20日19时，在中国大地上，第一座石墨慢化轻水冷却的生产钚反应堆达到临界，实现了链式核裂变反应。12月逐步提升到额定运行功率并开始了稳定运行。

2.2.7　武器钚提取工艺的转变

钚是一种人工放射性元素，钚-239是钚最重要的同位素。含钚-239不小于93%的钚称为武器钚，可用作核武器装料。天然铀在反应堆中可生产出极少量的钚-239。辐照燃料中除钚外，剩有大量铀和裂变产物。从辐照燃料中去除杂质，分离并回收钚/铀的化学处理过程称为“后处理”。由于处理对象的特殊（组成成分复杂，具有强放射性、强腐蚀性，超临界事故危险等），因此，后处理是一种非常复杂的技术过程。

1956 年，三机部组建了第二研究设计院（简称二院）和原子能所相关研究室，一批专家教授如汪德熙、曹本熹、汪家鼎、姜圣阶等核科技人员陆续调入，组成从事后处理事业的技术中坚力量。

根据中苏两国协议，由苏方援建军用后处理厂。1958 年确定厂址，次年初，苏方发来初步设计，所选工艺是其正在使用的沉淀流程。1960 年，随着中苏关系的破裂，苏方专家全部撤离并停供资料。至此，我方仅收到辅助子项的少量图纸，主工艺厂房尚未设计，而硬件设备更没有踪影。在此期间，原子能所验证了沉淀法各工序的条件，并开展了钚及裂变产物分离、分析方面的某些基础理论研究，并首次从研究堆燃料中获取极少量的钚。二院发现，苏方撤走专家后余下的设计工作量还很大，技术难点不少，而且耗用材料惊人，尤其是国内严重缺乏不锈钢，于是提出先建一座小规模中试厂，该建议获得上级批准。

从大量引进的文献资料中可以看出，后处理工艺的技术发展已由沉淀法转为萃取法。二院为此向二机部呈送了报告。1964 年年初，二机部决定中试厂仍按沉淀法设计，同时派专家组考察各种萃取设备的运行情况，加速萃取法的研究。1964 年年末，在首次核试验成功的鼓舞下，二院向萃取法工艺发起最后冲击，迅速完成中试厂改成萃取法的初步设计，并得到二机部的批准。至此，沉淀法工艺被彻底甩掉，后处理工艺沿着萃取法路线大踏步前进。

研究人员先在原子能所反应堆热室内做模拟强辐照下单级萃取乳化试验。试验结果让人感到前景有望。年底，原子能所成立两批突击队。首批成员用研究堆辐照燃料配置的料液和台架规模混合澄清槽，做了 11 次最关键的去污/分离循环试验。接着，第二批突击队在原子能所化学实验室完成了 8 次钚线第二循环试验。同时，完成了元件去壳溶解、钚阴离子交换等大量分析任务。试验期间，全体人员团结合作，集思广益，夜以继日地奋战。工作最紧张时，连春节都坚持工作，晚上就睡在办公室里，为排除故障，有人冒着高剂量辐射的危险进入热室进行抢修。

为确保结果可靠，按中试厂布置的全流程热验证在清华大学展开。周恩来总理拨专款兴建试验设施。1966 年 6 月初，试验首获成功。试验表明，萃取法的抉择正确而又适时，其成果不仅为工厂设计奠定基础，而且为钚冶金试验及时提供了原料。

1964 年 12 月，二机部决定在酒泉原子能联合企业先建一座中间试验厂。该试验厂于 1965 年 5 月破土动工，1968 年 9 月建成投产。接着，我国第一座大型后处理大厂也于 1966 年 4 月 26 日动工兴建，1970 年 4 月 18 日建成投产。至此，我国便建成了在世界上也只是少数几个国家才拥有的比较完整的军用核燃料循环体系。

2.2.8 军用氘化锂-6 生产线的建设

热核材料的生产是核燃料循环体系中的重要环节。热核材料也称聚变核材料，是指能够产生热核反应的材料，主要包括氘、氚和在中子轰击下能够生成氚的锂-6 及其化合物。没有聚变材料，氢弹的成功爆炸以及最终解决人类能源的核聚变反应堆的建设，就无从谈起。

氘氚反应是最易实现的一种热核反应，而且这种反应所释放的能量也大。但是，在常温下，氘和氚呈气体状态，用于氢弹装料不适应实战需要。因此，在实际应用时，往往要把它们与锂-6合成固态化合物，即氘化锂-6、氘氚化锂-6等。当氢弹的引爆弹原子弹爆炸时，放出大量中子，这些中子与氘化锂-6中的锂-6发生核反应生成氚，进而触发一系列的热核反应，并释放出巨大能量。

天然锂中有锂-6和锂-7两种同位素，其中锂-6的丰度为7.5%（原子比），一般采用化学交换法分离锂-6和锂-7。氘俗称重氢，是氢的稳定同位素，可由重水电解制得。氚是氢的放射性同位素，自然界中极少，因此，需通过人工的方法来制取。

我国的氘化锂-6生产线由锂同位素分离、从重水电解制氘和氘化锂-6合成等部分组成，于1958年在苏联援助下开始兴建。由苏联莫斯科设计院提供初步设计，中方派出蒋述善等十余人赴苏联进行生产实习。1958年9月，二机部核工程设计院开始施工设计。担负设计任务的广大工程技术人员，争分夺秒，日夜奋战，仅用60天的时间，就完成了整个工程的工艺、土建、电气仪表、通风、上下水和一些非标准专用设备的设计任务。施工设计刚结束，即开始土建施工。此时已近严冬，塞外的寒风把大地冻得结结实实。为了争时间、抢速度，施工队伍采用火烤逐层开剥的方法挖地基，保证了工程进度。当工程快速向前推进时，苏联停援，给工程建设带来很大困难。主要是进口设备不配套，而所缺设备有些当时国内还不能生产；工程中涉及的大量理论问题和基础数据尚待弄清，很多工作需要从头摸起。面对这些困难，二机部一方面组织部内的科研力量与生产人员，从基础科研入手，攻技术难关；另一方面组织部外大协作，设法解决设备制造问题，使氘化锂-6生产线的建设继续向前推进。1962年1月，二机部从原子能所调入放化专家刘允斌和一批从事轻同位素分离研究的科技人员到生产厂，分析解剖了在生产中可能遇到的108个难题，对所涉及的问题进行分类排队，列出95个研究课题，开始全面技术攻关。科技人员以高度的政治责任感，将全部身心投入到理论和实验研究中。锂同位素分离的级联计算是一个重要而不可缺少的难题，为了验证设计，指导生产，科研人员首先对同位素富集方程进行了研究，终于找到了稳态和非稳态计算方法，对交换塔中同位素富集过程、生产装置的生产过程、启动平衡时间、运行参数对产率的影响、启动过程和加料方案等，进行了大量的计算，为指导生产提供了数据。又如锂汞齐是参与化学交换的主要介质之一。为摸清影响分解的各种因素，有关科技人员围绕各种物质对汞齐分解的作用和温度效应做了大量试验，从而掌握了锂汞齐自行分解的规律。

设备从1961年开始安装，到1962年，安装和安装质量检查工作进入高潮，各部门人员大力协同，拧成一股绳，加快工程的进度。由于生产线对真空度、清洁度和安装精度要求很高，在缺乏现成资料和成套工具的情况下，参加工程建设的技术人员和工人在实践中解决了一个个难题。交换塔垂直度与再分布器安装精度，对于分离效果有极敏感的影响。为了调好垂直度，科技人员经反复摸索，创造了一套调测与安装工具，使交换塔的垂直度偏差达到了小于万分之二的标准，使再分布器安装完全符合技术要求。

1964年年初组织了小型模拟装置试验，得到了富集度不太高的氘化锂-6样品，从而证明大型装置可以生产出一定丰度的氘化锂-6产品，给广大职工以很大鼓舞。然而，由于氘化锂-6生产线在中国仅一条，是个“独生子”，苏方没有提供启动投料的技术资料，而我们自己摸索的一套系统操作参数尚未得到验证，正式启动装置投料生产具有相当风险，大家都十分谨慎。二机部总师办公室副主任、化工总工程师曹本熹积极支持尽早启动的意见，部领导和有关科技人员研究，并到现场作了调查，认为前段试验研究和生产准备进展情况不错，总体联动试车和投料生产安排宜早不宜迟，决定同意越过中间试验，立即进行联动试车。与此同时，化工部也抓紧重水生产的工艺试验和工厂建设，掌握了生产技术和形成了一定的生产规模，保证了重水的生产和供应。1964 年 6 月重水电解制氘和氘化锂-6 合成等后段生产工序陆续开始投产。9 月 23 日，我国首批合格军用氘化锂-6 产品出炉，比原定计划大大提前。这标志着我国已具备了氘化锂-6 的生产能力，为氢弹研制创造了物质前提。就是这条生产线，为我国含有热核材料的原子弹爆炸试验和第一颗氢弹爆炸试验提供了热核材料，为我国的核武器研制作出了贡献。

2.2.9 核燃料元件制造

为了满足反应堆的各种性能要求，以及便于补充、更换和燃烧后的处理，在多数情况下，必须把核燃料制成具有一定形状的可更换的单元体，才能装入反应堆中，这种单元体就称为“核燃料元件”。世界上有各种各样的反应堆，采用各种形式的核燃料元件。按反应堆类型分，有生产堆元件、研究堆元件、动力堆元件等。在许多反应堆中，为便于装卸或其他原因，还把一定数量的燃料元件组装在一起，构成“燃料组件”。燃料元件一般由燃料芯体和包壳组成。芯体有二氧化铀、铀碳化物、铀钚氧化物等，芯体一般经过烧结加工制成。包壳材料有铝合金、锆合金、不锈钢等。因为燃料元件在反应堆内所处的条件十分恶劣，长期受到强烈的中子辐射，高温、高流速，甚至高压的作用，所以要求燃料元件具有耐腐蚀、耐温、耐压、耐辐照、耐冲击等高指标品质，以保证使用期间其性能、形状和尺寸保持稳定不变。燃料元件在反应堆中“燃烧”之后产生很强的放射性，元件破损就会造成放射性泄漏。所以燃料元件不仅在“燃烧”过程中，就是从反应堆中卸出之后，也要保存在贮存水池中，直到后处理之前，都不希望出现破损和泄漏。

中国的核燃料元件研制工作，始于 20 世纪 50 年代。1957 年，有苏联专家参加的联合选厂委员会，在内蒙古包头市郊区选定了厂址，连同元件厂的初步设计任务书，一并得到了二机部的批准。1958 年年初，从全国各地抽调的一批管理干部和技术干部陆续来到包头，开始了建厂筹备工作。为了做好元件厂建成后的生产准备工作，从建厂工程开始，即着手安排人员进行技术培训，并选派一部分人员分两批去苏联实习。

四氟化铀是整个铀工艺过程中最重要的中间产品之一。它既是元件厂生产金属铀的原料，也是扩散厂生产六氟化铀的原料。1960 年秋，苏联专家撤走后，核燃料元件厂及时调整计划，决定首先抢建四氟化铀生产车间。当时为了稳妥可靠和尽快拿出产品，选择了湿法工艺来生产四氟化铀。湿法工艺是先将重铀酸盐溶解制成一种适于氢氟化的含铀溶液，然后加入氢氟酸即得四氟化铀沉淀，再经过滤、洗涤、烘干、煅烧而成。由于用于四氟化铀生产工艺的工作介质均有强腐蚀性，需要大量镍材，后来经周恩来总理批准，调拨了国家库存镍材 40 吨，试制工作才得以继续进行。经过多次试验，突破了生产工艺中各道工序的技术难关，于 1962 年 12 月生产出了第一批合格产品。在湿法生产工艺基础上，工厂又进行了干法生产工艺的研究。干法生产工艺是用氟化氢气体，在反应炉中将二氧化铀直接氟化为四氟化铀，较之湿法工艺，具有工艺简单、设备少、产量大、废物量少等特点。1964 年至 1966 年之间，工厂成功地进行了干法中型试验，后又在工艺流程、设备和技术等方面，进行一系列的改进，提高了四氟化铀转化率，氟化氢过剩量降到 10%左右，使我国四氟化铀生产工艺达到了国际水平。

为了建立和发展我国的元件制造业,1961 年 3 月,元件厂成立了元件研究室。其主要任务是研究、制造、检验各种类型的燃料元件、控制元件和靶件,并开展有关铀化工、冶炼生产工艺等研究。研究室初建时,没有专门的工作场所,就把各个研究专题分散到不同地方进行,如有的专题就在略加改建的仓库里开展工作。经过不断发展,人员素质有了提高,设备逐步完善,成为我国研制核燃料元件的一个重要基地。根据二机部“抓紧钚-239 生产线建设”的部署,从 1963 年开始,元件厂加快了金属钙生产、金属铀还原、精炼、机械加工和元件密封包装等车间的建设速度。广大科技人员和工人经过艰苦努力,终于掌握了一套比较完整的生产工艺,制定了工艺规程和操作方法,确定了生产堆元件的质量标准,拿出了供考验用的合格元件。1965 年 10 月,包头核燃料元件厂正式建成。

从 1966 年年底开始,元件厂投入大规模生产,提前为生产堆提供了合格元件。1966 年,元件厂及时为我国游泳池式研究试验堆提供了弥散体型燃料元件。1967 年 7 月,元件厂生产出我国第一批重水堆燃料元件,满足了研究性重水反应堆的运行需要。1970 年元件厂先后生产出陆上模式堆和核潜艇堆使用的燃料元件。1975 年,元件厂生产出高通量试验堆核燃料元件,该元件的研制工作获得 1987 年全国科学大会的奖励。

第三章　自力更生，奋发图强，成功爆炸我国第一颗原子弹

3.1　以坚忍不拔的毅力，建设核武器研制基地

3.1.1　戈壁滩上建设核部件加工厂

1958年，一批批科研人员、技术工人、解放军官兵，为了我国的原子能事业来到了一片荒无人烟的戈壁滩，开始创建酒泉原子能联合企业生产基地。基地占地面积1 225平方公里，由于“天上无飞鸟，地上不长草，风刮石头跑”，人们形容是“兔子不拉屎的地方”。恶劣的自然环境是建设者遇到的第一道难关。这里没有一户人家，没有一棵树，只有稀稀拉拉的骆驼草。常年降水量不足50毫米，蒸发量却达2 000多毫米。没有住的地方，6 000多人就住“地窝子”、帐篷或“干打垒”。有时睡到半夜，帐篷被狂风掀翻，甚至将人和帐篷一起刮走。吃水要组织人力到几十公里以外的地方拉，再定量分给大家。一盆水常常是先洗脸，再洗衣服，最后再用它来和煤。

寒冬无情地降临戈壁滩，阵阵刺骨的寒风凶猛地袭击着建设者们。吃的是刮进沙子的饭菜，有时刮起狂风连饭也不能做，只能靠饼干充饥。夜晚睡觉时，大家穿上大衣，戴上口罩和皮帽，“全副武装”地钻进被窝，却依旧冻得哆嗦。早晨起来，被子、枕头上落满了黄沙，压在枕头下的窝头已变成了冰疙瘩，炉子上水壶里的水也已冻成了冰块。

艰苦的环境、寒冷的严冬，没有摧垮创业者的信心，他们坚持施工建设，以实际行动实践着“安下心、扎下根、戈壁滩上献青春”的豪迈誓言，在苍凉寒冷的戈壁滩上坚强地度过了创业时的第一个冬天。

1961年，国家遭受了自然灾害，建设工地也遇到前所未有的困难。春节将临，上万名建设者只剩有三天的存粮，面临断粮的危险。厂长周秩一方面向中央、省、部领导告急，一方面派人到处奔波，千方百计寻找粮源。当每人每顿仅有的一个馒头也无法保证的时候，大家只有吃变质的玉米面、青稞面，甚至吃骆驼草籽。由于较长时间的断粮和严重的营养不良，有千余人出现了浮肿现象，情况非常危急。中央和二机部的领导非常关心酒泉原子能联合企业的情况，尽管当时全国粮食都很紧张，但在第三天夜里就用专列调运来一列车土豆。几十万斤土豆一夜间就分发到每个职工手中。同时，厂里组织了50多辆卡车组成运粮队，前往新疆调进一些玉米和大豆。在几近断粮的最困难时期，全体建设者上下一条心，用尽各种方法，咬紧牙关，终于度过了难关。

恶劣的自然环境虽然给建设者们带来了巨大的困难，但能否闯过技术上的难关，才是真正考验建设者的意志和智慧的试金石。

酒泉原子能联合企业生产基地在建设初期，曾得到过苏联专家的帮助。但不久苏联单方面撕毁了所有合同、协议，于1960年8月撤走了全部专家，给刚刚铺开的核工业建设工程造成了巨大的困难。酒泉原子能联合企业生产基地根据二机部提出的“突击一线、抓紧二

线"的部署,以早拿产品,先解决有无问题,全面进入自力更生的新阶段。

酒泉原子能联合企业投入了大量的人力、物力,并在兄弟单位的支持下开展工艺技术、设备制造、土建安装以及生产准备的各项攻关工作。攻关条件非常简陋,如起初用一个旧钟罩和一台旧真空泵进行真空模拟实验,以后被形容为"一口钟罩起家"。从物料制备到成型,从浸渍到烧结,排出各种工艺路线,经过105次对比试验,终于研制出了合格的特种氧化物坩埚。在高真空精密铸造中,又面临着很多问题,如坩埚烧口的堵塞、铸造气泡等,科技人员和工人群策群力出主意、想办法,并经过上百次的试验,终于用一种"缓慢冷却定向凝固"的特殊铸造工艺,解决了铸造中的气泡问题。

酒泉原子能联合企业的工程技术人员就是这样敢于实践,敢于创造,一步一个脚印,相继突破了退火、压力加工、精加工、探伤、中子本底测量等关键技术。通过两年多的奋斗,经过1 266次试验,终于打开了军用核燃料冶炼加工的神秘大门。

1964年5月1日,原子弹核心部件的加工到了最后一道工序——精加工。这是一道非常关键的工序,万一加工出了差错,则产品报废,建设者们几年来的心血将前功尽弃。5月1日,由原公甫等人精心加工出的原子弹核心部件,经质量、技术检验鉴定,产品的所有技术指标均达到了标准。5月14日,由特别专列装载的我国第一颗原子弹的核心部件运往了青海核武器生产基地。

酒泉原子能联合企业的建设者终于依靠自己的力量,以坚忍不拔的毅力克服重重困难,在茫茫戈壁滩深处建成酒泉原子能联合企业生产基地,为中国核事业的发展作出了重要贡献,谱写了感人肺腑的历史诗篇。

3.1.2 金银滩草原建设核武器研制基地

从高原古城西宁市沿高速公路向北102公里,位于青海省海晏县美丽"金银滩"大草原上的西海镇,是中国第一个核武器研制基地(二二一厂)的所在地。1995年5月15日,新华社向全世界宣布二二一基地全面退役,隐蔽了30多年的禁区终于揭开了它神秘的面纱。

1958年,中央决定,核武器研制基地在青海草原建设。二二一基地占地570多平方公里,平均海拔3 000多米,年平均气温在零摄氏度以下,高寒缺氧,空气稀薄,年无霜期仅40天,常年离不开棉衣,自然条件十分恶劣。参加基地建设的职工就是在这样的条件下开始了基地建设。基地建设所需的一砖一瓦,乃至建筑用的沙石都得从千里之外运来,运输工人披星戴月、终年奔波。当时,国家连续遭受三年严重自然灾害,基地建设面临严峻的考验。粮油供应不足,副食品短缺。干部每月24斤粮食定量,吃的是谷子面、青稞面。每人每月二两油,副食是大白菜、咸菜和豆腐乳,许多人患了浮肿病。住的是帐篷、地窖。在那样艰苦条件下,全体职工坚持奋斗在风雪高原。

国务院、中央军委十分关心参加二二一基地工程建设的职工,先后从全国各地调拨数百万斤黄豆、肉类、蔬菜、罐头等紧缺物资予以补助。为战胜困难,基地临时调动1 500名干部和工人组成农、牧、渔业队,就地垦荒种地、打猎捕鱼,进行生产自救。由于采取了种种措施,基地建设者终于度过了一段最困难的时期。

在基地建设的同时,还从全国抽调一千多名优秀技术工人、转业军人和大中专毕业生充实到各研究室、车间和工号。中央专委调集建工部、铁道部、交通部、水电部、工程兵、通讯兵等13个部门1.5万余人的施工队伍,与先期在基地的二机部建筑安装队伍会合,进行大会战。到1962年年底，基地的自备电厂、机修厂、爆轰试验场以及少量生活设施先后建成。

在二二一基地逐步具备了科研、生产和生活条件之后，从1963年3月开始，北京核武器研究所的科研生产人员带着仪器、设备陆续迁到这里。1964年2月，成立了第九研究设计院，李觉任院长。二二一基地隶属于九院，称为二二一研究设计分院。同年6月，二二一基地的18个厂区、4个生活区、38.9公里的铁路专用线、75公里的沥青混凝土面标准公路全面建成。尽快造出"争气弹"已成为二二一人的共同心声。他们夜以继日地工作学习，废寝忘食地探索攻关，技术上充分发扬民主，实行"理论设计、试验和生产人员相结合，领导专家、工程技术人员和工人相结合"。王淦昌、郭永怀、朱光亚、陈能宽等科学家也经常深入工号，听取汇报，现场解决问题，突破了技术上的道道难关。6月6日，全尺寸模拟爆轰试验在二二一基地获得圆满成功，为我国第一颗原子弹的成功爆炸奠定了基础。

8月，首次核试验用的实验装置和备品备件全部加工、装配、验收完毕，陆续运往罗布泊核试验场。二二一基地派出了一支由222人组成的试验工作队，完成了试验前的总装和联试。

二二一人凭着对事业的追求，先后成功地进行了16次核试验，并实现了"两弹"的武器化，生产出多种型号的核武器装备部队。"原子弹突破和武器化"、"氢弹突破和武器化"项目荣获国家科技进步奖特等奖。

1987年，为适应国际环境的变化及社会主义现代化战略的需要，在完成了历史使命之后，国务院、中央军委作出撤销二二一厂的决定。二二一人服从国家战略调整，对570多平方公里的工业区进行了全面的退役处理。

1993年6月，退役工程正式通过国家验收，基地移交青海省海北州，并全面对外开放，如今已成为全国重点文物保护单位和省级爱国主义教育基地。

二二一人不畏环境艰苦，扎根草原，为中国核武器的发展默默奉献。"献了青春献终身，献了终身献子孙"是对他们最贴切的评价。二二一基地诞生了中国第一颗原子弹和第一颗氢弹，树起了中国核武器研制生产的历史丰碑，它的功绩将永远载入共和国史册，与美丽的"金银滩"草原一起千古流芳。

3.2 成功爆炸我国第一颗原子弹

3.2.1 突破原子弹的基本理论和关键技术

1960年年底以前，中国的原子弹研制工作主要是处在组织力量和探索研究阶段。在这个阶段，北京核武器研究所的科研人员，从苏联提供的核武器研究基地建设初步设计资料以及国外已经公开发表的一些文献资料中，开始了探索研究工作。

理论研究人员通过搜集国外有关的文献资料，经过认真分析，确定以"内爆型"原子弹作为主攻方向。为了弄清设计原子弹必须解决的物理、力学、数学等问题，在缺乏电子计算机的条件下，研究人员利用一般的手摇计算机和电动台式计算机进行了大量的计算。为了探索"内爆型"核材料压紧过程的规律，计算人员昼夜三班轮流工作。经过几个月的奋战，终于完成了这一过程的计算。

中子物理和放射化学的研究工作，以原子能所为基地，在所长钱三强领导下，开展了脉冲中子测量、临界试验物理方案及实验装置的研究，同时开展了中子源的研究和试制。

引爆控制系统的研究设计，从一开始时就是以核航弹作为目标进行的。1960 年开始了初步方案的研究，设计并开展了电起爆装置和全系统的方案研究。

炸药加工人员开展了高能炸药注装工艺、雷管结构和性能的研究，在溶药炉没到货的情况下，用熔药桶熔化炸药，再用手工操作，及时提供试验件。爆轰试验和测试人员，白天试验，夜间聚集在狭小的营房中紧张地整理和分析数据，逐步摸清了爆轰物理的实验方法。

从 1961 年起，核武器研究由探索阶段转到掌握原子弹基本理论和关键技术阶段。为了弄清“内爆型”原子弹爆炸过程中的物理规律及其条件，在彭桓武、邓稼先、周光召的直接领导下，理论研究人员对原子弹爆炸过程进行大量的分析和计算，取得大量有价值的数据。核武器研究所副所长彭桓武运用理论手段把复杂的方程组予以简化，完成了原子弹反应过程的粗估计算。为了深刻理解和分析原子弹核材料压紧过程的物理规律，研究人员对爆轰波与冲击波的相互作用、冲击波的聚焦和界面不稳定性等专题，一一进行了深入研究。物理学家周光召从炸药能量利用率入手，求出炸药所做的最大功，在理论上证明了用特征线法所做的计算结果的正确性。

要实现“内爆”方案，关键在于能否获得符合“内爆”所需的波形。爆轰物理试验人员进行了起爆元件的设计和波形会聚流体力学过程的试验研究，同时还开展了爆轰波传播规律和高压状态方程的试验研究。此外，还进行了高速摄影技术、硝酸钡发光隙技术、多狭缝扫描光测技术的研究，并制成电测装置以及各种类型的测试仪器，解决了爆轰试验中信号获得的问题。经过数千次的试验和不断改进，研制成功性能良好的高压雷管。在核武器研究所副所长王淦昌的指导下，进行了炸药研制，采用了新的注装工艺，大大提高了炸药部件的质量。

核武器研究所和原子能所紧密合作，在中子探测技术、快中子临界实验装置的理论、实验技术和装置设计等方面，都取得重大进展。理论设计人员配合核物理实验人员，对各种次临界的表征方法、不同能谱的中子源、不同结构活性区系统以及中子源放置在活性区的不同位置的临界外推曲线等，进行了大量的研究。临界实验物理方案设计人员和装置设计人员相互结合，提出合理的设计技术指标，并确定了临界实验装置方案。在原子能所，王方定小组的青年科学工作者，经过几个月的日夜奋战，研制成功了用于第一颗原子弹爆炸试验的中子源材料，并完成了中子源的制备。

在核武器研究所副所长郭永怀的指导下，研制人员配合爆轰试验进行了不同试验装置的结构设计，并根据理论设想和爆轰试验的特殊要求，结合以后武器化的需要，开展了原子弹装置的结构设计。设计部门在试验部门的配合下，先后完成了两种可供大型爆轰试验使用的设计方案。同时，开展了机载核航弹的总体方案的研究，并进行了弹体弹道试验和总体布局的设计。

1961 年到 1962 年，经过不断的实践，克服了重重困难，终于在较短时间内掌握了大量的理论、设计、试验和加工工艺等关键技术，胜利地完成了计划中的一种理论设计和爆轰物理试验、飞行弹道试验、自动控制系统台架试验等三大关键试验，取得丰富的经验，为下一步原子弹的大型模拟试验和原子弹装置技术设计提供了必要的技术准备。

3.2.2 原子弹核心部件生产技术的突破

随着二二一基地建设的开展，为了开展大型爆轰试验，1963 年年初，北京核武器研究所的科技人员陆续转向基地。在具备研制生产相关零部件能力和试验条件后，大型爆轰试验开始在二二一基地不间断地进行。在 1963 年 12 月进行的 1∶2 装置的全球聚合爆轰出中子模拟试验成功后，1964 年 6 月进行的 1∶1 全球聚合爆轰出中子模拟试验又获得了全面成功。这次试验，除核装料是用天然铀代替高浓缩铀活性材料外，其他结构部件都是正式核爆炸时用的实物。引爆系统也是采用与核爆炸试验时相同的系统。试验结果再次证明，内爆中子源能产生足够数量的中子，引爆控制、装置结构设计、零部件加工、装配技术等都能满足要求。至此，首颗原子弹攻关工作已成功在望。

1964 年 8 月，在二二一基地中子物理和放射性化学实验大厅做第一颗原子弹产品次临界安全试验。这是一项比较危险的作业，为了确保安全，杜绝意外事故，采取了“万无一失”的防范措施。每班试验还特别设置了专职安全检查员，要求所有试验人员熟悉安全规程，严格执行岗位责任制，一丝不苟地履行各自的职责。为了避免损伤将用于第一颗原子弹试验的核材料部件，每次开罐、装罐都徒手操作，按既定的守则细心进行。试验时，朱光亚等九局领导都留在现场。试验结果表明，“增殖系统处于相当深的次临界状态，即使按最苛刻的条件估计，在装配过程中及装配后出现某种意外的事件，都不会导致核装料发生超临界事故”。根据此次试验，遂制定出次临界安全操作规程，为核部件加工、装配提供了安全保证。

原子弹试验装置的零部件不仅精度要求高，而且有的部件形状特殊，难以加工，有些关键部件成型、加工、检验都很困难。为了解决这些问题，组织工程技术人员和生产工人开展技术攻关，刘杰亲临车间勉励工人和技术人员坚定信心，克服困难。经过较长时间的试验研究，终于攻克技术难关，生产出合格产品。关于大型炸药部件加工工艺的选择问题，在科研会议上，刘杰对为了提高炸药质量而开展两种工艺方法研究的做法，给予了肯定。他认为，因时间紧迫，应当机立断，遂决定在首次原子弹装置试验中采用注装工艺。工人和技术人员为了安全生产和达到质量要求，不断改进生产工艺，为原子弹装置核爆炸试验和爆轰物理试验提供了大量合格的零部件。为加快制造浓缩铀部件，承担核部件加工的酒泉原子能联合企业，由祝麟芳负责，经张同星等人反复试验，解决了铸造件的内部孔洞缺陷等技术问题，于 1964 年 4 月底铸造出合乎要求的坯件。4 月 30 日，是核心部件精加工的日子。为了挑选优秀的车工来完成最关键的核心部件加工，事先对多名车工进行了技术比武练兵，最后挑选了来自上海的酒泉原子能联合企业机械加工班班长原公甫来担当此重任。已经退休的原公甫老人回忆道，“当时整个车间都笼罩在严肃而紧张的气氛之中，自己心里也很紧张，心理压力很大，毕竟全部的希望都寄托到我的身上。我集中精力小心地加工，直到离成品还剩下最后的三刀。这三刀的进刀量是以丝（百分之一毫米）为单位计量的，那几乎是用我生命刻划的三刀。”人们期待的时刻终于来到了，5 月 1 日凌晨三点，凭着执著的精神和精湛的技术，终于完成了我国第一颗原子弹的核心部件加工的最后三刀，经质量、技术鉴定，所有技术指标均达到了标准要求。紧张的心情舒缓了，凝固的空气流动了，正是因为这关键的三刀，原公甫被大家称为“原三刀”。5 月 14 日，由特别专列装载的我国第一颗原子弹的核心部件运往了青海核武器生产总装基地。在以后时期，酒泉原子能联合企业继续完成了核武器装置中的核心部件制造任务。

经过 21 个月的艰苦工作，原子弹的理论、实验、设计、生产按计划全部完成。1964 年 7 月，负责各部件分装和总装的工程技术人员和工人，投入紧张的装配工作。他们根据前阶段对装配工艺研究的成果，制定了工艺程序和操作规程。精心装配和严格检验，做到一丝不苟。原子弹试验装置于 8 月 19 日全部装配完毕。经检查，质量符合技术要求，可以保证首次核爆炸试验的成功。

3.2.3 成功爆炸第一颗原子弹

1964 年 4 月 11 日下午，周恩来主持召开了第八次中央专委会，决定第一颗原子弹核装置爆炸试验采取塔爆方式，要求做到“保响、保测、保安全，一次成功”。于是，第一颗原子弹装置研制工作进入最后阶段，试验前的准备工作全面展开。

1964 年 10 月 16 日清晨，晴空万里。千古空旷的罗布泊沉浸在一片紧张、肃穆气氛之中。“起吊!”卷扬机发出巨大的沉闷轰鸣，中国人制造的第一颗原子弹端坐在吊篮里，冉冉升空登塔。102 米高的铁塔在晨曦中傲然挺立，在它的顶端建有金属构成的小屋，原子弹就静卧在里面。围着铁塔，在约 60 平方公里的范围内，呈放射状地排列着近百种效应物，它们被用于检验原子弹强大的威力和破坏的程度，其中有飞机、军舰、大炮、坦克、车辆、桥梁、铁路、战时的工事和民用楼房，有专供试验用的老鼠，还有各种测试仪器……一架取样飞机加足了油，在马兰机场待命，一旦原子弹爆炸，它将立即冲上云霄。

早在这年 7 月，中央军委就成立了由各方面领导和专家 68 人组成的首次核试验委员会，论证确定了爆炸零时的各种标准。10 月 9 日，试委会根据总参气象局的预报，认为 10 月 15 日至 20 日是试验的最佳天气。毛泽东主席亲自批准了这个时限，并指示：早试为宜。试委会专家经过严密论证研究，最终确定 10 月 16 日 15 时为爆炸零时，并报请周恩来批准。此刻，解放军副总参谋长、核试验总指挥张爱萍将军在孔雀河畔临时搭建的指挥所里。总控制室里有国防科委副秘书长张震寰将军。二机部副部长、副总指挥刘西尧在位于通往爆区的路口，指挥试验厂附近的工作人员一批批撤离现场。

上午 9 时，李觉和核试验基地司令员张蕴钰乘吉普车从主控站驶向原子弹铁塔，他们陪同 4 位安装手去给原子弹安装起爆雷管并接通电源。吊篮徐徐上升，四周死一般的沉寂，只有辽阔的戈壁滩上掠过一丝燥热的风，伴随着安装手们操作的细微声响。李觉置身于高耸的铁塔顶端，他的身旁静静地躺着这个重达 3 吨的“庞然大物”。原子弹的外形是直径约 1 米的银白色大圆球，特别圆。爆炸雷管安装完毕，连接弹体的所有线路都已导通，李觉却没有下达撤离塔顶的命令，而是一个部位一个部位地重新检查了一遍，重点线路再次作了导通检测，直到确信一切正常无误时，才带领塔上的人乘吊篮下到地面。李觉来到塔架下，从口袋里掏出钥匙，打开电闸箱，小心翼翼地合上闸门。然后，李觉和安装手登上吉普车，迅速驶离塔架。

总控制室里弥漫着使人透不过气的紧张气氛。操作手双眼死死地盯着操纵台，距爆炸零时还有最后 10 秒钟。操纵台上，一排排彩色灯钮依次序迅疾闪烁着，发出庄严的充满历史感的声音。“9，8，7，6，5，4，3，2，1，起爆!”操纵员的食指使劲地向前顶去，标准地完成了一个划时代的动作。

1964 年 10 月 16 日 15 时整，原子弹爆炸了，罗布泊深处突然出现一道红色的强烈闪光，紧接着升起一个巨大的火球，犹如出现第二个太阳。它的光芒把空中的太阳比下去了。

天空和大地被照得一片通红。很快,一阵惊天动地的巨响震耳欲聋,又被连绵的天山雪峰反射回来,隆隆的雷声滚过人们的头顶,好像要把天幕撕裂,冲击波裹挟的狂飙横扫无边无际的戈壁滩。巨大的火球翻滚着,慢慢地升上高空,席卷残云烟雾,不断地向外膨胀,缓缓地变幻着颜色:橘红、菊黄、靛青、草绿、绒白、姹紫,最后凝聚在空中,形成拔地而起的参天的蘑菇云。

张爱萍将军拿起电话报告周总理:已经看到蘑菇云,证明已经实现了核爆炸。周恩来略显激动地向毛泽东报告:主席,我国第一颗原子弹爆炸试验成功了!听到这一振奋人心的消息,毛泽东却显得异常冷静。究竟是不是真的核爆炸?他说:要详细查清楚。不久,电话里又传来周恩来的声音:“主席,经现场进一步考察,原子弹爆炸试验确实成功了。”“再查,不要忙于公布。”冷静、稳健、智慧,是毛泽东的临事风格。紧接着传来消息,中子测试结果出来了,力学、光学试验结果出来了……

1964 年 10 月 16 日 17 时左右。北京,人民大会堂宴会厅。毛泽东、刘少奇、周恩来、朱德等党和国家领导人接见 3 000 余名音乐舞蹈史诗《东方红》的演职人员,并合影留念。在坐下来准备照相的时候,为使眼前这些能歌善舞的青年男女早点分享胜利的喜悦,毛泽东问周恩来:“唉,要不要把那个好消息告诉他们呀?”周总理笑了笑说:“告诉他们,一个个都要高兴得蹦起来!”照完相,党和国家领导人在掌声、欢呼声中挥手离去。20 分钟后,周恩来再次走进宴会厅,挥动双臂示意大家安静,然后激动地说:“告诉大家一个好消息:今天下午 3 时,我们在西部地区爆炸了一颗原子弹,成功地进行了第一次核试验!”整个大厅顿时沸腾起来。周恩来风趣地告诫大家:“同志们,你们小心,别把地板蹦塌了!”没有一个人眼里不涌出泪花,没有一个人不充满自豪。

图 3-1 我国第一颗原子弹爆炸试验成功

第一颗原子弹爆炸试验成功(见图 3-1),是我国核武器发展过程中具有历史性意义的一个重大里程碑,表明中国掌握了核武器技术。这次试验威力为 2.2 万吨 TNT 当量。

3.2.4 完成核弹的武器化

我国核武器的研制,从原子弹装置研制一开始,就考虑了武器化的要求,在原子弹装置爆炸成功以后,加紧了对核航弹和核导弹的研究。

核航弹是由飞机携带投掷的核武器,由核装置、引爆控制系统和包容它们的航弹壳体组成,与携带它的飞机构成完整的武器系统。核武器研究所在研制第一颗原子弹试验装置时,就已经考虑到机载核航弹问题,并开展了核航弹的弹体结构、引爆控制系统和总体布局设计,以及飞行弹道和各种环境条件的研究和试验。

核航弹的气动设计,与普通炸弹相比,有其独特的要求。由于威力大,必须确保投弹后运载飞机和空勤人员的安全，对爆炸参数测试要求精确度很高，弹体降落要具有良好的弹道稳定性。从 1960 年 4 月开始，科研人员先后设计了几种气动外形模型。在经过一系列风洞试验后，在试验场进行了小比例和全尺寸的空投模型试验。通过反复比较，不断改进，最后确定了一种外形方案，作为结构设计的前提。

引爆控制系统主要由电源、保险、引信和起爆装置四部分组成。保险系统要能保证核弹在核爆炸前的安全。引信采用不同方式，互为辅助，以确保在预定高度可靠起爆。引爆控制系统的所有部件、组件在研制成功以后，又进行了全系统的联试。在此期间，还进行了多次重复测试和环境模拟试验，尤其是雷管瞎火的监测，以判定其可靠性。1963 年进行了该系统的飞行试验，并采用无线电遥测手段，测量其参数和程序动作，取得了预期的结果。

在第一颗原子弹爆炸以后，为适应航弹的要求，对核装置结构作了必要的改进，采用了独特的结构支撑，以满足核航弹的要求。1965 年 4 月，经中央批准，在张爱萍将军的统一指挥下先进行了不带核装料的航弹空投试验，目的就是测量核航弹状态和动作的准确性，同时也为了进行地空合练、投弹操作的综合考核。经考核一切正常后，于 1965 年 5 月 14 日，我国一架载有核航弹的轰炸机按时起飞，把核航弹准确地投向靶标，在预定高度爆炸。我国第一颗核航弹爆炸试验取得了圆满成功。这次试验成功，标志着我国有了可用于实战的核武器。

1964 年春，根据中央专委的工作安排精神，核武器研究所制定出导弹核弹头的研制工作计划。提出了关于导弹核弹头协作任务的主要设计、试验项目及工艺、定型等进度计划。与核航弹相比，导弹运载的核弹头的体积和重量大幅度减小，对环境的要求也比飞机运载更为苛刻，要达到安全和可靠，涉及对弹头各方面更高的技术要求。理论人员对几种方案进行了分析比较，提出理论设计方案。1965 年年初，开展了起爆元件和模拟装置的爆轰试验，并进行了大量的工艺试验，同时进行核装置的结构设计。

核弹头的引爆控制系统从 1963 年开始研究。1964 年，研究人员对引信以及为飞行试验测量用的无线电遥测和天线等部件进行了设计、试验，同时开展了包括多级保险和多种类型的引信等全系统的设计和研制，还设计了自毁安全系统。最后确定了四项定型和大型试验项目。首先，对核装置和引爆控制系统的一些部件、整件进行了振动、离心加速度、冲击、湿温度等试验，又专门进行了核弹头几百公里距离的实地公路运输试验。经过地面环境试验之后，1966 年二季度，又对引爆控制系统进行了“两弹”结合飞行试验的第一次试验。试验结果证明，引爆控制系统设计正确，工作正常。最后，为了鉴定核弹头在实际飞行环境下的性能，进行了核导弹飞行核爆炸试验。为了贯彻周恩来总理必须确保试验安全可靠的指示，核武器研究所进行了核弹头在未解除保险情况下坠地碰撞和在燃烧情况下是否发生核爆炸的模拟试验，并再次论证引爆系统和自毁系统的可靠性。得出的结论认为，这次试验是安全可靠的。经周恩来批准，1966 年 10 月 27 日，我国成功地在本国领土上进行了导弹核武器试验。试验表明，我国已经具有可用于实战的核导弹，武器化进程取得了突破性进展。

这次试验成功后，经过半年多的时间，首次氢弹试验又获成功。此后，我国的热核弹头的武器化工作开始展开。以后几次的核试验，在提高核武器性能、研制供装备部队用的核弹头和其他方面的工作，都取得一定进展。根据近、中、远程导弹对核弹的技术要求，核武器研究所全面开展了武器化的工作。

1969 年 9 月进行了首次地下核试验，取得组织这种核试验的初步经验。由于时处“文化大革命”，地下核试验工作一度中断。1974 年 3 月，国防科委主持召开会议，讨论并拟订了地下核试验计划。通过 1975 年和 1976 年两次地下核试验，掌握了试验的测试技术，为进一步的改进和提高打下了良好的基础。

粉碎“四人帮”后，根据各方面研究工作取得的成果，制订了系列核试验计划，有步骤地解决发展核武器的新设计原理。1984 年完成了地下核试验计划。在这些试验中，用新发展起来的诊断技术测量了核爆炸过程物理量和威力，测量数据证明了理论设计的正确性，同时还表明在试验设计和制造等技术方面具备了进一步发展核武器的条件。系列试验的圆满成功，使我国核武器的发展又跨入了一个新的阶段。

第四章 不畏艰难，再接再厉，成功爆炸我国第一颗氢弹

4.1 氢弹研制的理论研究

毛泽东在听取国家计委关于第三个五年计划和长远规划设想的汇报时，曾两次谈到核武器发展问题，明确指出：原子弹要有，氢弹也要快。遵照中央的指示，在加快原子弹武器化的同时，也迅速转向氢弹的攻坚战。

氢弹的基本原理是利用氢的同位素氘、氚核的聚变反应释放巨大的能量。这与原子弹裂变释放能量的原理有质的差别。1 千克铀-235 裂变释放能量相当于 2 万吨梯恩梯炸药，而 1 千克氘、氚聚变释放的能量则是它的 4 倍。但由于氢弹要由原子弹来引爆，所以两者又有联系。原子弹的设计理论和方法虽可用于氢弹的研究，但远远不能满足需要，制造氢弹所需要的技术和条件更复杂、更难。必须针对氢弹的特点，开展新的探索研究。

当时，世界上只有美、苏、英三国试验了氢弹，但对其原理和结构都严格保密。中国科学家除了知道氢弹的“标准资格”应达到的 TNT 当量，以及在研制过程中必须进行大量的计算外，再没有比这更多的东西了。

1965 年 2 月 3 日，二机部向中央专委呈报了《关于加强发展核武器问题的报告》，其宗旨是：要尽快突破氢弹技术，向战略核武器的高级阶段发展。周恩来主持专委会审议了这个报告，同意按报告中的意见办。

在第一个核装置爆炸试验前，二机部也曾进行过氢弹理论的探讨，诸如热核反应及如何点燃热核材料、中子输运、辐射流体力学、二维流体力学计算方法、超高温高压状态方程等专题研究，并且通过研究装有热核材料的原子弹(也称加强型原子弹)，探索热核反应的规律和裂变聚变耦合问题。人员分成了两个组：一个组是由彭桓武、王淦昌、邓稼先、周光召等人领导的九院的理论部；另一个组是由于敏、黄祖洽等人领导的原子能研究所研究部。1965 年年初，二机部党组决定，将两组人员集中到九院，同心协力进行原理攻关。

攻关的“战场”就在九院理论部几间 30 多平方米的办公室里。几张桌子排得很挤，桌上只有几张白纸、计算尺等简单的办公用品，连一台国外已普及应用的电子计算机都没有。在探索研究过程中，研究所充分发扬学术民主，鼓励科研人员大胆设想，提出各种新的概念和新的设计思想。当时这群从事氢弹理论攻关的中国科学家，风华正茂，精力旺盛。年纪最大的王淦昌 58 岁，是唯一年过半百的科学家，绝大多数人的年龄都在 35 岁至 40 岁之间。年轻人在一起，浓厚的学术民主风气，鼓励着每一个人充分施展自己的才华，大胆发表自己的见解。谁有道理谁就是权威。办公室里有黑板，只要你有了什么新想法，就请上去讲述吧，绝没有人会加以阻拦。在良好的学术氛围中，研究人员提出的富有创造性的设想，经过补充、完善，给探索氢弹理论开阔了思路。

时间一天天过去，挫折却接踵而来。先是“加强型”，理论部中的一个重要数据，经过认真计算复查，发现与原设想有很大出入，这样就得将原先的构思方案推倒重来。几乎就在这

同时,原子能研究所研究部研究的另一种新模型,也在计算中发现它达不到要求,不能成为氢弹。两种方案均告失败,凡是得知这个消息的人,无不震惊发怔……纵然痛苦,虽然沮丧,但谁也没有失去信心。“西方资产阶级能办到的事,我们东方无产阶级也一定能办到。”刘西尧同志说过的这句话,再恰当不过地表达了他们的心情。

经过一番艰辛努力,他们发现,尽管两条路都未走通,但对氢弹的基本规律的认识却深化了,适应氢弹设计的基本参数和计算方法都有了新的发现。

1965 年 9 月,于敏带领科研人员前往上海,利用中科院华东计算所的 J-501 计算机,对氢弹原理作进一步的研究和计算。他们到达计算所后,立即分为三个组倒班进行了大量计算。接着,对不同模型的数值模拟结果进行了认真的理论分析,发现了热核材料燃烧过程中几个特征量与释放能量的关系,并从中找到了造成自持热核反应条件的关键。据此,果然得到了热核材料一旦点燃就会自持燃烧下去,而且释放出巨大能量的预想结果,找到了热核材料自持燃烧的新原理模型。以后与氢弹相关的其他工作就全面铺开了。

4.2 成功进行含有热核材料的核试验

尽管具有突破性的新方案提出来了,然而,要从方案变成实物,还需付出艰辛的劳动。为使任务进一步落实,二机部领导抽调部分实验部、设计部的科研人员配合理论部对新方案作进一步的可行性论证。理论部将未来氢弹的各个技术参数一一算出,从总体上勾画出它的结构、性能;根据理论部提供的数据,设计部绘出了一张张氢弹的零部件图纸,送交生产部具体加工制造;实验部则运用各种方法对氢弹的各个部件进行检验,如达不到要求,则要求重新修改图纸。

与此同时,二机部的其他工厂和全国有关单位,也为第一颗氢弹积极行动起来,开展大协作。许多具有特殊要求的物资、元件,供测试用的各种电子仪器、专用设备,源源不断地运送到氢弹生产制造厂,保证研制任务的需要。

理论设计的日臻完善,为实验部进行氢弹爆炸前一系列“冷”、“热”试验创造了条件。“冷”试验俗称“打炮”,是在核武器试验基地专用的野外爆轰试验场进行的。“冷”试验的结果再迅速地反馈到理论部、设计部,继而为下一步的热核试验提供可靠的参考数据。

在热核材料部件的研制中,要将一些化学性质很活泼的材料,制造成符合技术要求的部件,技术难度非常大。科研人员从成型工艺、机械加工和防潮涂层等方面开展试验研究,经过不到一年的紧张工作,成功地搞出一套工艺技术,保证了合格的热核部件的制造。同时,在测试技术方面也确定了诊断热核反应的方法。

为了更进一步地测试热核材料聚变当量的数据,深入掌握热核聚变的规律,于 1966 年 5 月 9 日,在戈壁滩核试验场成功地进行了含有热核材料的核试验。试验中首次使用“内活化指示剂”方法测量中子总数,提供了热核材料聚变当量的数据,同时也对利用气体样品进行剩氚的测量作了探索。试验结果表明,核反应过程与理论预计基本一致。这次试验给当时进行的氢弹理论研究提供了实测数据,使科研人员加深了对热核聚变规律的认识。

热核材料试验成功以后,开始转入氢弹原理试验。理论设计工作者,在配合试验确定引爆弹理论设计的同时,集中力量进行了小当量氢弹的理论研究。根据当时的计算条件,他们发展了计算方法,研究编制了计算程序,分析了部件的配置与能量释放的关系。通过计算弄清了引爆弹对氢弹的作用和影响，确定了小当量氢弹的理论设计方案，并立即开始试验装置的技术设计和制造。在完成理论设计之后，技术设计和加工制造的时间是很短的。为了解决这个问题，采取了原子弹研制时行之有效的作法，即在研制过程中，组织理论、实验、设计、生产等4个方面的科技人员，及时交流情况，互相提出要求，共同商定对策，使得有些准备工作提前做好，设计、制造平行作业，从而争取了时间，按时完成了试验装置的制造任务。经过日夜奋战，忘我工作，由试验、设计、生产、装配和理论人员组成的实验队，奔赴核试验基地。李觉、王淦昌、朱光亚等领导亲临现场指挥。本次实验采用塔爆方式，1966年12月28日，“零时”到来，在离铁塔20公里处的掩体里，参试人员透过墨镜，终于看到了充满希望的闪光和冉冉升起的蘑菇云。这次爆炸威力为12.2万吨TNT当量，实际测到了聚变中子和裂变聚变反应的时间间隔等其他参数，说明我国已经基本上掌握了制造氢弹的理论设计和关键技术。试验结果清楚地表明：氢弹原理试验一举成功，证明氢弹原理完全正确可行。

4.3 第一颗氢弹爆炸试验成功

在氢弹原理试验成功后不久，“文革”动乱的烈火，迅速在二机部蔓延开来，各级领导干部顿时被处于批判之列。在那疯狂的年代里，科学家们一个个都处境艰难。“覆巢之下，安有完卵?”大批知识分子受到的遭遇，引起周总理的高度重视。他果断采取措施，将二机部机关和九院实行军管，并明令不许群众组织夺权，由军队对专家进行保护。这样，局面才得以缓和，各项科研工作才勉强可以继续下去。

突破氢弹研究到了最后的冲刺阶段。在计算机上模拟核试验而进行的大量运算结果得到了验证。美国从原子弹到氢弹，共进行了45次核试验，我们限于国力和为了保护环境，本着必要而有限的原则，只进行了5次试验。许多很难验证的数据，通过计算得到。理论部决定停止“加强型”方案的研究，集中全部力量对新方案进行具体产品设计。1967年2月，第一颗氢弹部件完成设计图纸，生产部随即组织加工生产。

为了争取时间，指挥部决定第一颗氢弹充分利用已有的一套原子弹试验部件，因陋就简，只进行必要的加工改造。试验方式也定为由轰炸机空投。确定第一颗氢弹空投，是一个值得自豪的壮举。因为美国1952年的第一颗氢弹“迈克”(重达65吨)是在地面上试验的，1954年再次进行的第二颗氢弹“布拉沃”也是放在比其尼岛的地面上爆炸的，直到1956年才用飞机空投。因此，除了要研制质量合格可由机载的热核装置和做好现场测试技术的准备外，还要研制性能可靠的引爆控制系统。从弹体下落的轨迹弹道到投弹高度、飞机退出路线、机舱内改造等一系列技术难关，在等待着技术人员去攻克。

在中央的关怀下，氢弹研制尽管在“文革”中举步维艰，但从未中断。1967年5月，在国防科委的组织领导下，空投轰炸机改装完毕，模拟训练飞行已在试验基地上空进行。第一颗氢弹的设计、生产、环境试验以及试验前的测试准备工作也全部完成。同月，中央专委批准了氢弹试验计划。历史即将揭开新的一页。

遵照周恩来“严肃认真、周到细致、稳妥可靠、万无一失”的指示精神，指挥部制定了“保响、保测、保运输、保安全”的各项措施。随后，第一颗氢弹运往试验基地，试验队也由李觉带领抵达试验现场。聂荣臻元帅亲临现场指挥这次氢弹核爆炸试验。

为了确保成功和安全，“轰-六”飞机呼啸着在基地上空掠过，隆隆的马达声传遍了整个试验基地，这是担任投掷氢弹任务的空军机组人员，正利用“零时”前的宝贵空隙，密切配合地面进行的一次模拟投弹训练。飞机到了预定的靶区上空，只见灰青的地面上，一个醒目的十字图形清晰地出现在机组人员的眼前，这便是空投点。在它的周围，依次排列着呈放射状散开的效应场：飞机、坦克，军舰、船只，桥梁、车站……耳机中传来地面的呼叫：“注意，注意，现在开始逆计数：十、九、八、七……”当听到“起爆”二字时，投弹手一按电钮，飞机轻轻地颤抖了一下后猛地向高空一跃，一顶巨大的彩色降落伞在空中打开，吊着的模拟弹向预定的靶区飘去……地面上，无数光学经纬仪、无线电测高仪高度集中地盯住降落伞，测量着它在空中落下的弹道。

真正的“零时”一天天临近。1967 年 6 月 17 日，久盼的这一时刻终于来到。上午 8 点 20 分，机场上，那架机翼长达 30 多米的轰炸机，吐着长长的红色火焰，怒吼着在跑道上移动、加速、升空……机场上几百双眼睛注视着扶摇直上的巨鹰。逆计数的响声回荡在试验基地各处。由徐克江机组驾驶的“轰-六”726 号飞机，在靶区上空盘旋一圈，20 分钟后，再次盘旋一圈后，突然抛出一个白色的圆柱体——氢弹。降落伞拽着弹体在碧蓝的天空中滑翔，缓缓降到预定高度爆炸。刹那间，一道眩目强烈闪光，天空中陡然出现了一个大火球，高悬在蓝天上，比太阳更光辉、更灿烂。伴着惊雷巨响，翻滚的火球变成一朵蘑菇烟云，吸着巨大的沙尘迅速扩展上升，将半个天空都抹上朝霞般绚丽的色彩。随后一望无际的戈壁滩上，传来一阵又一阵推波助澜的冲击波，雷霆般的轰鸣震撼着大地。中国第一颗超过 330 万吨 TNT 当量的氢弹在靶心上空 3 000 米高空爆炸成功(见图 4-1)。提前实现了毛泽东在 1958 年 6 月提出的“搞一点原子弹、氢弹、洲际导弹，我看有十年工夫完全可能”的预言。

图 4-1　我国第一颗氢弹爆炸试验成功

中国赶在法国前面爆炸了氢弹！至此，我国已成为世界上第 4 个掌握氢弹技术的国家，在中国核武器发展史上又树立起一座里程碑。从原子弹爆炸成功到氢弹爆炸成功，美国用了 7 年零 3 个月，苏联用了 6 年零 3 个月，英国用了 4 年零 7 个月，而中国只用了 2 年零 8 个月。

第五章　第一艘核潜艇下水并试航成功

5.1　提出和确立潜艇核动力方案设计

1954年，世界上第一艘核潜艇在美国建成下水，它的首次亮相就震动了全世界。军事专家评论：核潜艇是第二次世界大战之后海军军事技术上空前的大变革。面对当时的世界局势和海军发展的最新动态，中央领导人高瞻远瞩，确定了发展核潜艇的思路。1959年10月，毛泽东主席曾斩钉截铁地表示："核潜艇，一万年也要搞出来。"中央专委决定，由二机部负责潜艇核动力装置的研制。

常规潜艇烧普通燃料，一次装料的续航距离（以10节速度计），通常只有1万海里左右，而核潜艇一次装料可维持10年以上，续航能力超过40万海里。又由于核动力装置无需氧气，其潜航距离可达总航程的90%。其航速也大大高于常规潜艇。因而，在机动性、隐蔽性方面，核潜艇都具有很大的优越性；如果再同导弹核武器和其他先进设备相结合，便成为当代海军的一种主力战舰。核潜艇的研制，对加强海军现代化建设具有极其重要的意义。

研制核潜艇的关键是核动力反应堆装置的研制，而潜艇核动力装置是一项技术复杂、难度很大的工程，当时我国在这方面是一片空白。1958年10月，二机部开始组织潜艇核动力装置的开发研究工作。当时，世界上还只有美国和苏联已建成核潜艇。他们对于研制技术严格保密。只在一些杂志上偶尔有一般情况的报道。原子能所承担这一任务的科技人员，在一无技术资料，二无必要的实验设备和先进的计算工具的情况下，全靠自己摸索和创造条件，在调查国外有关资料片段的基础上，经过反复研究、计算、论证，提出了拟选用的反应堆堆型、功率和动力方案，并在此基础上，进一步选定了反应堆的主方案和主参数。接着又组织力量，开始进行方案设计。当时，原子能所集合了一支约200人的研究设计队伍，他们中大部分是刚从大学毕业不久的年轻人。由于缺乏经验、基础知识不够，困难是可以想象的。但他们勤奋好学，无保守思想，在一些较有经验的中年科技骨干带领下，凭着集体的智慧和力量，经过近两年的努力，于1960年6月提出了《潜艇核动力装置方案设计（草案）》。该方案设计当时是作为草案上报的，但后来的实践证明，它在总体上是可行的。这为以后的研制工作打下了良好的基础。

方案中提出了大量需要研究的课题。为此，原子能所的有关研究室在反应堆物理、反应堆工程、元件、材料、热工水力、自动控制等方面，开展了一系列研究。但是，由于20世纪60年代初国家经济困难，缩短基建战线，需要首先集中力量搞原子弹和导弹，加之铀浓缩厂尚未投产，从浓缩铀供应角度讲，也难以满足核潜艇的需要。因此，中央决定潜艇核动力装置的编制暂时收缩，大部分人员充实到原子弹研制工程，只留下50余名设计人员继续进行基础研究。作为反应堆设计室主任的彭士禄等被留下来坚守这块阵地。

此后，核潜艇的研究机构几经变动，曾给工作造成很多困难，但各方面的科技人员仍然坚持工作，关键的科研、试制、协作的项目都没有停下，并利用所掌握的资料和试验成果，逐步建立了一些研究试验用的设施。在此基础上,二机部提出了潜艇核动力装置设计改进方案,于1965年7月上报给中央专委。当时我国已成功进行了两次核试验,铀浓缩工厂也已全面建成投产,这表明我国已具备建立核潜艇试验基地的基本条件。中央专委很快就批准了设计方案,决定由二机部负责重新启动潜艇核动力装置研制,并要求在1970年建成核潜艇陆上模式堆。

5.2 加紧研制潜艇核动力装置

1965年潜艇核动力装置改进方案被中央专委批准后,年底就完成了初步设计。1967年在彭士禄主持下,完成了潜艇核动力装置的扩大初步设计和施工设计,1969年完成了全部施工图。

设计方案的可行性需要以大量的科学数据为基础。一直没有停步的潜艇核动力装置科研工作,也与设计工作同时加快了步伐。例如,堆芯是反应堆的心脏,核裂变的链式反应就在这里进行,因而堆芯结构形式和控制棒组合形式设计的合理性,对于潜艇核动力装置的安全可靠至关重要。为了找出一种能满足各项性能要求的最佳的堆芯布置方案,在整个设计阶段,进行了一系列理论计算和试验验证工作。为进行临界试验,工程技术人员还专门建立了一座大型的零功率装置,验证物理设计重要参数的计算精度。比如,海上实战需要潜艇能在极短的时间内实现大范围的功率变化,如在30秒内要从10%提升到100%,甚至又要在2秒内从100%下降到10%。这种功率变化主要由控制棒的升降来完成,从而要求控制棒的驱动机构要有高度的灵活性和可靠性。为考验驱动机构的性能,曾在冷、热状态下,对之进行过上千次驱动试验。还专门建立了一个热态试验台架,用来检验在艇体严重倾斜的状态下能否迅速落棒,以满足潜艇的特殊要求。频繁的功率变化,还要求各种设备能耐受由此引起的热冲击和热疲劳。为此,对各种设备和系统进行了大量的动态试验。

20世纪60年代,我国还没有大型电子计算机,大量的计算工作主要是依靠人工完成。有时为了完成一种方案,往往需要好几个计算人员借助台式、手摇计算机日夜加班,一次要连续工作一个多月。大量的实验结果和可靠的计算数据及时地为设计提供了佐证,以进行修改和补充,使之日臻完善。

当时世界上的潜艇核动力装置都采用压水堆,其回路系统与陆上压水堆核电厂类似。所不同的,只在于潜艇堆产生的蒸汽不是用于发电,而是用于驱动螺旋桨。但是,因战舰的需要,对潜艇堆提出了一系列的要求,如体积小、重量轻、有高度的灵活性,能随时启动或停止,还要耐冲击、耐振动、耐摇摆,特别是要有高度的安全可靠性等。所有这些,都大大增加了潜艇核动力装置研制的难度。为检验设计的正确性,确保核动力装置的安全可靠与运行性能,一般在建造核潜艇之前,都要按艇上的实际情况,建造一座1∶1的陆上模式堆,进行各种模拟试验,同时用以培训人员。

5.3 陆上模式堆试验成功,核潜艇安全下水

建设核动力陆上模式堆的地方在我国西南一个偏僻的山沟,研究设计人员刚到时,住的是简易工棚,喝的是稻田泥浆水,走的是山间的羊肠小道。即便在这样艰苦的条件下,这些

人没有一丝退缩。在中央军委的支持下，广大科技工作人员克服了重重困难，1970 年 4 月 28 日，我国自行研制的第一座潜艇核动力陆上模式堆的建筑安装任务提前完工，陆上模式堆共有大小设备和仪器 26 000 多台(件)，涉及 1 200 多家工厂。5 月 1 日开始试车。试验结果表明，整个陆上模式堆工程质量是好的，反应堆的控制系统性能良好，能安全可靠地开堆和停堆。与此同时，我国第一艘核潜艇艇体也将建成，并开始进入核动力装置的安装阶段。核动力装置的质量和性能如何，需由陆上模式堆来加以验证。周恩来对试验工作十分关心，在陆上模式堆开堆提升功率前夕，还特派专机接有关人员进京汇报。

1970 年 7 月 17 日，陆上模式堆开始提升功率试验。8 月 30 日我国自行研究设计的核潜艇陆上模式堆运行达到设计满功率。各项性能指标都符合设计要求。这标志着我国的核潜艇陆上模式堆已经胜利建成。此前，周恩来总理两次来电话，要求参试人员“不要急，要仔细做工作。加强现场检查。越是试验阶段，越需全力以赴，一丝不苟，才能符合要求”。

在周恩来的亲切关怀下，参试人员精心操作，一次成功，试验的效果比预想的还好。试验结果证明了：一是反应堆的设计、设备制造、安装调试的质量良好，安全可靠，自稳、自调性能优良。二是反应堆不仅完全达到设计的满功率要求，而且还有相当大的潜力。反应堆及其动力装置不仅在稳定工况时有良好的安全可靠性和自稳性，而且在各种工况和事故状态下仍可确保安全可靠，具备适应实战条件下机动负荷的能力。这些试验为我国第一艘核潜艇下水试航和出海试验提供了可靠的依据。

广大科技人员在核潜艇的研制中发扬了创造精神和奉献精神。自动控制室副主任李宜传，担负着反应堆自动控制的全部责任。他参加了核动力装置的方案论证、设计、试制、启动运行直至核潜艇的调试与试航的全过程。由于长期紧张地工作，呕心沥血，积劳成疾，在试验基地试航的一天晚上，他突发心肌梗死，过早地与世长辞。那时，他只有 39 岁。在研制耐高温、耐辐射、低噪音的电缆样品时，样品要被送到重水堆进行辐照考验。一次，当样品辐照即将完成时，反应堆小室的温度突然升高。设计人员任祖根为了获取第一手试验数据，奋不顾身地钻进大剂量的堆小室，匍匐身子进行记录和观察，由于超剂量照射而受到严重伤害。周总理闻讯后，要求组织人员抢救。经过精心治疗，任祖根又重返工作岗位。彭士禄，革命先烈彭湃之子，在担任第一任核潜艇总设计师期间，主持了核动力装置的扩大初步设计和施工设计，亲自建立了核动力装置静态和动态主参数简易快速计算法，解决了核燃料元件结构形式和控制棒组合形式等重大关键技术问题。核潜艇研制、生产中的许多重大技术问题，如惯性导航、水声、武备、造水装置等都由他决定。正是他的这种果断使得核潜艇的建造紧张、快速、有序地进行。一次现场调试时，彭士禄病倒了，剧烈的胃痛让汗水湿透了全身。他被抬到工地医务所，经医生诊断是急性胃穿孔，若不及时处理就有生命危险。手术就在工地现场进行，切除了彭士禄四分之三的胃。手术时，医生发现他的胃上还有一个已经穿孔而自身愈合的疤痕。在彭士禄搞核潜艇最紧张也是最关键的日子里，他的家庭受到“文革”的冲击，本人也被当作“反动学术权威”挨批斗。面对这些屈辱，彭士禄没有吭一声，他默默地承受了这一切，继续在建造核潜艇的一线忙碌。他说：“我还是要做工作的。我不怕别人批我，我不会离开我的工作岗位。我一生也离不开核事业！”

广大工程技术人员、工人，参照建设陆上模式堆的宝贵经验，共同努力，只用了一年的时间就完成了第一艘潜艇核动力装置的建造安装任务，1970 年 12 月 26 日，毛主席 77 周岁生日那一天，在距离潜艇核动力装置设计改进方案重启仅仅 6 年之后，我国第一艘核潜艇在造船厂顺利下水(见图 5-1)。核潜艇的研制成功,为推进我国海军现代化建设奠定了重要的基础。中央军委、国防工业领导小组发了贺电。1974 年 8 月 1 日,首制艇举行了交接仪式,海军司令员萧劲光大将出席,首制艇被中央军委命名为“长征一号”,正式列入海军战斗系列,使中国成为世界上第五个拥有核潜艇的国家。

图 5-1 我国第一艘核潜艇顺利下水

1982 年 10 月 12 日,由彭士禄担任主要设计者的中国导弹核潜艇试验发射取得成功。

今天的和平要靠力量来维持,洲际导弹、潜地导弹、机载空投等,中国的核盾牌日益完善,从来不愿寄人篱下的中国人成为维护世界和平的重要力量。正如 1988 年 10 月 24 日小平同志所讲:“如果 60 年代以来中国没有原子弹、氢弹,没有发射卫星,中国就不能叫有重要影响的大国,就没有现在这样的国际地位。这些东西反映一个民族的能力,也是一个民族、一个国家兴旺发达的标志。”这是邓小平同志对我国核工业第一次创业的最高评价,也是对数十万核工业人无私奉献、艰苦拼搏的最高褒奖。

第六章 调整核工业布局，完成三线建设

6.1 防范战争威胁，确定三线建设

1964 年，勃列日涅夫在苏联当政后，继续奉行和强化了赫鲁晓夫反华的中苏关系政策。他向中苏边界大量派兵，苏联驻中苏边界的军队迅速增至 100 万人，苏联的一部分战略导弹也指向了我国几个大城市和重要军事设施。苏联还派兵进驻蒙古国，并且试图对我国正在搞的核设施实行“外科手术”式的打击。威胁中国的还有美国。美国在朝鲜战场上失败后，仍然把中国当作它在亚洲的主要敌人。从 1960 年到 1964 年，美国和我国周边地区的日本、南朝鲜等一些国家签订了条约，结成了反华同盟。美国还在这些国家和地区建立了数十个军事基地，对我国形成了“半月形”包围圈，威胁我国的国家安全。随着中国核计划实施的进展，美国舆论公然叫嚣要袭击中国核工厂，妄图把刚刚建立起来的中国核工业扼杀在摇篮中。1964 年 8 月，美国开始轰炸越南北方，把战火烧到了我国南大门。而盘踞在台湾的国民党反动派也在美国的支持下叫嚣要“反攻大陆”。蒋介石加紧派遣武装特务对我东南和其他沿海地区进行袭击，妄图在我东南地区建立大规模进攻大陆的“游击战走廊”。当时，中印边境也很紧张，印度军队不断蚕食我国领土，在中印边境东西两段向我国发动武装进攻。在这多方面的威胁当中，手中握有核武器的苏联和美国，对中国的威胁最大。因中国当时没有核武器，若遇到核打击时，是没有任何回击能力的。

为了增强国力和抗风险能力，针对当时的国际紧张形势，二机部于 1963 年 11 月提出了调整核工业战略布局，在三线地区(湘、鄂、豫西部，陕南和川、渝、黔)新建一套核工业基地，使我国核工业向战略纵深地区发展的报告。中央专委审议批准了二机部的报告，并决定从 1964 年开始选择厂址，争取尽快新建一批核工业科研、生产基地。

1964 年 3 月，二机部专门召开了选厂工作会议，研究了调整战略布局，压缩“一线”，加快三线建设问题。进一步明确了三线建设要争取时间，尽快建成。9 月底、10 月初，二机部连续发出了 6 个决定和 1 个通知，要求“一线”各单位在认真抓好当前科研和生产的同时，抓紧调整“一线”规模和着手筹建三线。各单位迅速订出了 1964 年 10 月到 1965 年年底的行动计划，并开始积极组建班子，抽调骨干，收集资料，研究方案。从此，核工业在三线的建设工作就全面展开了。

为了尽快建成一批三线基地，二机部采取了许多措施。1965 年春专门成立了核工业三线建设指挥部，由三线地区有关领导参加，二机部副部长刘淇生、牛书申先后任总指挥，陈一民、张涛、文功元等为副总指挥，统一领导各单位的基建、科研、生产和设计工作，及时解决出现的问题。各建设现场也由设计、生产、施工单位组成统一的建厂指挥部，协调和处理各方面的关系。

选好厂址是调整战略布局，搞好三线建设的首要环节。确定核工业工厂厂址选择的原则是：尽量分散、隐蔽、靠山。三线建设要“大分散、小集中”，要“依山傍水扎大营”。要根据

当地的地形、地貌条件确定建设项目，要使三线建设的企业适应现代战争的需要，要远离大中城市，分散布点，做到即使在打核战争的情况下，这些工厂和科研单位也打不烂、炸不垮，能继续坚持生产和科研，支援前线。

从1964年3月上旬开始，由二机部组织了70多人，分成3个小组，在国防工办统一领导下，历时将近一年，行程几万里，先后踏勘了71个县234个点，搜集了各点的地形地貌、河流山脉走向、水文地质、气象、湿度、降雨量、地震情况及当地人口、农业生产等大量资料，按照科学选厂的程序，一步一步地开展工作。经过多次勘察和复勘之后，1965年5月，中央专委原则上批准了核工业三线第一批项目的厂址和建设方案。

大多数厂址的选择后来被证明是成功的，但也有个别厂址不是很理想，有的厂在建设过程中发现厂址水温高，难以满足工艺要求，而且地形不够隐蔽，需要进行调整。有的厂原计划进洞建设，但在施工中发现打洞难度大，工期长，不能满足建厂进度要求，后报经上级批准，决定重新选址。1965年11月，邓小平、薄一波在有关地方负责人的陪同下，亲自到新厂址察看。邓小平看后认为新点好。后经周恩来同意，中央专委批准这些工厂改在新址建设。

为了汲取"一线"工程的建设经验和教训，搞好三线单位的建设，二机部要求"一线"各单位主要领导负责，有各方面的人员参加，从主要工艺流程，设备仪表，卫生防护标准，辅助车间的标准、规模，通风、防潮、污水处理、原料运输，人员定额，基本建设的组织管理以及福利设施等8个方面进行总结。在这个基础上，二机部提出三线各厂的建设方案和改进意见。

为了能独立自主地建设核工业，三线建设项目所需的专用设备仪器仪表，全部由国内制造供应。1965年2月，中央专委对核工业所需的各种重要设备、仪器仪表的研制工作，作了全面的安排。采取了在三线新建设备、仪表制造厂与巩固、充实老厂相结合的办法，既充分发挥原有厂的潜力，早出产品，又使三线形成新的生产能力。如第一机械工业部为了研制核动力堆的成套设备，专门召开了70余家工厂、院、所共300多人参加的专业会议，安排任务，解决关键技术。生产高通量实验堆的设备时，组织全国200多个工厂协作制造，领导干部、技术人员、工人三结合，攻克了一个个技术难关，完成了设备仪器仪表的制造任务。正是有了这种大协作精神，在研制过程中，各相关单位都按中央专委的要求，把核工业三线建设所需的设备、仪器仪表视为国家重点项目，优先解决，大大加快了核工业三线建设的速度。

6.2 克服各种困难，加快三线建设

1965年，设计人员深入到各个施工现场，进行现场设计。他们不顾条件艰苦，克服了工作中和家庭生活上的种种困难，满腔热情地投入工作，到1971年完成了三线几十个建设项目的设计。由于吸取了新的科技成果和老厂的经验，在设计中采用了许多新技术、新工艺、新设备、新材料，使我国自行设计的工艺方案和主要设备，都比原设计有较大改进。并且，在实践中逐步掌握了在内地山区、多雨、高温、潮湿条件下建造大型工程的特点，认真解决防洪、防水、防滑坡塌方、防锈蚀变霉等技术措施。所有三线工程都加强了三废治理措施，以保护环境和国土免致污染。

1965年4月，二机部的生产、设计单位参加三线建设的第一批队伍数百人开始进入三线。随后，大批施工队伍和人民解放军工程兵3个师两个汽车团及地方施工队伍，包括土建、安装、打洞、地质勘测、机械加工等，聚集了三四万人的建设队伍开到了三线，形成一个波

澜壮阔、规模宏大的建设场面。这支建设队伍，团结一致，齐心协力，以顽强的革命意志和大无畏的献身精神，历经千辛万苦，克服艰难险阻，用自己的聪明才智和创造精神，为三线建设谱写了灿烂篇章。

这个时期，施工队伍面临的主要困难，主要是交通运输不便。许多工程开工时，建设物资、施工机具等都不能从铁路或正式公路运至施工现场，如反应堆施工所需的大型挖土机与吊车等，他们就把设备化整为零，肩扛手抬运进工地，然后重新组装。天气潮湿也给安装设备带来很多不便。当雨多时，施工人员只得在搭起的遮雨棚内，生起火炉进行除湿。山区地形狭小，给工程布置和施工造成了困难。有的工程只能迁就地势进行布置，还有的施工项目受到地形限制，工作面铺不开，带来许多额外的困难。但所有这些困难，都被核工业施工队伍一一克服了。

为了解决材料紧张、设备短缺问题，李富春、聂荣臻到二机部三线建设会上讲话，给予支持，帮助解决困难。李富春还批准二机部在上海、天津设立三类物资采购点，解决了物资渠道的问题。为了加快工程建设进度，中央有关领导还召集铁道、水电、交通、邮电、建工等 10 个部委领导开会，传达中共中央、国务院、中央军委关于抢建三线核工业设施的联合通知，并调集土建安装公司、解放军工程兵部队以及地方施工单位，举行会战，突击施工。他们修建了铁路专用线和数百公里公路，架设了上千公里的通讯线路，进行了大量的测量和相应的地质勘察工作，为我国核工业三线建设作出了贡献。

在全国的大力支持和二机部的正确领导下，核工业三线工厂陆续建成投产。三线建设改变了核工业的战略布局，这是我国核工业三线建设的主要成就。其次，于 1970 年建成了核潜艇陆上模拟动力堆，突破了核动力工程技术，扩大了科研生产能力，提高了技术水平，增强了国防实力。最后，高通量工程实验堆、中国环流器一号受控核聚变实验装置的建成，标志着我国核科研工程建设取得重大进展。经过三线地区广大基建队伍的努力，各工程项目施工进度都较顺利，到 20 世纪 70 年代中期，三线建设基本完成了布局调整任务。三线建设完全是依靠我国自己的技术力量完成的，从设计、建筑安装到设备研制，都是立足国内。尽管受十年"文革"的内乱干扰，但广大科技施工人员坚守岗位，最终完成了调整战略布局的任务，无论建设速度与工程质量都是比较好的。

当然，回顾那个时期的三线建设也存在着许多问题。例如：基本建设战线过长，一些工程项目的建设周期拖延，长期形不成生产能力，造成很大浪费；有的项目由于要求过急，上马仓促，没能按基建程序办事，甚至设计方案多变，造成"千军万马等图纸，张张图纸等科研"的被动局面；由于过分强调"靠山、分散、隐蔽"，致使有的工程布点过于分散，"三通一平"工程量大，建设和运行费用增加；强调"先生产，后生活"，造成生活福利设施长期欠账，给职工生活造成困难。

第七章 改革开放为核工业带来了无限生机

7.1 军民结合、保军转民，迎来核工业二次创业的新局面

1978 年 12 月，党的十一届三中全会提出，全党把工作着重点转移到社会主义现代化建设上来，接着提出了“调整、改革、整顿、提高”的方针。随着全国工作重点的转移，我国核工业建设也进行了重大调整。从过去主要为军用服务，调整为军民结合，保军转民，重点为国民经济建设和人民生活服务。

遵循新的工作指导方针，核工业的发展发生了历史性的转变。首先是，任务变得更加艰巨繁重，过去“以军为主”任务单一，现在“军民结合、保军转民”一肩双挑，军品任务必须保证，民品任务也要全面开展。其次是，运营机制发生很大变化。过去搞军品是计划经济，任务由国家提出，所需资金和条件都由国家提供，其他部门和相关地方政府大力协同，广开“绿灯”，产品统由国家收购，核工业基本上是一个“科研生产型”的军工部门。现在搞民品是市场经济，资金、材料、生产、销售都要靠自己运筹经营和在市场打拼。如何适应用户的要求，取得市场效益，对核工业提出了严峻的挑战。

从 1981 年开始，国家对核工业的基建投资和核产品的收购资金等作了比较大的压缩，核工业进入了艰难的调整阶段。为了既搞好经济调整，又实现政治安定，这一年调整的重点是压缩基建规模，解决基建战线过长的问题。1982 年，国家分配给核工业的基建投资和产品收购资金，大体相当于前一年的水平，并且明确了在整个“六五”计划期间这一水平将不会有多少增长。因此，从全局出发，综合平衡地搞好核工业的调整，成为需要认真研究、慎重对待的问题。8 月，国防科工委、核工业部联名向国务院、中央军委写出《关于核工业进一步调整问题的报告》，提出核工业调整的指导思想是：(1) 核工业“保军”的任务应着重在技术上不断完善、改进和创新，提高产品质量和武器性能，而不求数量多。(2) 本着积极调整、稳步前进的原则，从实际出发，调整分两步进行：1985 年以前，集中力量搞好基建和矿冶方面的调整；1985 年以后，进一步搞好核燃料生产的调整。(3) 分期分批地搞好企事业单位的整顿，改善经营管理，提高经济效益。(4) 抓紧搞好调整中有关技术经济方案与可行性的分析论证等。1983 年 3 月，国务院、中央军委批准了这个报告，明确了原子能工业逐步转到为国民经济服务的方针。

实行经济调整，决不是简单地压缩基建和生产，而是为了合理部署，集中力量，更好地前进，求得更好的效果。因此，核工业在调整中有“上”有“下”，有收缩有发展。整个“六五”期间，核工业部召开了数次工作会议，就如何贯彻执行好“保军转民”这一方针，进行了深入反复的研究，并提出了各项政策和具体实施措施，主要在以下 8 个方面进行了调整、整顿、改革：(1) 压缩军工基本建设投资，增加民用核设施和动力堆燃料生产的投资。(2) 调整地质队伍的部署。(3) 减少或限制矿冶和核燃料产品的生产，调整产品结构。(4) 缩短科研战线，保证重点项目。(5) 开展民品生产和为民用部门的技术、劳务的服务。(6) 对企业、事

业单位进行整顿、改革。(7) 加强教育工作，把智力开发和人才培养作为一项战略任务来抓。(8) 贯彻对外开放政策，开展对外科技交流和技术经济合作活动。

1986 年 1 月，核工业部工作会议总结了“六五”期间的经验，研究了“七五”期间的工作指导方针、奋斗目标和政策措施，提出了通过“七五”期间的努力，将核工业建成“军民结合”新体制的目标。1 月 21 日下午，胡耀邦等党和国家领导人在中南海怀仁堂亲切会见了核工业部的王淦昌、于敏等 10 位核工业专家，并进行了座谈。参加座谈的还有核工业部部长蒋心雄、副部长陈肇博，国防科工委主任丁衡高、政委伍绍祖及科技委主任朱光亚等。党和国家领导人赞扬核工业战线取得的巨大成就，要求核工业部继续执行“军民结合、保军转民”这个带根本性的指导方针，在“转民”中应以核电为主。同时宣布，国家准备将核电任务交给核工业部负责，由核工业部统一经营。这次会见极大地鼓舞、鞭策了广大的核工业战线职工，确立了核工业在相当长的一段时间的发展方向，在核工业历史上具有重大意义。

7.2　核工业企业改革与调整

第二次创业时期，由于摊子大，人员多，军工任务大幅度缩减，我国核工业出现过连续十几年行业亏损的局面。1999 年中核集团公司组建时，其成员单位中真正从事与核有关业务的不足一半，其余的是已不直接从事与核相关的科研生产任务的企事业单位。军工生产能力严重过剩，多数铀矿山资源枯竭或成本过高，不少转民项目成为新的亏损源，维持维护费用严重不足，职工长期收入低，工作条件艰苦等不利因素，严重困扰着核工业，影响核科技产业整体发展。显然，结构调整、精干主业成了中核集团公司组建后迫在眉睫的重要任务。

1999 年 12 月，中核集团公司根据国务院和国防科工委有关加大结构调整力度、加快资产重组步伐的文件精神，召开了成立后的第一次工作会议。会议提出了“通过地质队伍属地化压缩一部分、通过核矿冶专项关闭一部分、通过破产销号一部分、通过军民分线分立剥离一部分、通过资产划转移交一部分、通过资产重组优化一部分、通过债转股加强技术改造等扶持一部分”的调整改革工作基本思路，将调整改革确定为今后一个时期工作的主要定位和方向。

资源枯竭铀矿山及其配套企业关闭破产是力度最大、任务最重、工作最难的调整工作。按照军工企业改革脱困方案，核工业拟关闭破产项目 33 个，分布在 18 个省(区、市)，涉及 7.9 万名职工。这些企业多年停产，亏损严重，职工生活困难，历史遗留问题多，已失去了经济发展的基础，不调整就没有出路，只有充分利用军工企业改革脱困政策，实施关闭破产，才能解决这一老大难问题。至 2004 年 11 月，33 个项目全部列入了国家政策性关闭破产项目计划，94%的项目召开了职代会和签订了属地化移交协议。

核地质队伍属地化是中核集团公司组建后又一项重大调整工作。随着铀矿地质找矿重点和区域的转移，同时考虑到绝大部分不再承担铀矿地质勘查任务的单位的自身发展，借鉴国土资源部地质队伍属地化的经验，中核集团公司领导、有关部门及地质局通力合作，经过与全国 22 个省(区、市)近两年的艰苦会商与合作，在保留一支精干的核地质队伍的前提下，完成了 77 个地勘单位涉及 5.8 万名职工的属地化管理工作。

对于一些与核主业关系不大但与地方经济和社会发展密切的单位及民品企业，通过资产划转、成建制移交给地方，实现了它们的自身发展。除了 7 所大中专院校按国家教育改革方针由地方管理外，中核集团公司又先后将四一八医院、八一六厂等十几个单位万余名职工进行了移交。酒泉原子能联合企业和八二一厂是核工业的重点企业，也是亏损大户。它们的整体解困(分流安置职工近万人)是中核集团公司扭亏脱困工作的难点与重点。中核集团公司高度重视这两个厂的困难，一直在争取通过落实政策来解决。经过不懈努力，经国务院同意，国防科工委等三部委批复了酒泉原子能联合企业的调整脱困方案，国防科工委等五部委批复了八二一厂的调整脱困方案。这两厂的调整脱困方案已按集团公司制定的网络计划顺利实施。

2003 年 4 月 8 日，中核集团公司出台了《关于国有企业主辅分离改制工作的指导意见》。2004 年 7 月 19 日，中核集团公司编制上报了《中核集团公司主辅分离改制总体方案》。国资委等三部委批复总体方案，涉及 22 个企业 112 个改制项目，万余名职工分流。集团公司还及时抓住国家实施债转股的政策，主动争取有关部委的支持，经过两年左右时间的艰苦努力，对符合条件的 5 个非核企业或项目实施了债权股和重组改制，转股资金 14 亿元，既减少了原企业或项目的债务负担，增加了资本金，转换了机制，又精干了主业。

调整销号，就是在职职工带资分流、离退休人员移交地方社保机构或以托管的方式安置，原企业注销。核工业 9 个地区性物资供销公司，过去均处于停产或半停产状态，多年亏损严重，已缺乏继续生存的条件，所以，近两年都分别作了调整销号工作。

我国核工业在结构调整、精干主业的改革过程中，承受了限产、停产、转产的巨大压力，克服了种种困难，进行了大幅度的产业结构调整。经过多年努力，我国核工业从以军为主，逐步发展成为一个军民结合、上下游结合、科研与生产相结合的新型核科技工业体系，产业结构更加合理，人员更加精干。在调整改革中，一些企事业单位从整体利益出发，顾全大局，承担了调整的重大代价，为核工业改革发展作出了新的奉献。

核工业战线广大干部职工牢记强军强国的历史使命，把核军工科研生产作为首要任务，同时通过核电、核燃料、核技术应用三大产业的发展，带动核科技水平的整体提高，稳定核科技队伍，促进核工业经济发展。2004 年扭转了全行业连续十几年的亏损局面，产业经济发展逐步走上良性循环道路，我国核工业发展打开了崭新的局面。

7.3 核军工科研生产取得新成果

我国政府早在第一颗原子弹爆炸成功时就庄严宣布：在任何时候、任何情况下都不会首先使用核武器。但在 20 世纪七八十年代，面临愈演愈烈的美国、苏联两国空前的核军备竞赛，数万枚核弹头的阴云笼罩在世界人民头上，也直接威胁着中国的安全，中国不得不继续研究发展核武器技术和改善自己的核武器系统。

我国的潜基核力量正是从 20 世纪 80 年代末，自行研制的导弹核潜艇从水下发射“巨浪-1 号”导弹的试验获得圆满成功开始的。“巨浪-1”导弹是我国第一种潜射核导弹，也是第一种固体燃料弹道导弹，性能先进，安全性高，发射准备时间短，最大射程达 2 700 千米，采用惯性制导方式，可携带一枚 600 千克的 30 万吨级核弹头或特种弹头。以后，在“巨浪-1”导弹基础上研制的新型潜射弹道导弹的射程可能比早期推测的 8 000 余千米要更远。加上我国在核武器小型化上的突破，导弹携带单个小型热核武器弹头的射程，已经达到 11 000 ~ 12 000 千米射程的水平，这对提高我国战略核反击能力，改善我国国防安全是有战略性意义的。众所周知，在“三位一体”(核轰炸机、洲际弹道导弹、潜射核弹道导弹)的核力量中，携带潜射核导弹的战略核潜艇的隐蔽性最佳、技术含量最高、威慑力最大，美俄英法等国都把潜射核力量作为主要的核军力发展方向。对我国来说，潜射核力量更适合我国防御性的核政策，因为战略核潜艇属于二次核打击力量，奉行的是核反击任务，只要有一艘战略核潜艇能够在对方首批核打击下生存下来，就能给对方造成无法承受的损失，从而迫使对方不敢发动核战争。

从我国第一艘核潜艇“长征 1 号”正式服役至今，中国核潜艇事业历经 30 余年的发展，现已成功研制出第二代核潜艇。第二代核潜艇包括战略导弹核潜艇和攻击型核潜艇，其吨位更大，携带武备更多，可用于降噪设备布置的空间更宽裕，噪声水准更优秀。艇上拥有自动化程度高、信息化能力强的新一代潜用指挥控制系统，装备的先进声呐系统，探测距离远，搜索精度高，多目标跟踪能力强，潜艇上装备的战略性弹道导弹或反舰导弹，具备了立体打击手段，大大提高了核潜艇的打击威力，加强了新型核潜艇的水下威慑力。2009 年 5 月 18 日新华社正式发表文章，宣布中国第二代核潜艇已在 2006 年进入中国海军开始服役，新型核潜艇的服役，改变了我国核潜艇性能落后的状况，减小了与世界先进核潜艇的性能差距，让我国真正拥有了可靠性高，水下航速快，自持力时间长，隐蔽性能好，打击威力大的战略导弹核潜艇和攻击核潜艇。中国第二代核潜艇的出世，为中国水下作战能力与战略威慑能力增添了新的力量，使中国海军的这两项能力都上了一个新的台阶。战略导弹核潜艇是核大国的标志性装备，是三位一体核力量的重要组成部分，也是生存能力最强的核装备。其携带的潜射洲际导弹承担着二次核打击任务，威慑能力比陆基、空基核武器更强。因此，第二代核潜艇，对于提高我国海军作战能力，提高我国潜艇部队威慑力起到了重要的作用。且在可预见的不久的将来，伴随着我国经济的腾飞，船舶工业与世界先进水平接轨，国防装备研发投入的加大，我国核潜艇将会迎来新的春天，在世界潜艇发展史的画卷上，浓墨重彩地留下属于它的一抹！

1999 年 5 月 31 日，中国政府首次正式宣布，已先后掌握了中子弹设计技术和核武器小型化技术。中子弹实际上是一种特殊的氢弹。中子弹在爆炸时能放出大量置人于死地的中子，其中子产出量约为同等当量原子弹的 10 倍，并使冲击波等的作用大大缩小。在战场上，中子弹只杀伤人员等有生目标，而不摧毁诸如建筑物、技术装备等，即“对人不对物”。中子弹就是聚变核武器中的一种。中国作为掌握了原子弹、氢弹技术的国家，经过不太长时间的努力就掌握中子弹技术，是顺理成章的事。

7.4 军民结合，发展核电

大力发展核电事业，是和平利用核能的主要途径和内容，也是中国核工业新发展的主攻方向和战略目标。20 世纪 80 年代，党中央、国务院就把发展核电作为解决我国能源问题和发展电力工业的一项重要方针，作出了自行设计建造秦山核电厂和利用外资、引进外国技术设备和管理经验合作建设大亚湾核电厂的决策。20 世纪 90 年代，我国改革开放和现代化建设事业进入一个新的阶段，国内经济快速发展对能源需求急剧增长，而国际核电发展疲软，也期望在中国找到市场，这对我国核电建设无疑是一个良好机遇。邓小平同志在《善于利用时机解决发展问题》的谈话中强调指出：“核电站我们还是要发展。”

经过7年左右的努力奋斗，秦山核电厂这座丰碑被矗立起来。它是我国第一座自主设计、自主建造、自主运营、自主管理的核电厂。它的建成发电结束了中国大陆无核电的历史，是中国和平利用核能的重大突破，是我国保军转民、实现国防科技工业战略方针调整的光辉楷模，是核工业第二次创业的里程碑，标志着中国核工业的发展又上了一个新台阶，成为继美、英、法、苏、加拿大、瑞典之后第七个能够自行设计、建造首座核电厂的国家。秦山核电厂的建设记载了中国核电发展艰辛的历程、辉煌的业绩、光明的前景，承载着中华民族自强不息、团结拼搏的民族精神，是中华民族的骄傲，是“国之光荣”，是中国核工业二次创业的光辉典范。

秦山核电厂的决策过程倾注了党和国家领导人对核电建设的关注和重视。早在1955年，薄一波副总理就在其主持制定的《原子能计划12年大纲》中指出：“用原子能发电是动力发展的新纪元，是有远大前途的。”1956年1月，周恩来总理在一次会议上也满怀激情地说：“原子能给人类提供了无比强大的动力源泉，给科学的各个部门开辟了革新的远大前途。”这些远见卓识为我国核电事业的起步奠定了坚实的思想基础。1970年2月初，周总理在听取了上海市关于上海缺电，请求在上海建设核电厂的汇报后的讲话说：“从长远看，要解决上海和华东用电问题，要靠核电。二机部不能光是爆炸部，要搞原子能发电。”1971年至1973年，二机部、水电部、上海市、清华大学都曾提出过建设核电厂的方案。经过一段时间的调查研究后，鉴于压水堆核电厂在国际上技术已经比较成熟，国内已有军用压水堆的经验可借鉴，1973年2月，上海市和二机部联合向国务院提出了建设30万千瓦压水堆核电厂的方案，称为“七二八工程”。

1974年3月，周总理在北京召开中央专委会，审查批准了《上海“七二八”核电工程建设方案》及《“七二八”核电站设计任务书》。周总理指出：“一定要以不污染国土、不危害人民为原则。”周总理进一步指出：“对这项工程来说，掌握核电技术的目的大于发电。”为我国核电建设指明了方向。1981年10月，国务院批准国家计委等五委一部《关于请示批准建设30万千瓦核电站的报告》。1982年6月，浙江省人民政府、核工业部正式上报《关于请示批准30万千瓦核电站厂址定在浙江海盐县秦山的报告》。同年11月，国家经委批复同意该报告。1982年12月，在第五届全国人大第五次会议上，中国政府向全世界郑重宣布了建设秦山核电厂的决定。

秦山核电厂是中国自行设计、建造、调试和运行管理的首座原型示范堆核电厂，堆型采用国际上技术成熟的压水反应堆型，核发电机组为双水内冷型，装机容量为30万千瓦，机组设计负荷因子为65%，年设计发电量为18亿千瓦时，设计寿期不少于30年，以带基本负荷为主，具有一定调节负荷能力。1985年3月浇注第一罐混凝土。工程总投资17.75亿元，厂区占地面积162.5万平方米，是国家“六五”计划重点建设项目之一。自开工之日起，历时7载，于1991年12月15日实现首次并网发电。

20世纪80年代初，香港的电力供应曾一度紧张。为抓住此商机，中华人民共和国水利电力部和广东省人民政府计划在靠近香港、广州、深圳等电力负荷中心的深圳市大鹏镇境内建设一座核电厂，因选址在大亚湾畔，故命名为大亚湾核电厂。该核电厂引入香港的供电商参股，并将所发电力的大部分(70%)售予香港。1986年1月国务院常务会议决定，今后核电厂建设由核工业部负责。在各方紧密协作，努力奋斗下，经6年建设、调试，大亚湾核电厂1号机组于1993年8月并网发电；2号机组于1994年5月并网发电。大亚湾核电厂年发电能力近150亿千瓦时。

大亚湾核电厂的建设和运行，成功地实现了我国大陆大型商用核电厂的起步，实现了我国核电建设跨越式的发展、后发追赶国际先进水平的目标，为我国核电事业快速稳步发展奠定了基础，为粤港两地的经济和社会发展作出了贡献。

7.5 走出国门，开展国际合作

从1978年开始，我国核工业对外交往进入了新的发展时期。这一年，党的十一届三中全会提出了对外实行开放，对内搞活的经济方针，国务院批准二机部公开对外交流，特别是我国开始推进核电规划，所有这些都有力地促进了对外交流与合作的发展，使我国核工业的对外交往逐步全面展开。1980年2月，国务院批准成立了专营进出口业务的中国原子能工业公司。1983年成立了中国中原对外工程公司。1984年1月，中国正式加入了国际原子能机构，并成为该机构的指定理事国，同西欧北美国家间的科技人员往来大幅度增加。从1980年起，二机部通过签订合作议定书等方式，与意、德、法、日等国的对口政府部门或民间机构建立了双边合作关系，使技术交流更有计划、有目的地发展。在科技交流继续深入发展的同时，加强对外合作开发，核材料、核设备的进出口贸易和核技术转让等多种方式的交往也开始展开。

1980年5月，二机部部长刘伟率代表团应邀访问意大利，和意方共同签署了《中国第二机械工业部与意大利国家核能委员会关于和平利用原子能科技合作议定书》和一个两年执行计划。在这两年计划期间，中国先后派出29人赴意在受控核聚变、快堆技术和后处理等领域进修。与此同时，双方还签订了中意联合设计超钚元素热室的合同。通过这项合作，对提高我国热室设计水平起到了积极作用。

1982年10月，核工业部(1982年5月前为二机部)组织有关部委人员组成中国核能代表团应邀访问联邦德国，双方签署了会谈纪要。根据纪要，1983年德方派中小型核电厂设计、核电厂选址两个专家组来华参加技术研讨会。此外，我国还派小组赴德进行核电厂蒸发器更换技术、辐照燃料运输容器、核电厂换料服务考察，也都取得了较好的效果。1984年5月，国务院副总理李鹏应邀访问联邦德国，共同签署了两国政府间《和平利用核能合作协定》。1984年12月，联邦德国派7名专家来华，同核工业部核电局就合作进行秦山核电厂的概率风险评估，达成了协议，并于1985年开始执行。

1982年10月，核工业部副部长姜圣阶率团访问法国，中法双方签署了《中国核工业部与法国原子能委员会关于和平利用核能合作议定书》，议定书规定，双方将在中小型压水堆的科研与安全、铀工艺、铀矿地质和矿石处理、放射性同位素的生产和应用等方面进行合作。1984年10月，核工业部部长蒋心雄应邀访法，与法方共同签订了第二个两年(1985年至1986年)执行计划。这个计划增加了化学法分离同位素和受控核聚变的合作领域，人员交往的数量，特别是培训的项目有了增加。

1982年至1983年，我国派出了核电厂的环境影响、工程管理、建筑安装技术及计算机应用等小组访问日本。日方就核电厂的质量保证、安全评价与分析等课题派团来华进行技术交流。通过这些交流，中国在核电厂建设的有关技术和管理上都有一定的收获。通过赴日实地考察核电厂对环境的影响，使我国有关部门很快统一了认识，加速了我国第一座核电厂选址的进程。1984 年,中日双方在北京签订了《关于铀矿资源区域普查协议书》。该协议书规定,双方在我国云南省腾冲地区划定的 1 800 平方千米的区域内,合作进行铀矿地质普查,有效期为 3 年。这是我国在利用外资和技术合作开发铀资源方面迈出的第一步。

核工业改变了长期神秘和封闭的局面,积极贯彻对外开放的方针,在此前后还与美国、南斯拉夫、罗马尼亚、巴西等政府或相关组织签订了核能和平利用协定,广泛开展了对外科技合作与交流。在核技术经济交往中,从国外引进了设备、资金、技术,同时也向外输出了核产品、核技术及劳务服务。

7.6 新中国核技术的首次出口

在远离北京 18 000 多千米的北非苍穹下,一片耀眼的白色建筑群在撒哈拉大沙漠边缘的艾因乌塞拉高原上矗立。这就是我国在 1986—1992 年间为阿尔及利亚设计建造的现代化的核研究中心,主要包括一座额定功率为 15 兆瓦的多用途重水研究堆及其辅助设施。这座重水研究堆向世界证明了我国的核建设能力。

当时阿方国内的核技术人员大多是在苏联、法国等国培训回来的,虽然理论知识不差,但缺少实际操作的能力,而其中不少人还看不起中国专家,认为中国的核技术水平不行,对阿方向中国购买重水堆有意见。

在这种环境下,我国专家一到当地,就立即克服了各种不适,全心全意投入了工作。随即中国原子能院的一位专家发现阿尔及利亚的大学教材中有关核技术方面存在若干原则性错误,并友好地提出了修改意见。经验证后果然如此,这一下可不得了,在阿方核科技人员中引起了轰动。

阿方急于发展核科学,并且当时国家的经济状况也不错,从国外引进了一些很好的设备,建立了一个核燃料元件实验室。当时中国的专家看了后表示其设备甚至比中国原子能院的相关设备还要好。但由于没有实际操作经验,该实验室一直没有烧制二氧化铀。在经验丰富的中国核燃料专家的精心指导下,阿方实验室成功烧制了第一批二氧化铀芯块,并向阿总统府报了喜。这批二氧化铀芯块被誉为“政治芯块”,是阿方“核技术的重大突破”。

通过这些努力,阿政府和广大科技人员十分赞赏中国专家“技术精湛,经验丰富,服务周到,热情友好”,是“西方各国专家无法相比的”,“西方只是卖给我们设备,而中国专家则是真心诚意地向我们传授技术”。阿科技部长专门设宴款待全体中国专家,一再要求延长服务期。这些为加快重水堆出口奠定了基础。

重水堆工程建在阿尔及利以南 230 多千米的艾因乌塞拉高原,地处撒哈拉大沙漠边缘,方圆十几公里没有人烟,气候极其恶劣。每年夏季高温酷暑,气温高达 45 摄氏度以上,地面温度更高达 60 摄氏度。

非洲戈壁还常有沙暴发生,大风一刮就是几天,黄沙铺天盖地,天昏地暗,几米外就看不见人。当地毒蝎、毒蛇横行,随时可能危害人的生命。很多条件比国内早期的核基地还要艰苦。

工期紧是工程最大的难点,按双方合同规定,如是因中方原因导致误期,每超过 1 个月要罚款 130 万美元,直到最高罚款 1 300 万美元。要知道,即使在国内建成一座重水堆,60 个月的工期也是很紧的,更何况工程现场远离祖国 1 万多千米,2 万多吨建设物资要从国内运到工地，战线太长，很难及时到位，大部分设计人员和制造厂家不能到现场，协作不便等，难度之大可想而知。

1988 年 7 月，工程刚刚开工，一场狂风掀掉了屋顶，砸死 1 人，砸伤多人。人员出现伤亡，整个工地沉浸在一片悲痛之中，大家都很消沉。于是赴阿援建的领导发动二二公司老职工回忆当年核工业第一次创业在戈壁滩和青海高原，遇上三年困难时期，住帐篷，吃骆驼草籽，风餐露宿，不怕苦不怕死，不为名不为利，艰苦创业的光荣经历，又谈到而今在非洲戈壁再次创业的重大意义，表明一定要发扬老传统，取得开拓国际市场的成功经验。这样一来，安定了人心，稳定了队伍。

1989 年 5 月，因阿方动乱的影响和设计审查的延误，工期延误了 4 个月。为了抢回工期，我方组织了反应堆厂房地下室和大厅“两个封顶”会战。为了保证混凝土入模温度低于设计规定的 30 摄氏度，建筑工人发扬“吃大苦，耐大劳”的革命精神，白天顶着烈日在 45 摄氏度下做好各项准备，夜间 9 点到凌晨 7 点进行混凝土浇灌，连续奋战 8 个月，抢回了工期，同时也达到了高质量的要求。

正是凭着核工业人那股“吃大苦，耐大劳”的革命精神，中国的核技术人员克服各种困难，在阿尔及利亚核研究中心按期建成一座研究用重水反应堆，国际原子能机构曾多次派专家到该工程视察，并对工程质量和技术水平给予了高度评价。阿方认为该工程质量是无可挑剔的，是“南南合作”的典范。

第八章　大力发展核电，和平利用核能

8.1　核电发展的优越性和前景

核电发展迅速，是由核电自身的优越性决定的。核电具有密集、清洁、安全和经济的特性。首先，核能是高度密集的能源，核电厂可建立在最需要用电的地方，不受燃料运输的限制。1 千克铀-235 裂变产生的热量相当于燃烧约 2 700 吨标准煤。因此，核电厂特别适合于缺乏常规能源而又急需用电的地区，如我国的东南、华南地区。

核能是清洁的能源，有利于保护环境。目前，世界上 80%的电力来自烧煤或烧油的火力发电站，燃烧后的烟气排放到大气中严重污染环境。煤燃烧后排放的一氧化碳、二氧化碳、二氧化硫、氮氧化物等，容易形成酸雨，使土壤酸化，水源酸度上升，对植物及水产资源造成有害影响，破坏生态平衡。大气中二氧化碳浓度增加还导致大气层的“温室效应”。另外，煤和石油又是重要的化工原料，大量烧掉十分可惜，且不利于化学工业的发展。1 座 100 万千瓦的核电厂每年用铀 180 吨，但 1 座同等规模的火电站每年要烧 260 万吨标煤，而且还会排放 600 万吨二氧化碳和 7 万吨二氧化硫，核电的优势可见一斑。

核能又是安全的能源。经过几十年的发展和完善，核电厂已成为安全的设施之一。另一方面，国际原子能机构和各国的核安全部门建立了一系列的安全法规和准则，对核电厂的安全进行严格的监管，有力地保证了核电厂的安全运行。

核能也是经济的能源。世界上已运行核电厂的经验证明，尽管它的造价比火电站高 30%～50%，但由于燃料费和运输费低，它的发电成本仍比火电约低 30%，而且随着核电厂技术的不断完善和提高，成本还将继续降低。日本能源经济研究所预测，至 2010 年日本的核电成本为 8.9 日元/千瓦时，而煤电和油电成本分别为 10.45 日元/千瓦时和 13.06 日元/千瓦时。

核电的发展具有良好的前景。人类 100 多万年进化发展的过程，就是一部不断向自然索取更多能源的过程。按现在的开采水平估计，世界上的煤、石油、天然气资源，将在几十年内逐渐枯竭。如果不加紧开发新的能源，几十年后，人类将陷入无能源可用的窘境。世界需要更多的能源，核能是地球上储量最丰富的能源。地球上已探明的核裂变燃料的原料，即铀矿资源，按其所含能量计算，相当于所有化石燃料总能量的 20 多倍。而且海水中还含有大量的聚变核燃料氚，只要及早开发利用，就有能力替代化石燃料。届时，人类将不再为能源问题所困扰。

从 20 世纪 50 年代以来，美、俄、法、德、英、日、加等发达国家都建造了大量核电厂。到 2008 年 6 月，全世界 31 个国家和地区有 439 台核电机组在运行，总装机容量 372 吉瓦(GW)，所发出的电量已占世界总发电量的 16%，核电已经成为世界三大电力支柱之一，满足 10 亿多人的用电需要。其中有 17 个国家的核电占全国总发电量四分之一以上，如法国占 78%，比利时占 55%，日本占 29%。在这些国家，核电已经成为电力供应的一个重要组成部分。

近年来,我国尽管上马了不少常规电厂项目,但估计到 2020 年,仍有 7 000 万到 8 000 万千瓦的发电缺口需要用核电来弥补。尤其是近年来,国际石油市场强势震荡,石油价格始终在高价位徘徊,减少对石油、煤等不可再生资源的依赖,将是中国能源发展战略的唯一选择。因此,加快推进核电建设已成为国家实现能源与经济社会和生态环境协调发展的重要抉择。

发展核电是我国满足电力需求,优化能源结构,保障能源安全,保护生态环境,促进经济持续发展的重大战略举措。

8.2　我国已经投入商业运行的核电厂

8.2.1　秦山 30 万千瓦核电厂商业运行,实现零的突破

1994 年 4 月 1 日经中国核工业总公司(1988 年 9 月前为核工业部)批准,秦山 30 万千瓦核电厂投入商业运行,1995 年 7 月 13 日通过国家验收,圆满地实现了当初周总理提出的"掌握技术、积累经验、培养人才"的建设初衷,极大地提升了我国自主发展核电的能力和水平,为我国核电自主化事业的健康发展奠定了坚实基础。

秦山核电厂自 1991 年并网发电以来,一直保持良好的安全运行状态。投入试运行第一年,即发电 17.4 亿千瓦时,年负荷因子达 66%,提前两年达到设计发电能力,并达到世界同类首座核电厂的先进水平。2002 年世界核电运营者协会(WANO)综合指数首次达到世界中值水平(压水堆)。2003 年、2005 年第七、第八燃料循环均实现循环内无非计划停机停堆,连续安全发电天数分别为 443、448 天,刷新了国内同类核电厂的运行最好纪录。与 2004 年 WANO 公布的核电厂性能比较,秦山核电厂有 8 项指标进入中值水平,其中机组能力因子、非计划能力损失因子、强迫损失率、每 7 000 临界小时非计划自动停堆次数和集体辐照剂量等 5 项指标进入 WANO 前四分之一行列。这些数据标志着秦山核电厂的运行管理水平,在世界数百座核电厂中,位居中上等水平。

通过十多年的运行实践,秦山核电厂积累了丰富的运行管理、检修、调试、培训、环境、应急等方面的经验和支持能力。在充分利用人才和技术优势扩大对外技术服务方面,秦山核电厂经过十多年的努力和实践,形成了一支有较强技术支持的核电检修和运行调试能力的队伍。圆满完成了秦山二、三期每次大修所承担的检修任务,还积极支持田湾核电厂的调试和给予技术支持。圆满完成巴基斯坦恰希玛核电厂的调试与运行支持任务,以及三次换料大修所承担的任务,获得了巴基斯坦政府颁发的"优秀承包商"奖牌。

秦山核电厂开创了我国大陆自行设计建造核电厂之先河,实现中国(大陆)核电"零的突破",被誉为"国之光荣"。截至 2009 年 3 月,机组总发电量已达 340 亿千瓦时,为国家提供了大量清洁的核电能源,实现了良好的经济效益和社会效益,充分展示了我国自主核电的水平和能力。期间还培养了大批核电人才,秦山核电厂共有 1 170 多名中高级核电管理、运行和维修人才走向全国各个核电厂,其中担任其他核电厂副总经理以上职务的就有 30 多人,为推动我国核电事业加快发展作出了重大贡献。2010 年 6 月秦山核电厂在获得浙江省电力调度中心批准后,秦山 30 万千瓦核电机组额定功率,从 310 兆瓦安全升至 320 兆瓦。这

项最新业绩，是秦山核电基地几十年来坚持自主创新所创造的又一奇迹。

秦山核电厂近二十年良好的安全运行纪录，充分证明了秦山核电人自强不息、艰苦奋斗的民族精神，显示了以核安全文化为核心的企业文化所具有的强大生命力。秦山核电厂体现了中华民族的智慧和民族精神，集中了中国核电发展技术经验和人力资源，揭示了中国人不但可以造核电厂，而且能够实现管理一流、运行一流、业绩一流。

8.2.2 引进外国技术设备和管理经验，合作建设大亚湾核电厂

大亚湾核电厂是我国大陆第一座百万千瓦级大型商用核电厂，也是大陆首座使用国外技术和资金建设的核电厂，拥有两台98.4万千瓦的压水堆核电机组。1982年12月经国务院批准建设。大亚湾核电厂按照党中央、国务院确定的“高起点起步，引进、消化、吸收、创新”，“借贷建设、售电还钱、合资经营”的方针，主体工程于1987年8月开工，1994年5月建成投入商业运行。由广东核电合营有限公司负责建设和经营。中国核工业集团公司占股比45%。大亚湾核电厂在人才培训、施工管理、调试运行等方面为我国百万千瓦级商用核电厂自主化和国产化积累了经验，为我国核电事业实现跨越式发展、后发追赶国际先进水平奠定了基础。大亚湾核电厂是我国改革开放的重要成果，是实行现代企业制度的有益尝试。图8-1所示为大亚湾核电基地。

图8-1 大亚湾核电基地

大亚湾核电厂投产以来已连续安全运行16年，各项经济运行指标达到国际先进水平。2008年，大亚湾核电厂全年机组能力因子达93.02%，首次超过世界先进水平(WANO组织公布的压水堆核电厂2007年世界先进水平为91.99%)。在国际上衡量核电厂安全运行管理水平的9项关键指标(WANO业绩指标)中，大亚湾核电厂有6项指标超过世界中间水平，其中能力因子、燃料可靠性、化学指标、工业安全事故率等4项指标达到世界先进水平(与2007年一年值标杆比较)。自1999年开始，与64台法国同类型机组在4个领域累计30项次的安全业绩挑战赛中，共获得16项次第一名。2008年7月，大亚湾核电厂完成全部基建贷款本息的还付工作，累计偿还贷款本息56.74亿美元。

8.2.3　秦山二期核电厂实现我国核电自主化的重大跨越

秦山二期核电厂是我国第一座自主设计、自主建造、自主管理、自主运营的大型商用核电厂,装机容量为2台60万千瓦压水堆核电机组(扩建的2台65万千瓦机组正在建设中),是我国"九五"期间唯一自主设计建造的国产化核电项目。秦山二期在建设过程中,勇于探索和实践,历经艰辛和曲折,最终高质量地全面建成投产,为积极推进民族核电事业发展开辟了一条成功的道路,是继秦山核电厂实现我国大陆核电零的突破后,我国核电发展的又一座里程碑,实现了我国核电自主化的重大跨越。

国务院于1986年1月18日决定,在秦山核电厂附近建设两台60万千瓦压水堆核电机组,同时预留再建两台同类型核电机组的场地。秦山二期工程是中央财经领导小组、国务院常务会议决定建设的重点工程,按"以我为主,中外合作"方针,着力推进核电建设自主化。另外,国家明确要求,秦山二期应承担60万千瓦压水堆核电厂的标准化和推广任务。因此从一开始,秦山二期便被赋予了实现核电标准化、系列化、国产化的使命。1987年10月10日,经国务院批准,该工程正式立项,秦山二期在建设国产化商用核电厂、发展民族核电事业的道路上,开始了艰苦卓绝的不懈追求。在工程前期准备阶段,秦山二期克服了当时国际上的技术封锁,国内银根紧缩、资金紧张等诸多困难,承受了工程一度濒临下马的巨大压力。通过积极、主动地开展工作,相继进行并完成了一系列的各项前期准备工作。1992年11月,国家审查并通过了工程初步设计。国家计委、国务院核电办以及国家开发银行等部门为工程开工做了大量细致的工作。1996年6月2日核电厂主体工程开工。李鹏总理在贺信中说,秦山二期的开工建设"标志着我国自主开发建设核电厂迈上了一个新台阶"。吴邦国副总理亲自揌下电动按钮,为主体工程浇注第一罐混凝土。秦山二期主体工程正式开工,拉开了我国自主化建设大型商用核电厂的序幕。

由于秦山二期是我国第一个大型商用国产化核电项目,所以注定它要比全套引进的核电项目付出更多的艰辛,经历更多的挫折。在整个建设中,秦山二期遇到了许多难以想象的困难。在中核集团公司和董事会的领导下,秦山二期始终坚持以工程建设为中心,以解决主要矛盾为突破口,抓设计,保主线,保质量;同时在坚持科学管理的前提下,创造性地制定并采取了各种行之有效的措施和办法,创造了工程建设中一个又一个奇迹,终于用心血和汗水换来了用钱无法买来的创新成果。通过自主设计,掌握了标准环路的设计技术(即以大亚湾核电厂为参考电站,三环路改为两环路,按照国际标准设计建造并取得了成功)。通过对核电厂300多个系统、20多万台套设备、上百万张设计图纸的研究、实践,取得了包括核心技术在内的300多项技术创新和改进,从而在核电国产化道路上取得了飞跃式发展。在20多万台套设备中55%实现了国产化,在55项关键设备中有47项实现了国产化,上百个国内制造厂具备了制造核电设备的能力。

秦山二期在过程建设中在国内首次实施了"业主负责制—招投(议)标制—工程监理制"的核电工程项目管理模式,保证了现场施工的进度和质量,实现了概算的有效控制。针对性地建立了"三级质保、两级质检"的质量保证体系,创造性地实施了"安装提前介入土建、调试提前介入安装、运行提前介入调试"的组织管理模式。在设计图纸滞后、部分设备制造出现质量问题的条件下,成功实现了工程"质量、进度、投资"三大控制,进而成功实现了国产大型商用核电厂的自主设计、自主建造和自主运营。

2002年4月15日，秦山二期1号机组提前47天投入商业运行。2号机组于2004年5月3日投入商业运行。1、2号机组设备国产化率达到55%。这是我国核电建设史中具有里程碑意义的大事，是我国实现由自主建设小型原型堆核电厂到自主建设大型商用核电厂的重大跨越，为我国自主设计、自主建造百万千瓦级核电厂奠定了坚实的基础，并将促进我国核电国产化发展，为进一步创新改进发展构筑新的平台，进而为拉动国民经济发展发挥重要作用。

秦山二期1、2号机组投入运行以来，机组运行业绩良好。其中，1号机组2002年投产，当年发电34.9亿千瓦时，2003年发电46.17亿千瓦时。2005年，1、2号机组平均负荷因子达到89%，高于WANO中值水平，证明秦山二期的设计是成功的，建造质量、运行水平是一流的，安全是完全有保障的。截至2008年12月底，两台机组已实现利润总额33.05亿元。

2010年10月5日，秦山二期3号二代改进型压水堆机组正式投入商业运行。满功率为65万千瓦。该机组开工建设是2006年4月28日，创造53个月零7天的国内同类核电机组建设工期最短的纪录。自开工建设以来，公司开展了十大项目中的1 118项技术改进，设计负荷因子从65%提高到75%，设备国产化率达到77%，促进了装备制造业自主发展的能力。

秦山核电二期在“四个自主”管理模式下，“秦山600 MW核电厂设计和建造”项目获“国家科技进步奖一等奖”、国家首届“中国工业大奖表彰奖”。秦山核电二期的成功建设和良好运行业绩，为我国核电发展的政策从“适度发展”到“积极发展”创造了条件，被温家宝总理赞誉为“走出了一条我国核电自主化发展的路子。”

8.2.4 秦山三期核电厂实现了核电工程管理与国际接轨

秦山三期(重水堆)核电厂是我国首座商用重水堆核电厂，国家“九五”重点工程项目之一。核电厂采用加拿大成熟的坎杜6重水堆核电厂技术，建造两台70万千瓦级核电机组，设计寿命为40年，设计容量因子为85%，是中国和加拿大两国迄今最大的合作贸易项目。秦山三期的建设是实现工程管理与国际接轨的一次成功实践，是弘扬自主发展主旋律而谱写的核电建设新篇章，是中国人成功的故事，也是国际合作建设重水堆核电厂的典范。

1994年11月7日，在加拿大总理让·克雷蒂安正式访问中国期间，中国国务院总理李鹏与加拿大政府总理让·克雷蒂安分别代表中加两国政府签署了《和平利用核能合作协定》，为引进重水堆核电厂提供了保障。1995年10月13日，国务院总理李鹏访问加拿大，中加两国政府签署了《关于建设秦山坎杜型核电站的谅解备忘录》，同时中国核工业总公司(CNNC)与加拿大原子能有限公司(AECL)签订了《关于在中国秦山建设两台CANDU 700 MW级机组的商务谈判原则的协议》。1996年2月6日，国家计划委员会正式批准《秦山三期(重水堆)核电站工程项目建议书》。1996年9月，电力工业部和中国核工业总公司原则通过了该工程可行性研究报告。同年11月，工程商务合同签字仪式在上海举行。1997年1月，中国国家计划委员会原则同意该工程的可行性研究报告。1997年2月，商务主合同及相关融资协议正式生效，整个项目由此正式启动。1998年6月8日该工程正式开工。

在中加两国领导人的高度关注下，两台机组分别于2002年12月31日和2003年7月24日投入商业运行，比中加主合同规定的进度提前112天，因此而增加效益15亿元，工程造价比概算节省了25亿元；同时创造了国际33座重水堆核电厂建设周期最短的纪录。2005年9月22日，工程通过国家竣工验收。全部104个单位工程均被评为优良，优良率为100%，工程造价较国家批准的投资概算节约10.6%。更为难能可贵的是，这种成熟的坎杜

6 型核电厂设计，被中国人进行了 96 项设计变更和技术改进，其中 21 项改进是第一次在这种堆型上采用，电站总体性能达到了国际同类型核电厂的先进水平。该项目在施工和调试中实现了多项技术突破，创造了 10 余项同类核电厂的世界新纪录。值得一提的是，2006 年年底，通过科技攻关，摸索出了一条对引进技术消化、吸收、再创新的路子。两台额定功率为 728 兆瓦的机组在外方交付时只达到了 720 兆瓦。为了提升 8 兆瓦，日本人花了三年时间，最终却不得不宣告放弃。在国外厂商赔付 2 400 万美元之后，秦山三期的技术人员通过自主科技攻关，仅仅花了一年的时间，就成功地实现了这一目标。两个机组增加了 16 兆瓦，每年就可多发电 1.2 亿千瓦时，每年因此增加的产值可达 5 000 多万元。按设计寿期 40 年计算，一台机组将多发电 24 亿千瓦时。2007 年 4 月 22 日，秦山三期又创造了新的业绩：1 号机组在第三个循环周期中，创造了连续安全稳定运行 463 天的同类型核电机组的纪录。截至 2009 年 12 月 31 日，秦山三核有限公司两台机组全年安全发电 117.23 亿千瓦时，并提前 23 天完成中核集团公司下达的 112 亿千瓦时的年度发电任务，机组年度发电量创历史新高。秦山三期连续 7 年实现安全目标和发电任务。

秦山三期坚持以安全可靠经济运行为中心，建立了一套科学的项目管理模式和组织体系，有效实施工程三大控制，实现工程管理与国际接轨。同时，致力于提高员工素质，深化企业文化建设，提升执行力和文化力，逐步构筑起企业文化与经营管理相互渗透、相互融合、相互促进的机制，逐渐培育并形成以安全文化为核心，具有核电企业特色的秦山三期文化。

2010 年，秦山三核坚持创新，在国内首次成功实现利用重水堆批量生产钴-60 同位素，从而一举打破国外垄断，填补国内空白，创造了又一奇迹。同时在国内首次开展经济高效地利用压水堆乏燃料后处理的回收铀工作，在国际上首次将回收铀燃料装入商用重水堆进行试用。通过重水堆开“吃”回收铀，不仅可以降低核电厂的高放废物储量，而且还能提高天然铀资源利用率 20%左右。

8.2.5 岭澳核电厂

在大亚湾核电厂建成后，中国政府决定在大亚湾核电厂附近再建造一座新的核电厂，定名为岭澳核电厂，距正在运行的大亚湾核电厂约 1.2 千米。岭澳核电厂规划安装 4 台 100 万千瓦压水堆核电机组，分两期建设。

岭澳核电厂一期是中广核集团按照国务院确定的“以核养核，滚动发展”方针，继大亚湾核电厂投产后，在广东地区兴建的第二座大型商用核电厂。由岭澳核电有限公司建设与经营。中国核工业集团公司占股比 45%。岭澳核电厂一期拥有两台装机容量 100 万千瓦的压水堆核电机组，主体工程 1997 年 5 月开工，2003 年 1 月建成投入商业运行，2004 年 7 月 16 日通过国家竣工验收。

岭澳一期以大亚湾核电厂为参考，结合经验反馈、新技术应用和核安全发展的要求，实施了 52 项技术改进，全面提高了核电厂整体安全水平和机组运行的可靠性、经济性。同时按照国际标准，推进我国核电自主化、国产化进程，实现了项目管理自主化、建筑安装施工自主化、调试和生产准备自主化，部分设计自主化和部分设备制造国产化，整体国产化率达到 30%。实现了工程质量、进度、投资控制三大目标；全部 187 个单位工程，优良率达 100%。两台机组分别提前 48 天和 66 天投入商业运营；节省投资 3.81 亿美元，比国家批准的预算节约近 10%。中国人在岭澳一期建设中全面挑起了大梁，制定了一系列程序，在实践中走出了一条适应国情、与国际惯例接轨、达到国际先进水平的大型商用核电厂自主建设之路。

岭澳核电厂一期建成投产以来，安全运行业绩优良。1号机组创造了商运后连续两个燃料循环无非计划停机停堆安全运行592天的世界纪录，2号机组创造了自首次临界及商运起无非计划停堆安全运行935天的世界核电新机组最高纪录。2008年，岭澳核电厂一期全年无非计划停机停堆。岭澳核电厂1号机组第6次大修创造了25.92天的最短工期纪录。

2008年，岭澳核电厂一期全年实现上网电量146.20亿千瓦时。截至2008年12月31日，岭澳核电厂一期商运以来累计实现上网电量901.37亿千瓦时。截至2008年6月，岭澳核电厂一期累计偿还基建贷款本息21.59亿美元，占累计还本付息总额的44.07%。

岭澳核电厂二期是继大亚湾核电厂、岭澳核电厂一期后，在广东地区建设的第三座大型商用核电厂。二期工程同样为两台百万千瓦级压水反应堆发电机组，位于岭澳一期与大亚湾核电厂之间。2010年7月15日，岭澳核电厂二期1号机组成功实现首次并网。其采用的CPR1000技术是中广核集团以大亚湾核电厂、岭澳核电厂一期为基础，通过渐进式改进形成的我国百万千瓦级核电厂技术方案，其中实施了15项重大技术和40余项其他技术改进。该机组是2005年12月15日开工建设，满功率为108万千瓦。岭澳核电厂二期工程2号机组于2006年6月15日开工建设，2011年8月7日，2号机组正式投入商业运行。至此，大亚湾核电基地在运核电机组数量从此前的5台增加到6台，以总装机610.8万千瓦、年发电量超过450亿千瓦时成为目前我国最大的核电基地。

通过岭澳二期项目建设，我国将加快全面掌握第二代改进型百万千瓦级核电厂技术，基本形成百万千瓦级核电厂设计自主化和设备制造国产化能力，为高起点引进、消化、吸收第三代核电技术打下坚实的基础。

8.2.6 田湾核电厂

田湾核电厂（见图8-2）位于江苏省连云港市连云区田湾，厂区按4台百万千瓦级核电机组规划，并留有再建4台的余地。一期工程建设2台单机容量为106万千瓦的俄罗斯AES-91型压水堆核电机组，设计寿命为40年，年平均负荷因子不低于80%，年发电量达140亿千瓦时。江苏核电有限公司作为项目业主，负责田湾核电厂的建设管理和建成后的商业运营。公司股东和股比的构成是：中国核工业集团公司50%、中电投核电有限公司30%、江苏省国信资产管理集团有限公司20%。图8-3所示为田湾核电厂二期工程。

图8-2 田湾核电厂

图 8-3　田湾核电厂二期工程

田湾核电厂采用的俄 AES-91 型核电机组是按照国际现行核安全法规,并采用一些先进技术而完成的改进型设计,在安全标准和设计性能上具有起点高、技术先进的特点。其主要技术特点包括:反应堆厂房采用双层安全壳、安全壳预应力张拉系统采用新型倒 U 形 50 束钢缆张拉方式、安全系统采用完全独立和实体隔离的 4 通道(N+3)、设置堆芯熔融物捕集器与冷却系统等缓解严重事故后果的安全设施、使用铀-钆一体化全锆先进燃料组件、采用全数字化仪控系统等。田湾核电厂的安全性、可靠性和经济性与西方正在开发的先进压水堆的目标一致,在某些方面已达到国际上第三代核电厂的要求。

根据中俄两国政府协议和总合同,俄方负责田湾核电厂总的技术责任和核岛、常规岛设计及成套设备供应与核电厂调试,中方负责工程建设管理、土建施工、围墙内部分设备的第三国采购、核电厂辅助工程和外围配套工程的设计、设备采购及核电厂大部分安装工程。与核电厂配套的输变电线路工程和调峰设施,由江苏省电力系统负责建设。

田湾核电厂 1 号机组 1999 年 10 月 20 日浇注第一罐混凝土。2005 年 10 月 18 日开始首次装料,12 月 20 日反应堆首次达到临界,2007 年 5 月 17 日正式投入商业运行。2 号机组于 2000 年 9 月 20 日浇注第一罐混凝土,2007 年 5 月 1 日反应堆首次达到临界,5 月 14 日首次并网成功。8 月 16 日正式投入商业运行。两台机组 2007 年度发电量 100.18 亿千瓦时,2008 年度发电量 140.75 亿千瓦时。截至 2009 年 12 月 31 日 24 时,田湾核电厂 1 号和 2 号机组 2009 年发电总量达到 142.67 亿千瓦时,其中,1 号机组发电量为 68.19 亿千瓦时,2 号机组发电量为 74.48 亿千瓦时。两台机组自 2007 年投入商业运行以来,年度发电量连创新高。

在积极推进田湾核电厂一期工程建设的同时,江苏核电有限公司正在积极开展扩建工程前期准备和长远规划。同时,田湾核电厂作为我国首家获得全国工业旅游示范点的核电厂,丰富了当地旅游资源,成为向公众宣传核电是安全、可靠、清洁、高效的新能源的重要窗口,提升了城市形象。

2008 年 11 月 6 日中俄总理第十二次定期会晤期间,在国务院总理温家宝和俄罗斯总理祖布科夫见证下，江苏核电有限公司和俄罗斯原子能建设出口公司（ASE）签订了合作建设田湾核电厂扩建项目原则协议。2012 年 12 月 27 日，田湾核电厂二期工程浇注了第一罐混凝土，这标志着田湾核电厂二期工程正式开工建设。二期工程将建设 3、4 号两台机组，单台机组发电功率 110 万千瓦，建设工期 62 个月。据悉，这是在日本去年“3·11”地震福岛核电站受损后，中国首次恢复核电厂建设。

田湾核电厂具有得天独厚的地理、地质、水文优势，可容纳 8 台百万千瓦级机组。2008 年 3 月 17 日和 2008 年 6 月 20 日，江苏核电有限公司分别发布了《第一个五年发展规划（2008—2012 年）》和《中长期战略发展与规划（2008—2020 年）》。明确到 2020 年，力争将田湾核电厂 8 台机组全部建成投产，发电能力超过 800 万千瓦，年发电量超过 600 亿千瓦时，成为苏北地区的一个大型能源基地。田湾核电厂全面建成后，为实现中核集团公司战略目标，促进我国核电事业又好又快又安全地发展，以及为江苏省乃至华东地区的经济腾飞和社会可持续发展做出重大贡献！

8.2.7 秦山核电二期扩建工程

2004 年 3 月，在秦山核电二期工程 2 号机组即将投产之际，中核集团提出建设秦山核电二期扩建工程的建议，2004 年 9 月，国务院核电自主化领导小组同意扩建工程立项；2005 年 7 月国务院常务会议核准了扩建工程；2005 年 10 月 17 日，国家发改委正式下发了核准文件。这也是国家投资体制改革后，首个经国务院核准的项目。

秦山核电二期扩建工程建设规模为两台 65 万千瓦压水堆核电机组，位于秦山核电二期 1、2 号机组以西约 300 m 处。是在 1、2 号机组自主设计基础上，按照“翻版加改进”的原则，继续坚持自主设计和持续改进。核电秦山联营有限公司承担“边运行，边建设”任务，公司既要确保 1、2 号机组安全稳定运行，又要实现 3、4 号机组顺利建设。为此，公司适时提出“立足自主、统筹互补”的管理思路，带领全体职工同时挑起了两副重担。“立足自主”指的是强调解决核心和关键问题时“以我为主”，“统筹互补”则是指公司实行统一领导，全局联动，对运行和扩建工程的人力和物力资源实现经验共享和管理互补，从而达到投入产出比最优化的目的。“立足自主、统筹互补”管理模式，真正起到了合理配置人力与技术资源、优化管理、提高效率和降低成本的作用，又好又快又安全地推进了扩建工程。

秦山核电二期扩建工程 3 号机组于 2006 年 4 月 28 日开工，2010 年 7 月 13 日实现首次临界，10 月 21 日 3 号机组正式投入商业运行。4 号机组也于 2007 年 1 月 28 日开工，2011 年 11 月 25 日首次成功并入华东电网，2011 年 12 月 30 日正式投入商业运行。秦山核电二期扩建工程的全面建成，走出了一条我国自主设计、自主建造、自主管理和自主运营的首座大型商用压水堆的标准化新路；创立了中国首个具有自主知识产权的商用核电品牌，为我国进一步掌握三代核电技术、推动核电产业自主化、实现我国核电“走出去”战略奠定了坚实的基础。

与 1、2 号机组相比，3、4 号机组设计负荷因子由 65％提高到 75％，大大提高了核电厂的安全性和经济性，设备国产化率由 55％提高到 70％以上。扩建工程进行了包括 10 项重大设计改进和 18 项较大设计改进在内的共 1 118 项技术改进。

秦山二核扩建工程全面建成后，秦山二期核电厂 4 台机组的总装机容量将达到 260 万千瓦，年发电能力为 180 亿至 200 亿千瓦时，将和秦山一期、秦山三期一起，成为华东地区一个重要的核电生产基地。图 8-4 所示为秦山核电基地。

图 8-4 秦山核电基地

8.3 开拓国际市场，为巴基斯坦建造核电站

1991 年 12 月 15 日，中国自行设计、建造的 30 万千瓦压水堆核电厂在秦山并网发电。12 月 31 日，中国政府与巴基斯坦政府签署了向巴方成套出口 30 万千瓦压水堆核电机组，建设恰希玛核电站的合同，拉开了当时中国最大的高技术出口项目的序幕。

据参加过恰希玛核电站早期建设的老同志介绍，规划中的恰希玛核电站，地处巴基斯坦旁遮普省一个叫米安瓦利的小地方，地处沙漠边缘，荒凉而偏僻，除地上到处生长着一丛丛低矮的灌木和一片片一人多高带刺的骆驼草外，方圆几公里很少有人居住。当地气候炎热，常年高温，最热时气温高达 50 多摄氏度，最凉快的日子气温也在 30 摄氏度以上。初建时期，由于没有空调、电扇，工程人员晚上只好爬上屋顶乘凉、睡觉，不少人身上都长满了痱子。巴基斯坦是伊斯兰教国家，食物主要以牛、羊肉为主，蔬菜很少，偶尔能吃到一点土豆和苦瓜。当地的电视、报纸是既听不懂也看不明白，业余生活很单调，偶尔能看到从国内捎带来的报纸、杂志就算是很满足的了。这种情况一直持续到生活临建完成，“中国村”建起来后，有了空调，安装了接收卫星信号的电视，大家又自己动手种植了一些蔬菜，生活才渐渐有了好转。

当时施工人手少，机具设备又不配套，光砂子就需要到 300 多公里以外的地方去买，而且一辆车一天只能跑一趟。由于施工需要大量的砂石，为了争取时间，后经与巴方商量，通过开山取石，再将大块石头运到工地自己加工，这才解决了砂石问题。

恰希玛核电站厂址在印度河洼地冲击层上，地下水丰富，地下水位负 9 米。核岛地基深达 18 米，由于当时巴方提供的渗透系数较小，致使 20 多台泵抽水都无法解决问题。为了将抽出的地下水排出去，就挖了一条通往印度河的长 400 米、宽 1.2 米的水渠。有一天，水渠一侧突然倒塌 2 米多长，致使水渠堵塞，排水不畅。见此情景，不少在场施工的同志奋不顾身跳入水中疏堵，由于地下水凉，泡的时间一长，实在太冷，就从水里上来喝口酒暖和一下，再跳入水中，直到把水渠修好。就这样，经过 2 个多月的时间，终于把地下水位降了下去。

1994 年 3 月，眼看核岛底板就要浇注混凝土了，但主泵订货还迟迟未决，使得核岛底板上的主泵基础预埋件的埋设无法进行。而核岛底板浇注混凝土是中巴合同规定的里程碑进度，若不能按时完成，会产生很大的影响。经与指挥部研究，迅速通知派往各国的采购员，将所了解的设备情况发函到现场经理部，通过汇总采购员了解的情况，连夜设计了一种能适应五种不同类型主泵支撑条件的预埋件。在得到有关方面专家和领导认可后，交给施工单位制作。后来证明，当初设计的预埋件是可行的，为此多次受到指挥部的表扬。

恰希玛核电站是"交钥匙"工程，它意味着中方必须为这个核电站的设计、设备采购和制造、调试、运营等各个方面负总责。这对当时刚刚起步的中国核电人来说无疑是一个大的挑战。中国派出了最优秀的核电设计、建设、管理人员。他们在高温的环境下忘我工作，为整个工程的建设呕心沥血。在艰苦的条件下，他们用科学的方法，解决了现场施工中的各种突发问题，胜利完成工程建设各个阶段的任务。中国和巴基斯坦的建设者们经过 3 000 多个日日夜夜的苦战，最终于 2000 年 8 月 21 日实现了恰希玛核电站的满功率运行。9 月交付巴方投入商业运行后，运行状态一直良好，容量因子超过 90%，得到巴方的高度评价，该工程被誉为"南南合作的典范"。

2005 年 12 月 28 日，我国出口巴基斯坦的第二个核电站——恰希玛核电站二期工程正式开工建设。巴基斯坦总理阿齐兹在工程现场发表讲话，并亲自为工程纪念碑揭幕，为核岛浇注第一罐混凝土摁下了按钮。恰希玛核电站二期工程从筹划到实施，得到中巴两国领导人和政府部门的亲切关怀和大力支持，中巴两国的工程和管理人员付出了辛勤的劳动，扎实而高效，第一罐混凝土的浇注比合同期提前了 63 天。

8.4 中核集团公司建设中的核电厂

8.4.1 福建福清核电厂

2006 年 5 月 11 日福清核电有限公司成立。公司由中国核工业集团公司、华电福建发电有限公司、福建投资开发总公司分别按 51%、39%、10%股比合资组建，全面负责福清核电厂一期工程的建造、调试、运营和管理。福建福清核电厂工程规划装机容量为 6 台百万千瓦级压水堆核电机组。一次规划、分期建设。一期工程建设两台百万千瓦级核电机组(M310 改进型)。1 号机组于 2008 年 11 月 21 日，随着中共中央政治局常委、国务院副总理李克强在现场宣布"福建福清核电厂正式开工"，正式开工浇注第一罐混凝土。单机建设周期为 60 个月，2 号机组间隔 8 个月于 2009 年 6 月 17 日开工建设。两台机组计划分别在 2013 年 11 月和 2014 年 9 月建成投产。二期工程建设 4 台(3 号、4 号、5 号、6 号)百万千瓦级压水堆核电机组，3 号机组于 2010 年 12 月 31 日开工，整个工程总投资近千亿元人民币，计划于 2017 年年底全面建成投产。4 号机组于 2012 年 11 月 17 日浇注第一罐混凝土。5、

6 号机组正在开展前期工作。

福清核电厂厂址位于福建省福清市三山镇前薛村岐尾山前沿，地质构造稳定，地形地貌条件较好，淡水补给便捷，冷却水取水方便。福建省作为连接“长三角”和“珠三角”的纽带，是海峡西岸经济区中心，经济发展较快，电力需求强劲，对发展核电的期盼由来已久。建成后的福建福清核电厂将极大地缓解当地电力需求，将为海峡西岸经济发展增添新的动力，更好地满足福建和华东地区电力和环保的需求，为福建省和华东地区能源结构调整和经济发展作出新的更大贡献。

福清核电厂不同凡响的标志意义，还在于它首创的建设模式，即实现了商用核电厂建设由法方“交钥匙”工程，到中方“交钥匙”工程的飞跃，实现了国产化率从当年 1%到如今 75%的飞跃。

福建福清核电厂一期工程开工。这是中国政府首次以刺激内需为目的而核准的众多核电项目之一，它的动工建设还创造了中国核电建设的多项“第一”。

福清核电厂从 2007 年 9 月前期准备工程启动，到 2008 年 10 月全面具备开工条件，创造了中国大陆所有在建和已建核电项目中前期工作的最快速度。福清核电项目是中核集团公司按照国家有关“统一技术路线和采用先进技术”的要求，遵循“以我为主、中外合作，引进技术，推进国产化”的核电发展原则，首次采用核电工程总承包模式开工的核电项目。它标志着中核集团公司通过自主设计改进和工程总承包项目管理，将核电工程建设水平提高到一个新的台阶。

8.4.2　方家山核电工程

方家山核电工程是秦山核电厂的扩建工程项目，也是中核集团公司在秦山地区建设的首批百万千瓦级核电机组。该项目由秦山核电公司作为项目业主单位。

扩建工程项目的厂址位于秦山一期厂内的方家山区域，离秦山一期反应堆约 600 米，距秦山二期约 2.5 千米，距秦山三期约 1.5 千米，距海盐县县城约 8 千米。

方家山核电 1 号机组工程于 2008 年 12 月 26 日正式开工，2 号机组于 2009 年 7 月 17 日开工建设，两台机组国产化率将达到 80%以上，高于我国之前建设的任何一台核电机组。工程项目规划建设规模为两台百万千瓦级压水堆核电机组，一次规划布置，单机建设工期为 62 个月，预计两台机组分别在 2013 年 12 月和 2014 年 10 月投入商业运行。项目建成后，秦山核电基地将拥有 9 台核电机组，总容量达到 630 万千瓦。

方家山工程总投资 260 亿元人民币，采用国际上比较成熟先进的二代改进型技术。它标志着我国首个核电基地——秦山核电基地实现了从 30 万千瓦到 100 万千瓦核电自主发展的重大跨越。秦山核电基地将成为我国装机容量最大、核电国产化程度最高、核电机组投资比最具经济优势的核电基地。

8.4.3　浙江三门核电厂

浙江三门核电工程是首个国家核电建设自主化依托项目。三门核电有限公司是三门核电厂工程的业主，由中国核工业集团公司控股，浙江省能源集团有限公司、中电投核电有限公司、中国华电集团公司和中国核工业建设集团公司等共同出资组建，全面负责核电工程的建造、调试、运营和管理，公司实行董事会领导下的总经理负责制。三门核电工程将采用美国西屋公司 AP1000 技术建设由国家核电技术公司联合美国西屋公司(Westinghouse Electric Co.)和绍尔工程公司(Shaw Group Inc.)负责实施自主化依托项目的工程设计、工程建造和项目管理。

三门核电工程将建造 6 台单机容量为 125 万千瓦的 AP1000 核电机组,分三期建设。一期工程总投资 250 亿元,将首先建设两台目前国内最先进的 100 万千瓦级压水堆技术机组。其中 1 号机组为全球首台 AP1000 核电机组。

2004 年 7 月 21 日,国务院批准三门核电一期工程作为国家核电建设自主化依托项目来进行准备和建设。2004 年 9 月 1 日,国家发改委批准三门核电按 6 台百万千瓦级核电机组规划建设,并明确将引进国际上先进的第三代压水堆核电技术。2007 年 7 月 24 日,三代核电自主化依托项目核岛合同在北京正式签署,全球首台 AP1000 核电机组落户三门。

AP1000 核电厂与第二代压水堆核电技术设计相比,AP1000 技术的最大特色是采用了"非能动安全系统"。在紧急情况下,"非能动安全系统"利用物质的重力、惯性以及流体的对流、扩散、蒸发、冷凝等物理特性,就能及时冷却反应堆厂房并带走反应堆产生的余热,而不需要泵、交流电源、柴油机等需要外界动力驱动的系统。三门核电厂还将是全球率先采用模块化施工方法建设的核电厂。AP1000 核电机组共有 119 个结构模块和 65 个设备模块。在现场建造前,可以同时制造多个模块,模块制造完成后,在现场就可以像"搭积木"一样拼装起来,从而节约施工时间。

2007 年 12 月 31 日,项目 ATP(启动零点)如期实现。2008 年 2 月 26 日,一期工程基坑负挖提前一个月开工,标志着三门核电一期工程进入现场实质性建造施工阶段,标志着中国迈出了建设世界最先进核电厂的第一步。2009 年 4 月 19 日上午,中共中央政治局常委、国务院副总理李克强在三门核电工程现场宣布该工程开工,拉开了世界最先进三代核电技术 AP1000 全球首台机组建设的序幕。李克强强调,推动核电建设要坚持核电自主化发展方向,瞄准新一代先进核电技术,依托重大项目,推动引进消化吸收再创新,不断提高我国核电自主化建设能力。1 号机组于 2013 年 11 月建成并投入商业运行;2 号机组于 2009 年 12 月 15 日开工建设,计划于 2014 年 9 月建成并投入商业运行。目前,三门核电工程(3、4 号机组)正在开展前期工作。

8.4.4 海南省昌江核电工程

海南核电项目位于海南岛西海岸的昌江县境内,由中国核工业集团公司(51%)和中国华能集团公司(49%)共同出资兴建,总投资近 190 亿元。规划建设 4 台 65 万千瓦压水堆核电机组,拟采用由中核集团公司自主开发的具有我国自主知识产权的 CNP600 标准两环路压水堆核电机组,以浙江秦山核电二期工程为参考电站,本工程要在秦山核电二期扩建工程国产化率达到 70%的基础上,进一步提高设备国产化比例,以巩固第二代改进型核电设备的国产化成果,降低制造成本。

根据规划,工程分两期进行建设,一期核电工程项目将建设两台核电机组,其中 1 号机组计划于 2014 年底并网发电。一期两台机组建成后,将每年为海南提供 100 亿度电,占海南省电力供应的 30%左右,年产值 40 亿元。

一期工程于 2010 年 4 月 25 日开工建设,这是海南历史上投资最大、技术先进、工艺环保的能源建设项目。据初步测算,核电机组按年运行 7 000 小时计算,相比同等容量的煤电机组，每年可以减少燃用标煤约 260 万吨，可减少二氧化碳约 780 万吨、烟尘约 450 吨、二氧化硫约 1 600 吨、氮氧化物约 9 700 吨，环保效益显著。该项目核电设备国产化比例高，巩固了第二代改进型核电设备的国产化成果，降低制造成本。

2007 年 12 月 18 日，中国核工业集团公司和中国华能集团公司在海口举行了海南核电项目筹备处揭牌仪式。

2008 年 3 月 1 日，中核集团公司、华能核电开发有限公司、昌江黎族自治县人民政府正式签订了合作建设核电项目框架协议。

2010 年 4 月 19 日，国家发改委正式下发了核准文，这意味着海南昌江核电项目正式获得了国家核准。

2010 年 4 月 25 日，海南昌江核电项目 1 号机组正式开工，计划于 2014 年年底并网发电。2 号机组于 2010 年 11 月 21 日开工建设，计划于 2015 年投入商业运行。预计首期两台 65 万千瓦机组投产后，每年可发电近 90 亿千瓦时。

8.4.5　等待核准建设的核电厂

8.4.5.1　安徽吉阳核电工程

2007 年 3 月 13 日，中核集团公司与安徽省签署了合作建设安徽吉阳核电项目框架协议，标志着双方在核电领域的合作迈上一个新的台阶。2009 年 2 月 25 日，在安徽合肥市揭牌成立安徽吉阳核电项目有限公司，并签署中核集团安徽吉阳核电项目投资协议。安徽吉阳核电项目总规划容量为四台三代核电 AP1000 核电机组，单机容量 125 万千瓦，总装机容量 500 万千瓦，投资超过 500 亿元。由中核集团公司控股，安徽皖能股份有限公司参股共同合作开发。建成后的吉阳核电厂将为华东地区、安徽省带来安全、清洁、高效的核电能源，有利于优化安徽省的能源结构，提高电网供电的可靠性，又有利于安徽省的环境保护，是满足安徽省经济可持续发展所需能源供应的最佳选择。

该核电项目得到安徽省各级政府大力支持，厂址优势明显——土石方量小、取排水方便、人口密度小，一旦获得核准，有望成为推进速度最快的中国新核电项目。

目前，安徽吉阳核电项目在中核集团公司和安徽省皖能股份有限公司的共同推动下，各项前期工作进展顺利，厂址安全分析和环境影响评价工作已经完成，厂址临时进场道路已经修通；征地、移民、搬迁等也已经完成准备工作。

8.4.5.2　湖南桃花江核电工程

2008 年 5 月 21 日湖南桃花江核电有限公司成立，由中国核工业集团公司、华润电力工程服务有限公司、中国长江三峡工程开发总公司、湖南湘投控股集团有限公司共同出资组建，中国核能电力股份有限公司控股。公司实行董事会领导下的总经理负责制，全面负责我国内陆首批核电项目——湖南桃花江核电项目的建设、运营和管理。

桃花江核电项目厂址位于湖南省益阳市桃江县沾溪乡荷叶山，资水右岸。这里地质结构稳定，地震烈度低，居民稀少，是一个十分优越的内陆核电厂址。桃花江核电项目于 2006 年 5 月开始启动，于 2008 年 2 月 1 日正式获得国家发展和改革委员会“同意开展前期工作”的批复，标志着项目前期工作取得了重要阶段性成果。

桃花江核电项目按照国家发展核电的技术路线，选择技术成熟、安全可靠、经济性好的百万千瓦级先进压水堆核电机组,规划装机容量为400万千瓦级AP1000压水堆核电机组。项目采取“业主负责下的工程公司总承包”建设管理模式。项目预计总投资670亿元。由于受福岛事故影响,暂停工期。在中核集团公司、中国核能电力股份有限公司、董事会的正确领导下,公司正朝着“建造内陆第一座核电厂”的目标,统筹规划、科学安排,优化资源配置、发挥集团优势,加快推进项目进展,现正在开展前期工作。

8.4.5.3 辽宁徐大堡核电工程

徐大堡核电项目因位于辽宁省兴城市海滨乡徐大堡村南侧海岸而得名。2006年7月,辽宁省人民政府与中核集团公司签署《核电及其他领域合作框架协议》,同意开展徐大堡核电厂前期工作;2006年10月,辽宁徐大堡核电有限公司筹建处正式揭牌成立,项目前期工作正式全面启动;2007年4月,该项目的初步可行性研究报告上报辽宁省发改委并委托国家电力规划总院进行正式评审。2009年3月27日,中核辽宁核电有限公司在辽宁省葫芦岛市正式挂牌成立。揭牌仪式上,中核集团公司与有关方面签署了辽宁徐大堡核电项目投资协议。

辽宁徐大堡核电项目一次规划为6台百万千瓦级核电机组连续进行建设,投资总额达近千亿元,是当地2009年投资最大的项目,其中一期建设2台百万级核电机组,最终技术方案以国家核准的机型为准,目前暂按建设二代加改进型机组考虑。该核电项目由中核集团公司控股,中国大唐集团公司、国家开发投资公司、浙江省能源集团有限公司、江苏省国信资产管理集团有限公司分别按50%、20%、10%、10%、10%的比例共同出资组建。公司实行董事会领导下的总经理负责制,全面负责徐大堡核电项目的建造、调试、运营和管理。

2009年4月9日,辽宁徐大堡核电项目可研阶段工程总承包合同签字仪式在北京举行。原定于2010年开工,后受福岛事故影响,暂停工期,现正在开展前期工作。

8.4.5.4 福建三明快堆工程

2010年4月28日成立了中核集团福建三明核电有限公司,由中核核电有限公司、福建省投资开发集团有限责任公司和福建省三明市国有资产投资经营公司分别以51%控股、40%和9%参股共同出资组建。公司实行董事会领导下的总经理负责制,全面负责福建三明核电厂的建造、调试、运营和管理。三明核电项目将采用世界先进的第四代核电技术。

三明核电项目自2006年5月正式启动以来,项目前期工作进展顺利。2007年,三明核电项目出资三方成立项目筹建处,完成了厂址踏勘。2008年完成了项目初步可行性研究并上报项目建议书。2009年加强与俄罗斯合作,确定了厂址对于建设中国示范快堆的适宜性,确定与俄方合作的第一阶段“预先设计研究”的内容并签署合同,同时全面启动了可行性研究并完成核心厂区的征地清障工作。

福建三明核电厂规划建设4台百万千瓦级核电机组,一次规划分期建设,并留有扩建余地。其中一期工程规划建设2×800 MW级钠冷快中子反应堆核电机组,技术方案参考俄罗斯商用示范快堆电站BN800。快堆技术是目前世界公认最先进的第四代堆型之一,发展快堆可形成核燃料的闭式循环,使铀资源的利用率得到最大程度的提高、核废料的产生量得到最大程度的降低,是我国核能科学发展,解决能源危机和减缓环境压力的必由之路。三明示范快堆核电项目对促进中国核能可持续发展、加快海峡西岸经济区建设具有重要意义。快堆技术的发展可形成核燃料的闭式循环,在提倡低碳经济时代和在国家新能源规划出台下,年轻的福建三明核电有限公司将以科学发展观为指导，以解放思想、创新管理、与时俱进的理念，坚持把公司发展与员工全面协调可持续发展相结合，努力打造三明核电成为“技术一流、人才一流、管理一流、业绩一流”的示范工程，以优异成绩引领民族核电高起点的发展潮流。

8.5　2012 年中国大陆核电厂名录

截止到 2011 年底，我国大陆有 15 台商业运行核电机组，装机容量 1 253.82 万千瓦，核电年发电量 872.01 亿千瓦时，同比增长 16.67%；上网电量 822.03 亿千瓦时，同比增长 16.43%；核电约占全国发电装机总容量的 1.19%，占全国总发电量的 1.85%。

截止到 2011 年底，我国在建核电机组有 26 台，装机容量 2 024 万千瓦；世界在建核电机组有 65 台，总装机容量 6 459.7 万千瓦。我国在建核电机组数占世界的 40%，在建核电总装机容量占世界的 45%，是世界在建核电规模最大的国家。

从 2005 年至 2012 年底，我国总计开工建设了 34 台核电机组，其中 2005 年 1 台，2006 年 2 台，2007 年 2 台，2008 年 6 台，2009 年 9 台，2010 年 10 台，2011 年 0 台，2012 年 4 台。

表 8-1 所示为 2012 年中国大陆核电厂名录。

表 8-1　2012 年中国大陆核电厂名录

状态	核电厂名称		堆型	额定功率/MW	开工日期	首次并网日期	商业运行日期
运行中	秦山核电厂		压水堆	310	1985-03-20	1991-12-15	1994-04-01
	大亚湾核电厂	1 号机组	压水堆	2×983.8	1987-08-07	1993-08-31	1994-02-01
		2 号机组			1988-04-07	1994-02-07	1994-05-06
	秦山第二核电厂	1 号机组	压水堆	4×650	1996-06-02	2002-02-06	2002-04-15
		2 号机组			1997-04-01	2004-03-11	2004-05-03
		3 号机组			2006-04-28	2010-08-01	2010-10-05
		4 号机组			2007-01-28	2011-11-25	2011-12-30
	岭澳核电厂	1 号机组	压水堆	2×990.3	1997-05-15	2002-02-26	2002-05-28
		2 号机组			1997-11-28	2002-09-14	2003-01-08
		3 号机组		2×1 080	2005-12-15	2010-07-15	2010-09-20
		4 号机组			2006-06-15	2011-05-03	2011-08-07
	秦山第三核电厂	1 号机组	重水堆	2×700	1998-06-08	2002-11-19	2002-12-31
		2 号机组			1998-09-25	2003-06-12	2003-07-24
	田湾核电厂	1 号机组	压水堆	2×1060	1999-10-20	2006-05-12	2007-05-17
		2 号机组			2000-09-20	2007-05-14	2007-08-16
合计		15 台		12 538.2			
	红沿河核电厂	1 号机组	压水堆	4×1 080	2007-08-18		
		2 号机组			2008-03-28		
		3 号机组			2009-03-07		
		4 号机组			2009-08-15		

续表

状态	核电厂名称		堆型	额定功率/MW	开工日期	首次并网日期	商业运行日期
	宁德核电厂	1号机组 2号机组 3号机组 4号机组	压水堆	4×1 080	2008-02-18 2008-03-28 2010-01-08 2010-09-29		
	福清核电厂	1号机组 2号机组 3号机组 4号机组	压水堆	4×1 080	2008-11-21 2009-06-17 2010-12-31 2012-11-17		
	阳江核电厂	1号机组 2号机组 3号机组 4号机组	压水堆	4×1 080	2008-12-16 2009-06-04 2010-11-15 2012-11-17		
	方家山核电工程	1号机组 2号机组	压水堆	2×1 080	2008-12-26 2009-07-17		
	三门核电厂	1号机组 2号机组	压水堆	2×1 250	2009-03-29 2009-12-15		
	海阳核电厂	1号机组 2号机组	压水堆	2×1 250	2009-09-24 2010-06-20		
	台山核电厂	1号机组 2号机组	压水堆	2×1 750	2009-11-18 2010-04-15		
	海南昌江核电厂	1号机组 2号机组	压水堆	2×650	2010-04-25 2010-11-21		
	防城港红沙核电厂	1号机组 2号机组	压水堆	2×1 080	2010-07-30 2010-12-28		
	田湾核电厂	3号机组	压水堆	1 060	2012-12-27		
	石岛湾核电厂	示范工程	高温气冷堆	200	2012-12-4		
合计		30台		32 660			
已核准未开工项目	阳江核电厂	5号机组 6号机组					
合计		2台					
	海阳核电厂	3号机组 4号机组					
	田湾核电厂	4号机组 5号机组 6号机组					

续表

状态	核电厂名称		堆型	额定功率/MW	开工日期	首次并网日期	商业运行日期
	辽宁徐大堡核电厂	1 号机组 2 号机组					
	陆丰核电厂	1 号机组 2 号机组					
	红沿河核电厂二期	5 号机组 6 号机组					
	福清核电厂	5 号机组 6 号机组					
	三门核电厂	3 号机组 4 号机组					
合计		15 台					

第九章　核燃料循环产业得到长足发展

9.1　铀矿地质勘查技术不断进步,取得骄人成果

随着我国国民经济持续快速发展,能源需求不断增长,加快核电发展以改善能源结构、保护环境和优化布局,已经成为今后我国能源可持续发展的必然选择。“十五”期间,随着国家核电发展目标的明确,铀资源开发不断得到中央和国家有关部门的高度关注和重视,铀矿地质勘查工作得到进一步加强。中国核工业地质局坚决贯彻“加强找矿”的方针,按照“主攻可地浸砂岩型铀矿,兼顾其他经济型矿床,加快落实勘查基地,加强区域评价,确保重点,点面结合,着眼大型、超大型矿床”的部署原则,狠抓科技创新,做到科学部署、严格管理、精心设计、精心组织、精心施工,铀矿地质工作取得重要进展,铀矿勘查取得了一批突破性成果。

在伊犁盆地,继“九五”提交库捷尔太矿床后,又发现并提交了扎吉斯坦、乌库尔其矿床,为扩大我国第一个地浸采铀基地的产能提供了资源保障。在吐哈盆地,继“十五”初提交十红滩矿床首采地段之后,又在找矿模式的指导下发现了外围北矿带,将该地区扩大为重要的铀资源基地。在新的成矿理论和找矿模式指导下,鄂尔多斯盆地东北部铀矿勘查取得快速突破,2000 年首次发现工业矿体,经过五年追索、控制和重点地段的普查,圈定近 30 千米长的工业矿带,有望发展成特大型铀矿床。在二连盆地东部初步圈出一条规模较大的铀成矿砂带,通过“十五”后三年的追索、控制,可望成为一个新的大型后备勘查基地。

此外,还加强了内蒙古、新疆、甘肃及东北地区中-新生带沉积盆地铀矿调查评价,圈定了一批成矿远景区,在鄂尔多斯盆地西部和东北部、巴音戈壁盆地、二连盆地东部、哈密盆地、酒泉盆地等地区发现了一批有潜力的铀矿产地和矿点,拓宽了找矿区域,为落实新的后备勘查区奠定了基础。“十五”末,首次启动了西藏地区冈底斯构造带和羌塘盆地铀资源区域评价。对我国北方、南方的铀资源区域评价取得重要进展,为今后发现新矿床、矿点奠定了很好的基础,对“十一五”铀矿基地勘查战略的实施具有重要意义。2005 年启动的“江西相山矿田岗上英-横涧危机矿山勘查”成果显著,通过钻探揭露,在深部发现较好的矿体,新增了可观的资源储量,从而使我国南方铀矿山的一个重要矿井可延长较长的服务年限。

积极引进、开发和推广应用先进的地球物理勘查技术,不断提高成矿地质环境判别的工作效率和成矿远景预测的可靠性。通过应用浅层地震、音频大地电磁测量、瞬变电磁测量、可控源音频大地电磁测量等方法,有效指导了沉积盖层层位及岩性的划分、断裂构造位置和沉积基底埋深的推断、铀矿化信息的捕捉和钻探工程的布置,降低了勘查成本。经钻探查证,在部分地区取得较好的效果。

“十五”期间,已初步建立了可地浸砂岩型铀矿勘查技术标准体系,经国防科工委发布的核行业标准有 13 项,正在报批的有 3 项,正在编制的有 3 项,共 19 项。其中《地浸砂岩型铀矿地质勘查规范》已获“中国标准创新贡献奖”。通过集中优势科技力量,采用产、学、研紧密结合的方式,积极开展自主创新和吸收、引进后的再创新,可地浸砂岩型铀矿成矿理论、找矿

模式研究取得重要成果,建立了适合于中国地质条件特点的铀成矿预测和勘查技术、方法体系,缩短了找矿周期,提高了找矿效率。

“十一五”中,铀矿勘查取得重大突破。钻探工作量从1999年2.4万米的历史最低水平,发展到2007年就超过50万米,达到近20年以来的最高水平,实现了勘查规模的大幅度增长。北方勘查主战场取得具有宏观影响的突出成果,连续突破了伊犁、吐哈、鄂尔多斯、二连4个万吨级铀资源基地,形成了我国探明的铀资源储量分布新格局,使我国北方地区成为新时期铀资源供给的重要战略基地。新增铀资源量实现重大跨越,新发现铀矿产地近20处,后备勘查地区评价取得显著进展,铀矿勘查投入产出比达到历史最高水平。在铀矿勘查规模发展的有力带动下,中核地质经济呈现持续快速发展的良好势头,发展规模不断扩大,发展质量不断提升,经济势力明显增强,经济结构逐步优化。矿业开发、工程勘察与施工、技术服务和城市经济四大板块逐步形成新的经济增长点,铀矿勘查和多种经营“两条腿走路”的发展格局初现雏形,有效增长了中核地质抵御风险的能力。以属地化改革完成后的2000年为对比基数,到2008年,地质局主营业收入达到11.5亿元,增长了512%;利润总额达到6 112万元,增长了1 651%;净资产达到5.35亿元,增长了237%;净资产收益率达到10.91%,增长了963个基点;资产总额达到12亿元,增长了205%。图9-1所示为万吨级铀矿堆浸。

图9-1 万吨级铀矿堆浸

“十一五”期间,还着力推进科技创新,坚持“集成科技资源,整合科研项目,整装科技成果”的基本思路,坚持创新引领原则,积极支持原始创新,加大力度推进集成创新,深化拓展消化吸收再创新,强化管、产、学、研相结合,加速科技成果转化,切实加强集中、统一管理,提升科技发展规划,科技创新的整装程度。集中优势力量,对地浸砂岩型铀矿勘查中关键的理论、技术、方法进行攻关,一批原创性、集成性成果相继出现,建立了适合我国地浸砂岩型铀矿的一整套比较完善的理论、技术、方法体系,为铀矿勘查的顺利推进提供了有力科技支撑。2005、2006、2007年3年共获得国家科学技术进步一等奖1项、二等奖2项,同时,还获得国防科学技术奖86项,并有2项成果列入全国年度十大地质找矿成果,1项成果列入全国年度十大地质科技成果。之后,中核集团二一六大队等在我国地浸砂岩型铀矿勘查中首次重大突破，他们承担的“新疆伊犁盆地南缘可地浸砂岩型铀矿勘查研究及资源评价”项目，2008年1月8日，获得国家科学技术进步一等奖。

“十二五”中，经过多年的努力，中国核工业地质局在内蒙古二连盆地探明超大型铀矿床。该铀矿床主矿体资源量达数万吨，矿石品位中等，埋藏浅。它的探明对建设铀矿大基地、提升天然铀产能及铀资源保障能力具有重要意义。

2012年11月4日，国土资源部宣布，内蒙古中部大营地区铀矿勘查取得重大突破，发现国内最大规模的可地浸砂岩型铀矿床。连同此前的勘查成果，该地区累计控制铀资源量跻身于世界级大矿行列。这对我国立足国内提高铀资源供应，提高核电发展资源保障能力具有重大现实意义。

9.2 铀矿冶采用地浸、堆浸新技术

铀矿开采与有色金属矿开采基本相同，不同之处是：铀矿石有放射性；一般肉眼很难将矿石和围岩区别开；加之我国铀矿床大多品位低，矿体小而分散，形态复杂，地质勘探部门达到的地质勘探程度难以满足采矿全过程的要求。因此，必须采用适合我国铀矿特点的采矿方法，把地质工作贯穿整个开采的始终，重视降低铀矿石的损失率和贫化率，并采取一系列防护措施。

我国铀矿开采始于20世纪50年代末期。在六、七十年代，我国主要是以井下开采为主，露天开采为辅。井下采矿方法有充填法、分层崩落法、空场法与留矿法。露天开采在60年代主要采用浅孔和中孔松动爆破，70年代初采用大爆破技术，70年代末采用多排微差爆破和挤压爆破技术，80年代初推广预裂爆破技术。在70年代末我国还采用了无轨开采。与有轨掘进相比，提高了效率，降低了成本，减轻了劳动强度，改善了作业条件，简化了回采工艺，减少了生产环节。80年代初，经过十年的探索和研究，我国铀矿采冶终于掌握了先进的化学开采技术(主要指地浸和堆浸技术)。

地浸采铀是指向地下打井，往地下注酸(或碱)液，将铀溶解出来，然后再将含铀的液体抽出，直接运输到水冶厂进行提炼采冶的方法。这样，把采矿、选矿和水冶连成了一体，不会产生很多污染环境的废石和尾矿砂，降低了成本，提高了效率，保护了环境，是目前我国新疆地区主要采用的采冶方法。

地浸采铀研究始于1969年。为了提高我国的铀矿产量，二机部决定学习国外先进技术，在国内开展这项研究。王西文有幸成为我国第一个从事地浸采铀工作小组的成员。当时，核工业对地浸的了解仅限于从国外带回来的部分资料，在实践方面一无所知。但王西文和同事们在困难面前并没有退缩，凭着献身国防事业的满腔热情，他们一心扑在地浸采铀调查研究中，深入到全国各地寻找适合地浸开采的铀矿资源。从1969年到1972年，他们先后在江西、广东、陕西、黑龙江等省的数十个地区进行了艰苦细致的调查试验，经历了常人难以想象的困难，获得了大量第一手宝贵资料。但是，经过三年探索，由于技术上不够成熟，加上部分人员反对，地浸采铀的探索暂时中止。转机出现在1982年，在当时的副部长陈肇博大力支持下，他们来到了云南腾冲。幸运的是，这里的地质条件非常好，加上长期的实践经验，他们终于取得了成功，第二年就提炼出了第一批几百公斤的试验产品。1984年建立了我国第一个地浸铀矿——三八一地浸矿山。

1985 年，根据指示，已担任核工业六所所长的王西文与七三一矿的技术人员一起，对伊犁盆地五一二矿的地质和水文条件进行了反复论证，达成该矿可采用地浸采铀的共识。1987 年，新疆局 30 多人组成的七三七地浸试验工程队和六所的一个科研小组进驻五一二矿床，正式拉开了地浸试验的序幕。1990 年，地浸采铀的关键技术获得了突破，初步证明了五一二矿床是可以进行地浸开采的。1991 年，经批准，在试验块段建立了半工业试验装置。该装置 1992 年建成并一次性投料试验成功，半年生产金属数吨。从 1992 年到 2002 年，新疆局多次进行了技术改造和扩建，形成了我国第一座大型地浸采铀矿山，填补了我国地浸采铀的空白。

从矿石中提炼铀的传统方法是采用湿法冶炼工艺，工序多、成本高。20 世纪 50 年代，国外开始探索研究堆浸技术生产铀。堆浸法就是把采场内的矿石破碎后堆成堆，在上面喷洒稀硫酸后，收集浸出液，再运到水冶厂加工。我国的铀矿堆浸研究起步早，但进展缓慢。70 年代曾在一些矿山做过堆浸试验，但均未获成功。1981 年，七一九矿鉴于矿石品位低，常规水冶处理成本高，而且许多矿石因得不到合理利用而不得不丢弃，建议采用堆浸工艺。

1981 年，堆浸试验小组正式开始工作。1984 年，进行了 1 000 多吨的地表堆浸试验，但未获成功。1985 年，江西矿冶局闻讯后，将其列入江西矿冶局重大科技攻关项目。经过大家共同努力，开始进行第二次地表堆浸试验。4 480 吨的矿石，浸出率达 80.72%，试验取得圆满成功。1986 年，5 000 吨高品位矿石堆浸又获成功。1987 年，进行了万吨级堆浸。12 400吨矿石，浸出率为 91.9%，回收率为 87.64%。这表明万吨级堆浸取得了比常规水冶搅拌浸出更好的经济技术指标，填补了我国万吨级铀矿堆浸技术的空白。1990 年 12 月，“万吨级铀矿堆浸”项目获国家科技进步一等奖。

近十年来，铀矿冶经历了两个发展阶段，1999—2005 年，铀矿冶是以改革脱困为主兼顾发展的阶段。通过实施政策性关闭破产，25 户关闭破产企业共核减银行债务 11.7 亿元，形成了资产清晰、人员精干、军民结合的发展局面，为加快发展奠定了良好基础和条件。从 2006 年开始，铀矿冶开始进入以发展为主、调整为辅的发展阶段，通过突出发展主业，强化经营，铀矿冶经济实力不断增加，发展的基础不断夯实。截至 2008 年末，铀矿冶系统净资产比 1999 年增长了 80%，主营业收入是 1999 年的 2.15 倍，利润由当年亏损 0.5 亿元到赢利 2.3 亿元。铀矿冶各矿山在综合技改基础上，加大了对采矿、破碎等设备的投入，提高了矿山采冶效率，为产能提升奠定了基础。铀矿冶系统还建立了铀矿冶科技管理和科技评价制度体系，加大了铀矿冶科研开发的投入，“十五”以来获得近 3 亿元国家科研经费资金的支持，重点突破矿石品位低，成分复杂，采冶工艺技术难等问题。同时，加大科研成果如微试剂浸出、碱法搅拌浸出和细菌浸出等的推广应用，降低开发成本，提高铀资源利用率。

9.3　铀同位素分离实现了先进的方法

铀-235 和铀-238 是同一元素的同位素，它们在化学性质上没有什么差别，只是在质量上有微小差别，相差约 1%。因此，要实现铀-235 和铀-238 分离，把铀-235 富集起来，技术上有很大的难度。提高铀-235 富集浓度的方法，现在主要有气体扩散法、高速离心法和激光法。

气体扩散法以六氟化铀为工作气体。当它们通过特制的多孔膜时，质量较轻的铀-235

分子运动速度大，容易透过膜；质量较重的铀-238 分子运动速度小，不易透过膜。气体扩散法对分离膜要求很高，1 平方厘米上要有几亿个微孔，并要求耐腐蚀和能承受很大压差。1960 年二机部下达研制分离膜任务以后，科研人员经过成百上千次的艰苦探索和反复实验，于 1964 年试制成功并投入使用。实际上，气体扩散法使铀-235 和铀-238 分离开来时，单机扩散分离的效率是很低的，要将铀-235 的浓度从 0.71%提高到 3%，需要把几千个分离单元串联起来，所以铀扩散工厂是一个庞大的工厂，并且是一个耗电大户。气体扩散法需要进行计划检修，并且当单台机器损坏时，需要马上更换。

离心法以六氟化铀气体做供料，注入高速离心机。离心机的转速很高，每秒钟的转速超千转。在高速旋转离心力作用下，质量较重的铀-238 甩向离心机转筒的壁面附近，而质量较轻的铀-235，则聚集在转筒中心线附近。这样，铀-235 和铀-238 得到了分离。只需要十几台离心机串联起来使用，就能获得满足需要的分离产品。同时离心法分离单元是由许多机器并联组成的，只要不断增加工厂中这种模式运行单元的数目，就可以灵活扩大工厂的生产能力。离心法分离铀同位素最显著的特点是能耗低。与气体扩散法相比，同样规模的分离工厂，离心法耗能只是扩散法耗能的 5%，甚至更低。随着离心技术的不断发展，单机寿命可达十几年以上。由于机器工作期间，始终处于密闭运行状态，即使个别机器损坏，对整个工厂影响很小，也不进行更换，因此对工作环境的影响非常小，而且基本不产生废水废物。所以，离心法已在逐渐替代气体扩散法。离心法又分为亚临界离心机和超临界离心机，美国开发的第五代超临界离心机转子高达 15 米多，直径达 76.2 厘米，单机生产能力为 400～600 千克分离功/年。

激光法是根据铀-235 和铀-238 原子（或分子）吸收光谱的微小差别来实现分离的。激光法分为原子激光法和分子激光法。原子激光法直接浓缩金属铀蒸气，而分子激光法则是对六氟化铀气体进行分离。目前原子激光法开发比较成熟。原子激光法是将金属铀熔化，蒸发后形成原子蒸气束。用特定的激光与铀原子蒸气束作用，有选择地激发铀原子。铀-235 原子被激发电离，形成等离子体，铀-238 不被激发。受激发的铀-235 在电场作用下发生偏转，将其引出来，收集在精料板上。铀-238 原子不被激发，仍为中性，收集在贫料板上。这样，实现铀-235 和铀-238 的分离。激光法分离铀同位素是新开发的技术，具有分离系数高，耗电少，生产灵活，分离级数少，工厂规模小等特点，正在向工业化应用发展。

目前，我国已掌握了这三种铀同位素分离技术，并且除原子激光法仍处在试验阶段，尚未投入商业运行外，已经实现了从气体扩散法向离心法的过渡，成本大幅度降低，使我国的核燃料产业在关键环节上实现了生产能力的跨越和技术水平的提升。离心工厂建成投产后，我国核燃料产业的经济实力和市场竞争力有了较大增强，不仅满足了国内核电发展的需要，国际市场也将得到进一步的拓展。离心技术是世界领先的浓缩铀生产技术，新一代离心机的分离能力更大、能耗更低、寿命更长，无论是从经济性、可靠性还是规模性等方面看，离心分离技术都具有更大的应用潜力和发展前景。

9.4 核燃料元件实现国产化，质量达到国际先进水平

核燃料元件是反应堆的核心部件，它的性能直接影响反应堆的安全可靠性，因而燃料元件的研究与制造，在核工业中是极为重要的一环。1958 年 8 月，中央决定研制核潜艇，北京

原子能研究所就开始对核潜艇动力堆燃料元件进行探索研究。1960 年以后，由于苏联毁约，断绝了对中国的一切援助，致使当时苏联援助中国的研究性实验堆缺乏核燃料元件，核燃料元件必须实现国产化。在 20 世纪 60 年代初，沈阳金属研究所曾组织专门的研究室，开展有关元件芯块工艺的研究。1961 年 3 月，包头核燃料元件厂元件研究室成立以后，这一任务就转到了该研究室。后来在 1975 年，我国又在四川宜宾兴建了专门供核电厂使用的核燃料元件的生产线。

为了配合各种类型反应堆的建设，我国先后研制成功并生产出了生产堆、各种研究实验堆、核潜艇和核电厂动力堆的燃料元件。广大核燃料元件研制科技工作者，经过几十年的共同努力、刻苦攻关、不断进取、勇于创新，使我国拥有了具有自主知识产权的核燃料元件，而且质量均达到国际先进水平。

我国石墨轻水生产堆使用的核燃料元件是金属棒状元件。生产堆元件的制造工艺研究始于 1960 年。当初按照苏联的设计，准备用“涂磷-热压密合”，但该工艺陈旧落后，产品难以达到质量要求，科技工作者根据国外的有关资料和自己的研究实践将其改为“镀镍-气压”工艺。沈阳金属研究所和元件厂的技术人员做了大量试验，终于在 1965 年 3 月，使这批元件在贴紧度、几何尺寸、外观质量以及芯棒的化学成分、密度、晶粒度等方面符合了生产堆核燃料元件质量标准。后采取了严格考核生产工艺，严密组织生产管理，严格训练操作人员，严谨处理暴露出来的问题的方针，由包头核燃料元件厂进行大规模的生产。他们在生产中继续改进生产工艺，不断提高自动化程度，精简工艺流程，缩短生产周期，提高生产效率和产品回收率，使生产堆核燃料元件生产迈上了一个新的台阶。

我国研究性试验堆燃料元件主要有三种：用于研究性重水反应堆的低浓缩铀金属型管状元件，用于游泳池式研究实验堆的弥散体型元件和用于高通量工程试验堆的带燃料芯体的 6 层同心套管元件。低浓缩铀金属型管状元件是由铝包壳的金属铀管、星形架和节流管装配而成，刚开始由苏联提供。1960 年，苏联毁约后，由我国自行研制。1967 年 7 月，在元件研究室和北京有色金属研究院的共同努力下，研制成功并投入批量生产。弥散体型元件的芯棒是用含低浓缩铀的二氧化铀粉末与镁粉混合、挤压而成，包壳则用铝合金制成。刚开始也是由苏联提供，后经我国科研技术人员的无数次实验，不断改进工艺，解决技术难题，完善各道工序，于 1966 年投入批量生产。用于高通量工程试验堆的带燃料芯体的 6 层同心套管元件结构复杂，质量要求高，技术难度大。为加快研制进度，二机部决定由酒泉原子能联合企业承担芯体材料的熔铸、加工，制出合格的挤压芯体坯料，再由包头核燃料元件厂研究室负责燃料元件的制造、无损检验和组装工作。该产品从 1970 年 8 月开始研制，历经许多困难，做了大量的实验，终于在 1975 年投入生产。这种元件在反应堆中使用，铀-235 平均燃耗曾达到 44.6％，最大燃耗达到 64.8％，大大超过了原设计的平均燃耗 34％的指标。反应堆运行表明，我国自己设计、制造的高浓缩铀多层薄壁套管型元件，结构稳定可靠，具有良好的辐照性能和热工性能。高通量堆元件的研制工作，获得了 1978 年全国科学大会的奖励。其产品于 1984 年获核工业部优质产品称号。

核潜艇动力堆元件的研制，技术复杂，难度大。元件研究室与沈阳金属研究所合作，攻克了研制过程中的各种技术难关，于 1966 年初研制出符合技术标准的考验元件。考验元件的研制成功，使核潜艇动力堆元件的研制工作闯过了重要的技术难关，摸到了较为合理的工艺条件和控制参数。但是考验元件是在小规模的实验室条件下制成的，离较大规模生产还有一定的距离。1967年8月，中央军委发出关于加快核潜艇研制速度的特别公函。二机部决定成立核潜艇动力堆元件生产车间。在整个研制过程中坚持了工人、科技人员、干部以及科研、设计、生产两个“三结合”的方针，成功进行了规模生产。经过陆上模式堆的9年运行考验，证明质量良好，完全达到原设计要求。

为了适应核电厂建设的需要，二机部于1973年决定建设核电厂燃料组件生产线。压水堆核电厂燃料组件是由正方排列的燃料棒组成。燃料棒是把一块块经过烧结、磨光的二氧化铀芯块装在由锆合金制成的包壳管内。在包壳与芯块之间留有微小间隙，间隙内充以氦气。包壳两端用端塞焊死，保持密封。为保持棒与棒之间的距离，沿长度方向每隔一定距离设有定位格架。在截面为正方形的燃料棒束中，有一些燃料棒的位置为控制棒导管所代替。每组燃料棒束中的控制棒在顶部联成一体，构成棒束型控制棒。核电厂燃料元件生产线于1975年在四川宜宾开始建设。1984年研制成功第一批30万千瓦压水堆核电厂考验组件，标志着我国核电元件实现了国产化。自1991年12月起，秦山30万千瓦压水堆核电厂一直安全、稳定运行表明：宜宾核燃料元件厂为其制造的各批燃料组件的质量是一流的，在反应堆里经受住了严峻的考验。大亚湾核电厂是90万千瓦压水堆核电机组，首炉燃料由法国提供。1995年首批换料则是由宜宾核燃料元件厂承担的。1998年12月，该厂从法马通公司引进高燃料组件的制造技术。2001年8月20日成功制造出108组燃料组件，并运抵大亚湾核电厂。之后，又生产出多批高燃料组件，经堆内考验，质量优良达到了世界先进水平。这是我国核电元件制造史上又一重大转折和里程碑。

9.5 乏燃料元件后处理中试厂建成，加快建设我国大型后处理厂

核燃料循环工业是建立和发展核工业的基础。核燃料循环包括核燃料进入反应堆前的制备和在反应堆中的裂变及以后处理的整个过程。进入反应堆前的过程称为核燃料循环的前段，包括铀矿的普查勘探、铀矿石的采冶、铀同位素的分离和核燃料组件的制造。核燃料循环的后段，包括反应堆用过的乏燃料的中间储存、乏燃料的后处理、放射性废物的处理和最终处置等过程。

从反应堆中卸出的辐照过的燃料，称为“乏燃料”。现在全世界有440多座反应堆在运行发电，每年卸出的乏燃料约1万吨。据统计，全世界先后运行的核电厂，到2000年已累积卸出22.5万吨乏燃料，而经过后处理的仅为7.5万吨。按每百万千瓦年卸乏燃料25吨计算，从1991年秦山30万千瓦核电厂投运开始，目前已卸下乏燃料累计近千吨。如果加上重水堆的，肯定会更多。乏燃料中含有许多有用的物质，如未用完的铀-235(它比天然铀中的铀-235富集度高)，新生的钚和裂变产物，还有大量的铀-238(约占95%)和少量次锕系元素(也称超铀元素，如镎-237，镅-241，锔-242)。在裂变产物中，如锶-90、铯-137、锝-99、钷-147，贵金属(钌、铑、钯)等，都是可利用的同位素。

乏燃料组件从反应堆中卸出后，需放到水池中经过适当时间的冷却。冷却以后，首先要切割，把燃料芯体从包壳中取出来，将芯体溶解。然后用有机溶剂萃取，分离掉强放射性的裂变产物，分离出铀和钚，再分别纯化铀和钚。这就是现在普遍采用的Purex流程水法后处理工艺。

为了完善核工业体系，适应我国发展核电的需要，1983 年国家确定了“发展核电必须相应发展后处理”的战略。1986 年中央领导作出了把酒泉原子能联合企业建成我国核电乏燃料后处理基地的指示。1987 年 7 月，国家计委批准在酒泉原子能联合企业建设我国第一座核电燃料元件后处理中间试验厂（简称中试厂）。经过精心周密的设计、验证，该工程于 20 世纪 90 年代全面动工。酒泉原子能联合企业人凭着对事业的执著追求，按照“实现突破，推进完善，确保稳定”的工作思路，细化目标节点，狠抓责任落实，攻克了建设中一个又一个难关，征服了调试过程中一个又一个新的高峰。例如工程 201 子项，共有几十个装有不锈钢覆盖面保护层的大型热室、设备室，这些设备、热室之间还有 3 万多根管道连接或通过，其焊缝有上千万道，周围还要浇注密实的钢筋混凝土墙进行屏蔽。工作条件之艰苦，施工难度之大是常人难以想象的。工程建设者们硬是啃下了这块难啃的硬骨头，用智慧和汗水书写了一曲壮丽的建设者之歌。经过多年的不懈努力，中试厂终于取得了丰硕成果，后处理设施水试全线贯通，酸联动试车圆满成功。这标志着中国首座核电乏燃料元件后处理中间试验厂顺利建成，正在进行热试验。中试厂的建设和运行能够为我国设计、建造大型核燃料后处理厂提供一定的经验和人才、技术的储备。

2020 年以后，随着核电的快速发展，乏燃料将会继续大幅度增加，为满足核电厂长期稳定运行，加快建设大型核燃料后处理厂迫在眉睫。大型核燃料后处理厂的建设是一个巨大的系统工程，涉及的问题相当复杂。根据国外经验，项目建设从筹备到建成投产一般需要 15～20 年的时间。鉴于大型核燃料后处理厂建设周期长、投资大、技术复杂，在 2020 年前后建成大型核燃料后处理厂的任务十分艰巨，也十分紧迫。国家有关部门和中核集团公司极为重视后处理项目建设工作，使大型核燃料后处理项目立项前期工作得以快速推进。

2010 年 12 月 21 日，我国第一座核电乏燃料后处理中间试验工厂——中核四〇四中试工程热调试取得圆满成功，获得了合格 UO_3 产品和 PuO_2 产品，各项指标达到设计要求。标志着我国已掌握了动力堆乏燃料后处理的自主设计、建造和运行技术，并拥有了该项技术的全部知识产权，为实现我国核燃料闭式循环迈出关键一步。中试厂热调试的成功，使我国成为世界上少数几个掌握动力堆乏燃料后处理项技术的国家之一，增强了我国在世界上的话语权，在国内外产生了重要影响。

第十章　积极发展核技术应用产业

10.1　同位素与辐射技术的应用

核技术应用是和平利用核能的重要内容。核技术应用包括同位素与辐射技术。它属于核非动力技术，即与核有关而又不作为动力应用的技术。

自然界中天然存在的元素有 92 种，人工合成了 20 多种，现在已达到 116 种。所谓同位素就是指具有相同质子数、不同中子数的核素。有些同位素会放出射线，故称之为放射性同位素。迄今已发现，元素周期表中的 100 多种元素有 2 800 多种同位素，其中稳定同位素只有 271 种，其他都是放射性同位素。自然界存在的放射性同位素只有 60 多种，其余都是通过反应堆或加速器生产出来的人工放射性同位素。

物质发出射线的现象称为辐射。辐射包括电离辐射和非电离辐射两类。能够引起物质电离的辐射称为电离辐射。电离辐射的种类很多，常见的有电磁辐射（包括 X 射线和 γ 射线），带电粒子射线（包括 β 射线、β^{+} 射线、电子束、α 射线、质子射线、氘核射线、重离子束、介子束等），以及不带电粒子射线（中子）。绝大多数电离辐射是由核反应堆、加速器以及放射性同位素源产生的。

核技术应用的基本手段是对同位素以及电离辐射与物质相互作用所产生的物理、化学和生物效应进行应用研究与开发。核技术应用有三个方面的研究与应用领域。一是获取信息，例如：同位素示踪、中子活化分析、中子照相、过程检测、无损探伤、火灾预警报警、资源探测、人体脏器显像、放射性免疫分析等。二是进行物质改性和材料加工，例如：辐射加工、中子掺杂、静电消除、辐照育种、离子注入、癌症放疗等。三是开展衰变能应用，例如：同位素电池、光源、热源等。

我国核技术应用的研究与应用已有 40 多年的发展历史，经历了 20 世纪 50 年代的开创时期、60 至 70 年代的研究开发时期、80 年代的应用时期与 90 年代的产业化发展时期。核技术应用的主要工具是生产放射性同位素，或者作为辐射源的核反应堆和加速器，以及进行辐照的反应堆和同位素辐射装置。

核技术应用的领域十分广泛。工业领域中，在 γ 辐照装置方面，2006 年统计，我国的设计装源能力 30 万居里以上的辐照装置约有 90 座，其中不少装置设计装源能力超过 100 万居里，最大的单台装置已达到 700 万居里。γ 辐照装置正在向专业化、大型化、标准化方向发展，新建的 γ 装置放射源的能量利用率达到了国际水平。清华大学与中国原子能科学研究院等单位开发的具有国际先进水平的大型集装箱检测系列产品，已在海关推广使用并出口到国外。以密封的放射源为基础的工业同位素仪表，包括厚度仪、密度计、料位计、核子秤、中子水分计、X 荧光分析仪、γ 探伤机等，在可靠性、稳定性和智能化上均有突破，它们都是工业过程控制和自动化检测的重要组成部分。常规同位素仪表的使用量已超过 2.5 万台，其中核子秤年产 2 500 台，占有国内大部分市场。中国同位素公司与英国合资的公司专业生产的火灾报警器所用镅-241 离子源及源片，年产量分别达到 1 500 万（片），占世界同类产品的 60%以上。

核技术另一重要的应用是辐射加工。主要包括辐射化工、医疗用品辐射消毒灭菌、食品辐射保藏和“三废”辐射治理等。辐射化工就是利用电离辐射作用于物质,产生化学变化(化合、分解、交联、聚合、固化、降解等),实现材料改性的新加工方法。我国的辐射化工产品有 20 多类 300 多种,形成了热收缩材料、辐射交联电线、电缆和辐射乳液聚合三大支柱产业。其中,热收缩材料和辐射交联电线电缆两大类产品占辐射化工总产值的 80%以上。医疗用品辐射消毒灭菌具有节约能源、消毒灭菌彻底、操作简便快捷、无化学残留和污染等优点,以往占据主导地位的环氧乙烷法正在逐渐被辐射灭菌取代。食品辐照保藏是利用电离辐射处理食品,以抑制发芽、延长货架期、杀虫灭菌、进行检疫处理等。我国经过辐照处理的食品目前已超过 10 万吨,辐照量位居世界第一。电离辐射法具有把生物难降解的污染物转化成可降解物质的优势,甚至可以变废为宝。目前国内已开展了对废气、废水、固体废物处理等实验,特别是电子束辐射处理法用于燃煤电厂的除尘、脱硫工作有很大的成效。可以预料,辐射加工技术在环境保护领域有广阔的应用前景。

核技术在农业方面的应用主要包括辐射育种、辐射不育防治虫害和同位素示踪等,其中前两个方面技术已实现产业化。目前,我国辐射育成的新品种已有 625 个,约占世界的 25%。

核技术在医学中的应用主要包括核技术诊断与辐照治疗,也称核医学。核技术诊断主要采用外用辐射源(如用 X 射线)和放射性同位素,目前已发展到先进的正电子发射断层显像技术(PET),更多采用的是放射性免疫分析(RIA)为主的体外诊断。辐射治疗是利用射线(如钴-60 源、铯-137 源)的破坏作用治疗肿瘤或利用高能电子作为外用辐射源进行治疗,现在又发展到用中子治疗(如硼中子俘获治疗脑胶质瘤等)和 π 介子治疗。另一种方法是将辐射源置于体内进行治疗。

中核集团公司的科研人员积极开发核技术应用,在药用同位素药物及其制品方面占我国市场 80%以上;钴-60 放射源占 80%;碘-125 与中子源占 100%;钴-60 治疗设备约占 70%等。例如:锝-99m 放射药物是现代核药学临床诊断中广泛应用的放射性同位素产品,可用于多种脏器,多种疾病的诊断,具有灵敏度高,特异性好,诊断无创伤等优点,其使用量占各种体内放射性药物的 80%以上。1969 年以前,我国药用高活度锝-99m 发生器几乎全部依靠进口。锝-99m 需要从裂变钼-99 中提取,而钼-99 要从高浓度铀裂变产物中提取。要从几百种核素中提取一种核素,并且纯度要求高,工艺设备要求可靠,其复杂性、学科跨度和工艺难度可想而知。中国原子能科学研究院同位素研究所的科研人员克服了一个又一个的困难,成功地把钼-99 从几百种核素中提取出来,并从中提取了锝-99m,该项目获得了同位素领域唯一一个国家科技进步一等奖。重要的是,它标志着我国从此可以规模化地自行提供钼-锝发生器的生产原料,而不再依赖进口。现在,同位素研究所高活度锝-99m 发生器及配套药盒的科研成果已转化达到产业化规模,市场普及率达到 90%以上。

核技术应用作为强有力工具已广泛运用于科学研究中,包括基础科学、生命科学以及其他学科,用同位素和电离辐射提供多种分析和研究手段,使人们的视野从宏观进入微观,从而有可能从分子、原子、原子核的水平动态地去观察自然现象。

10.2 打造一流的核仪器设备制造业

核工业技术，从铀矿地质勘探到铀的提取与精制；从科学研究试验到核能应用的各个环节，从军工到民用的各领域，核辐射探测器与核仪器都是必不可少的技术手段。可以说，核工业的发展壮大，与核设备制造、核仪器仪表企业的重要贡献是分不开的。

1956 年 10 月，遵照周恩来总理关于“应在北京建一个射线仪器厂”的指示精神，射线仪器厂在北京市建国门外大北窑开工兴建，核工业装备制造企业从此开始起步。1961 年 10 月，为加速核工业建设步伐，国家计委将该厂划归二机部，定名为北京综合仪器厂，并确定该厂专门研制和生产核工业所需的专用仪器、仪表。当时，核工业刚刚起步，苏联又单方面撕毁协议、撤走专家，加上西方国家极力对我国进行封锁，核工业专用仪器的研制生产面临极大的困难。为了保证第一颗原子弹爆炸试验成功，核仪器厂的广大干部、工人和科研工作者自力更生、奋发努力，不分昼夜地工作在岗位上，集中全力研制生产核试验急需的产品。全厂上下硬是凭着这股干劲，依靠自己的力量，在核仪器的研制方面取得重大进展，为我国进行第一颗原子弹爆炸试验提供了科学研究所需的核辐射探测器件、卤素管、有机计数管、快中子塑料闪烁体、碘化钠闪烁体等，共研制核辐射探测器件约 5 万件，核仪器 3.6 万多台，为打破世界大国的核垄断作出了应有的贡献。1965 年，他们又为我国第一个生产堆研制生产了新的晶体管化的堆控制器，为我国氢弹成功爆炸作出了贡献。从 1969 年到 1978 年的 10 年间，他们先后研制出不同规格的核测量多道幅度分析仪，填补了国内空白，并获得 1978 年全国科学大会奖。在核工业第二次创业时期，在核电建设的科研工作中，他们先后为秦山一期核电厂、巴基斯坦恰希玛核电站、秦山二期核电厂、中国实验快堆、10 MW 高温气冷堆、中国先进研究堆等众多工程项目提供了各种各样的核专用仪器、仪表及附属设备。

几十年来，核工业专用设备制造厂同仪器仪表厂一样，为了核工业的发展贡献了自己的力量。1969 年，二机部在西安郊区建立了制造核工业专用核设备的西安机器设备制造厂。该厂第一年就先后完成 55 个品种的设备研制任务。在以后的 10 年间，又先后为核工业铀矿冶企业、核燃料元件厂、扩散厂以及其他军工、核科研院所研制生产了 368 项，约 7 万件(套)设备，为国防事业、核工业事业作出了应有的贡献。1991 年，出口巴基斯坦恰希玛核电站的重要设备“堆芯中子通量及温度测量系统”的研制生产任务落在宝原系统制造企业的肩上。由中核总直接指挥，中国核仪器设备总公司牵头，五二三厂、二六一厂、上海核工院、上海核电器材公司、秦山核电公司等单位的精兵强将对这套设备国产化方案进行调研、论证、攻关，并在参加单位和人员的共同努力下，历经三年多的时间终于研制成功，按时提供了这套设备，充分显示了核工业制造企业和科研院所研制反应堆专用仪器设备的能力。据统计，在核工业第一次创业时期，宝原系统各企业先后为生产堆、实验研究堆、核电厂、核潜艇等各类近 30 个核工程提供了近 20 万件(套、台)的各种类型的设备、仪器、仪表；在核工业第二次创业时期，先后为秦山一期核电厂、秦山二期核电厂、秦山三期核电厂、巴基斯坦恰希玛核电站、广东岭澳核电厂研制生产过 800 多项，共 9 000 多件(套、台)设备、仪器、仪表，实现销售收入 7 亿多元，并且还为原子能院快堆工程、酒泉原子能联合企业工程、四〇五厂工程及其他军工工程提供各种装备。二六二厂在1985年就成功地研制出国内第一代火灾报警系统产品，填补了我国火灾报警系统的空白。此后，先后推出五代产品，形成了三大系列120多个品种的火灾自动报警器，其中有8种17项荣获省部级以上质量奖，有3项产品荣获国家银质奖，产品广泛应用于国内外著名的大型楼宇建筑。研制开发具有世界领先水平的核电厂核岛用火灾报警及联动控制系统，已成功地应用于秦山二期核电扩建系统。

中国核电的快速发展，导致了国内外制造企业在中国核电设备市场的激烈竞争。要想在这激烈竞争中站住脚，企业就必须具有取胜的硬实力。宝原系统制造企业的“硬实力”就是以在“十一五”期间实施重大技术改造为基础，以已开工或即将开工的巴基斯坦恰希玛二期工程、秦山二期核电厂扩建工程、实验快堆、中国先进研究堆、20 MW试验堆及百万千瓦核电厂所用成套各类仪器仪表的供货为目标，加快重大技术改造进程，向国际上最先进的控制和测量技术靠拢，向数字化、模块化、通用化发展，并引进先进设备和技术，在企业内建立现代企业制度，实现科学管理，培育一支业务过硬、敢打硬仗的职工队伍。只要坚持核工业人百折不挠的核工业精神，就一定会在核电国产化的核设备制造领域中占有一席之地，核工业特有的装备产业基地的梦想就一定能实现。

10.3　核技术应用重点项目

近些年来，核技术应用产业取得长足发展，不断开辟为国民经济服务的新领域。核技术应用重点项目如下。

重水堆钴-60项目：重水堆钴-60项目是中核集团公司“十一五”高新技术产业规划的重点项目，是国家发改委民用非动力核技术、高科技产业化专项。该项目是通过将重水堆核电厂反应堆内的不锈钢调节棒组件替换成钴靶件，在反应堆内通过辐照，生成重水堆钴-60同位素。2010年5月21日，秦山三核1号机组首批国产21根辐照后钴调节棒全部安全卸出反应堆，首批生产的钴-60活度约480万居里，可满足目前国内约60%的市场需求。这一创新成果标志着打破了国外对钴-60放射源的长期垄断，填补了空白，同时将进一步提高中核集团在同位素领域的核心竞争力，为国家工业和医用钴源的供给提供有力保障。

电子辐照加速器：中国原子能科学研究院自主设计研制的10 MeV/15 kW高能大功率电子辐照加速器装置于2007年12月18日建成运行。该装置是我国目前首台能量最高、功率最大的辐照加速器装置，可广泛应用于食品保鲜、医疗用品消毒和海关检疫等领域。

新型爆炸物检测装置：中国原子能科学研究院研制的安全检查系统设备，在北京奥运会上发挥了重要作用。“爆炸物检测系统”、“放射性物质检查系统”和“高灵敏快速识别反恐核侦察车”等420余套设备被安放在北京奥运会各大比赛场馆，保证了奥运会的顺利进行。获得了第29届奥运会科学技术委员会、国家国防科技工业局、北京市环境保护局等单位的表彰，被称为护航奥运的“核警察”。

实物保护系统：秦山第三核电有限公司实物保护系统始建于2001年，经过2年安装调试，于2003年投入运行，总造价2600余万元。2006年，秦山第三核电有限公司对实物保护系统进行了改造，升级后的秦山第三核电有限公司实物保护系统通过了国家核安全局验收，成为核电厂实物保护系统的样板工程。目前，西安核仪器厂正在加紧实施秦山第三核电有限公司 RCW 新建厂房和乏燃料储存实物保护系统工程项目，正在进行系统的安装调试工作。

HFM-II 型手脚 α、β 污染监测仪：主要用于核电厂或相关核设施厂房及核工业生产车间放射性控制通道上，对来自控制区内的工作人员（着装与否）的手部和脚部进行检测以及时发现污染和防止污染转移，它也可用于其他放射性同位素应用部门，是核辐射防护领域的重要设备，是核电厂安全手段之一。该监测仪主要特点是探测灵敏面积大，总和约为 2 100 cm^2；有大屏幕汉化显示系统，使测量结果显示直观，操作简便；全部微机化管理，实现了全部自动化；稳定性好，抗干扰能力强。

MEG100 多功能环境 γ 监测仪：该仪器是一种能够在核设施周围实现无人值守有线遥测遥控，多机连网，由中心计算机集中监控的环境 γ 辐射自动监测仪。该仪器既能够进行本底剂量率的测量，也能进行高剂量率的测量，量程可跨 8 个数量级，由 0.05 uSv/h 至 1 Sv/h。该监测仪能够在不同地点之间实现远距离、多方位的监测，由中心控制室实现集中监控，各子站无人值守，各子站数据能够自动传送至中心控制室，该系统采用有线遥测遥控，在中心站微机上通过键盘命令可操纵每一子机执行面板键盘上的所有功能，必要时中心站可命令任何子站实时处理数据，在主机监视器上显示出来。通讯系统可发出超阀报警，存贮器工作状况等报警信号。中心控制室系统软件可对测量数据进行分析处理，可给出每一子站日、周、月、季、年各测量值变化曲线，以及其他一些统计报表。各子站还具有风速、风向、气温、气压等气象参数的测量，可用于分析放射性烟雾的扩散方向。

DDA-2 型六路低水平 α 测量仪：该仪器用于弱放射性 α 样品的测量。有 6 个向半导体的抽屉，可同时测量 6 个样品。该仪器采用 CMOS 集成电路，液晶显示，石英晶振定时，电池供电，抗干扰屏蔽，毫瓦级功率电子学电路。因而本底低，功耗低，可长时间连续工作。适用于：辐射防护、核医学、放射生物学、防疫站（例如尿中钚，铀等元素含量的分析）、环境调查、食品检验、地质和探矿等部门进行 α 放射样品测量。

同位素制品：中国原子能科学研究院是“国家同位素工程技术研究中心”所在地，拥有目前我国规模最大、产品覆盖面最广的放射性同位素综合性研究生产基地，可批量生产六大类 70 余种核素、300 多个品种的产品。

第十一章 核科研开发取得重大成就

11.1 自主建造脉冲反应堆

脉冲反应堆的全称是铀氢锆燃料-慢化剂元件小型池式研究堆。1957 年,美国的 GA 公司研制成功了世界上第一座脉冲堆。1964 年,他们又建成了 8 种型号的脉冲堆装置,在世界上 20 多个国家和地区销售了 60 多座。由此可见脉冲堆应用之广泛,需要使用脉冲堆的国家和地区之多。同时,也说明研制脉冲堆的难度之大,因为半个世纪过去了,脉冲堆技术除中国核动力研究设计院掌握外,仍为美国一家所垄断。

中国对脉冲堆的研究始于 1975 年,中国核动力研究设计院二所的几位科技人员从报刊上获得脉冲堆的信息后,在所、室领导的支持下,在一间简陋的房间里,一面搜集信息资料,一面研究设计。1979 年 4 月,他们提出了概念设计方案,得到了二机部的批准。1980 年,在院领导的统一安排下,二所将脉冲堆的任务转交给从二所分出去的设计所。当时研制脉冲堆主要有三大技术难关需要突破:1)独特的理论设计模型及专用技术程序;2)独特的铀氢锆燃料-慢化剂元件的设计及制造工艺;3)脉冲装置的研制发射及脉冲参数测量技术。围绕这三大技术难关,院领导集中了本院的精兵强将,大力协同,相互配合,坚持理论联系实际、自主创新,坚持勤俭办科研的方针,尽量利用原有的厂房设备,合理安排有限的资金,发挥中国研究设计院的优势,逐一攻克难关。经过 10 年的艰辛努力,开展技术攻关 60 项,主要科学试验 55 项,自行研制非标准仪器设备 105 项。

1991 年 1 月 22 日,这座具有安全性、经济性、用途广泛的脉冲堆首次达到临界。就在那蓝光闪烁的一刻,在场的所有人员激动得欢呼雀跃、相互拥抱。从此,中国成为继美国之后,第二个能自主设计、建造脉冲反应堆的国家,打破了美国对这一领域长达 30 多年的垄断。

就在人们欣喜之余,出现了一段关于脉冲反应堆的小插曲。1992 年 4 月国家核安全局要对脉冲反应堆进行颁发运行许可证前的核安全检查。在安全自检中,他们发现因材质原因控制棒导向管出现裂纹。要解决这个问题,按常规至少要一个月,但核安全局的检查一个星期之后就要进行。是只检修出问题控制棒导向管应付检查,还是 4 根棒同时拆开,全部检修,彻底消除隐患?大家意见不一。前者有按时取证的把握;后者无论是从技术上还是保证工程质量上,又都非常必要,但要保证按时取证,风险很大。现场领导经慎重研究之后,毅然决定 4 根套管全部更换!此言一出,有人惊讶,有人担心。随即院里成立起一支能打硬仗的队伍,一面组织人绘图,一面组织人备料。同时,请设备厂和机修车间做好加工准备。经过 4 个不眠昼夜的紧张忙碌,当第五个黎明到来的时候,检修更换工作提前圆满完成。那一双双布满血丝的眼睛看到了国家核安全局检查专家满意的笑容。仅用了 4 个昼夜就完成了正常情况下 1 个月的工作,这就是我们新一代的核工业人,更值得我们学习的是他们那一丝不苟、严谨踏实的工作作风和精神风貌。

通过研制脉冲反应堆，摸清了该堆型的物理热工特性，校核理论数据，验证了设计；考验了燃料元件、关键设备和仪器仪表；研究了该堆型运行实验技术，对于进而开展核物理、中子物理、固体物理、放射化学等科学研究，进行中子活化分析，开展中子照相与辐射实验，培养教学人员与运行操作人员，进行相关科研都具有相当重要的意义。至今，这座1兆瓦的脉冲堆已安全运行了十余年。1995年至1998年，他们还为某单位研制了一座功能更加齐全的2兆瓦脉冲反应堆，并且运行良好，实现了脉冲反应堆商用化的目的，使我国的脉冲堆登上了一个新的台阶。脉冲堆以其独特的设计获得了国家专利，还荣获了核工业部科技进步一等奖和国家科学进步二等奖。

11.2 建成北京串列加速器核物理国家实验室

依托于中国原子能科学研究院核物理研究所的北京串列加速器核物理国家实验室，是根据我国核科学事业发展的需要而逐步发展起来的，对我国核科学技术和核工业的建立与发展起了前导性和基础性的作用。20世纪80年代初，该实验室从美国引进了具有世界先进水平的HI-13串列加速器（见图11-1），经过国家验收后于1987年投入了正常运行。

图11-1 HI-13串列加速器

十多年来，实验室按照开放的模式为全国34个研究机构200多个课题提供了30多种离子束，到2003年底累计供束时间达5万多小时，取得了一批优秀科研成果，其中获国家级奖8项，吴有训物理奖5项，部级科技进步一等奖11项，二、三等奖41项。实验室还为我国核科技事业培养了大批优秀人才，培养博士、硕士133名，现有在读研究生113人。与来自英、美、韩、日、俄、德、意等国的学者进行了多项合作研究。为保证设备的先进性，满足科研工作对串列加速器各项性能越来越高的要求，工程技术人员在消化吸收国外先进技术设备的基础上，以HI-13串列加速器为对象，开展了大型重离子串列加速器技术创新与重大设备国产化研究工作。完成了HI-13串列加速器大型关键设备输电梯的研制和高压电阻分压系统的研制，使之不但完全替代了进口设备，而且使用寿命大大延长，整体性能明显优于进口产品，处于世界同类设备的先进水平。创立了多项新技术、新工艺，有效地提高了串列加速器的多种性能，扩大了研究领域。研制并建成了我国第一条加速器高灵敏质谱束流线，第一条放射性次级束流线，第一条原子分子光谱束流线，第一条四极透镜二次散焦法材料辐照用束流线，填补了国内多项空白。2002年，实验室又完成了加速管更新改造工程，这一技改工作的完成不但将串列加速器头部电压从原来的13 MV提高到了15 MV，还为串列加速器的长期稳定运行打下了坚实基础。

核数据测量是核装置设计、核测试、核安全、核能开发和核技术应用不可缺少的极为重要的工作。实验室面对各方面大量、系统、精确的核数据测量要求，以需求为牵引，遵循“小规模、高水平、有特点”的方针，开展了多项研究课题，如裂变产物的产额研究、快中子活化截面激发曲线测量、快中子能谱研究、核衰变数据测量、γ产生截面测量、轻核聚变反应的高能、γ截面测量和高离化态原子光谱研究等，取得了一批可喜的成果，有些澄清了国际核数据的分歧，有些填补了部分核区和能区的空白，有些提高了精度，有些在研究分析核装置的核性能检验设计中起了重大作用。为了攻克技术难关，他们在核数据测量中提出了一些独创性的实验方案，“非常规中子飞行时间谱仪”就是其中一个典型的例子。该项目在国际上是首创，受到国内外同行专家的高度赞誉。

“十五”期间科研项目获得了一些重要成果，包括10 mA连续束负氢离子源、异形高频谐振腔与数字化控制、变气隙强聚焦回旋加速器磁铁等。2003年7月，国防科工委批准了串列加速器升级工程的立项，该工程是为了使我国核物理研究满足国家需求并跻身于国际先进行列而提出的科学工程项目。目前，串列加速器升级工程中的100 MeV强流质子回旋加速器及束流输运线（CYCIAE-100工程）的设计、建造、安装和调试工作正在稳步推进。预计2012年完成CYCIAE-100工程。这一装置的建成，将为串列加速器核物理国家实验室今后在核数据测量、核物理基础研究和核技术应用及交叉学科研究等方面，取得具有国际先进水平的成果发挥关键性作用，也将在国民经济、科技创新和人才培养等方面发挥巨大作用。

11.3　中国自主设计的先进研究堆

由中国原子能科学研究院自主研发、设计和建造的具有世界先进水平的中国先进研究堆（见图11-2）于2010年5月13日16点58分实现首次临界。

图11-2　中国先进研究堆

四十多年来，中国原子能科学研究院都是以重水研究堆和游泳池堆为基础，为我国原子能科学技术起步与发展、两弹研制、核潜艇下水及核电厂建设作出了不可磨灭的历史贡献，并以这两座堆为依托，建成了我国唯一的中子散射实验室、我国第一个中子活化分析实验室、国家同位素工程技术研究发展中心和全国最大的放射性同位素生产基地。

但是，随着这两座堆龄的不断增长，设备老化带来的风险不断增加。1989年5月11日，邹家华副总理视察中国原子能科学研究院，了解到“两堆”的现状后指出“早一点向国务院提出，早写报告，不要等堆停了才写报告就来不及了。”建造一座新研究堆来取代两座老堆已是一项刻不容缓的重要任务。从1990年起，中国原子能科学研究院开始着手新建研究堆的堆址、地质勘探、堆型方案、性能指标、反应堆参数、燃料元件特性等进行全面系统的可行性设计研究。并于1996年底完成了该堆的《可行性研究报告》。1998年初正式成立中国先进研究堆设计部。

中国先进研究堆设计额定功率为60 MW，重水反射层最高未扰热中子注量率达8×10^{14} n/cm^2·s，在同类中子束流研究堆中其主要技术指标位居世界前列，亚洲第一。它的建成将为我国核科学研究及核技术开发应用提供一个重要的科学实验平台，是我国核科学技术研究能力的重要标志。2000年4月完成该堆初步设计，2000年底堆的《初步安全分析报告》和《环境影响报告》编写完成，并于2002年完成相应的评审。2002年8月26日，中国先进研究堆工程浇灌第一罐混凝土，标志该堆工程的正式开工。

中国先进研究堆是面向21世纪科学技术发展需要而研发的一座高性能、多用途、安全可靠的核反应堆装置，并配套相关实验终端。建成后可开展核物理与核化学等基础科学研究，开展中子散射实验、反应堆材料及核燃料考验、中子活化分析等，同时可应用于放射性同位素生产及单晶硅中子掺杂等。

中国先进研究堆完全是由我国自主研发、设计和建造，具有自主知识产权并形成了多项自主创新技术成果。从堆型选择到反应堆设计、调试以及建设组织，全部由中国原子能科学研究院承担。反应堆主要设备的研制，也是由中国原子能科学研究院组织国内相关厂家共同技术攻关完成，设备国产化率达到90%，其中燃料元件、堆本体及堆芯容器、控制棒驱动机构、全数字化的控制及保护系统、反应堆密封操作大厅、装卸料机等技术在国内均为首次研制应用。通过项目的实施，不仅提升了我国核反应堆的研发设计水平，也促进了企业设备国产化、建造自主化能力的进步。

11.4 国产气体超声流量计突破工业化试用大关

2010年4月28日下午，当国产气体超声流量计工业化试用评审专家组宣布"国产气体超声流量计性能稳定，运行安全可靠，测试数据满足现场要求，达到了工业化试用要求，能够在高压天然气管网中使用"时，会场上响起了热烈的掌声。上海中核浦原维思仪表公司对该流量计的研制成功，不仅填补了我国高压气体超声流量计的空白，同时为打破这一领域的国外垄断，降低国家大型管道建设项目总成本，形成国产化能力作出了突出贡献。

气体超声流量计是用来测量气体流量的计量器具，具有精度高、量程比大，可测双向流、无内阻的优点，是国际上计量仪器的高端产品，代表着气体流量技术的最前端水平。以往我国没有自主研发的产品，2006年以前全部依赖进口，因而价格昂贵。上海中核浦原总公司通过与上海同济大学的合作，自主创新，组建专业化的维思仪表公司，进行国产气体超声流量计的研制。通过锲而不舍地攻坚克难，历经了实验、试制、批量生产、工业试用等多个阶段，前后历时8年，于2005年成功研制出我国第一台具有自主知识产权和具备工业化生产能力的气体超声流量计，并取得了计量器具生产许可证。几年来，产品逐步走向市场，在天然气运输管线、城市燃气管网等领域得到推广和应用。2009年10月，中核浦原维思仪表公司的高压四声道气体超声流量计在通过中石油南京计量测试中心高压实流标定后，在西气东输一线南京分输站进行了为期三个月的产品带压试验，2010年1月开始，该产品进入与进口产品为期三个月的误差和可靠性对比阶段。比对结果，维思产品性能达到了国外同类产品的水平。

中核浦原维思仪表公司坚持不懈进行气体超声流量计的研发，为支持民族产业自主创新，形成高技术产品。专家建议，在国内天然气管网建设项目中推广使用，以加速气体超声流量计国产化进程。

中石油西气东输管道公司负责人说："国产气体超声流量计各项指标基本满足了西气东输管道高压力、大流量天然气贸易计量的要求，在准确度、稳定性、重复性及适应性等方面已经逐步赶上国外产品的水平，作为天然气贸易中的关键设备，它必将降低广大用户的使用成本，推动国内天然气行业的发展。”

浦原公司负责人说：“自主创新是企业发展的根本之路，该产品是浦原公司转变发展方式、调整产业结构的实践，是对接国家战略，推进高新技术产业化的核心项目，也是做大做强仪表主业的重要组成部分，我们的目标是在过程控制仪表领域掌握一批关键技术，拥有一批自主知识产权，为振兴民族制造业，为中核集团腾飞作出应有贡献。”

第十二章　核能利用战略的新布局

12.1　建造快堆实现核领域高技术发展的目标

中核集团2010年7月21日宣布，我国自主研发的中国第一座快中子反应堆实现首次临界。这是中国核电领域的重大自主创新成果，意味着中国第四代先进核能系统技术实现了重大突破。由此，中国成为世界上少数几个掌握快堆技术的国家之一。图12-1所示为中国实验快堆。

图12-1　中国实验快堆

现在，世界上所运行的反应堆大多数是压水堆。压水堆是热中子堆（或称慢中子堆）。压水堆利用的只是铀-235。在纯天然铀中，铀-235仅占0.71%，而99.27%是难裂变的铀-238。快堆是一种以快中子引起易裂变核铀-235或钚-239等裂变链式反应的堆型。快堆的一个重要特点是：运行时一方面消耗裂变材料铀-235或钚-239，同时铀-238可以在快中子堆中通过吸收中子，核反应后转变成易裂变的钚-239，而且快中子堆所生成的易裂变的钚-239比消耗的易裂变材料铀-235还多。也就是说，在快堆中，裂变燃料越烧越多，得到了增殖，故快堆的全名为快中子增殖反应堆。

如果把快堆发展起来，将压水堆运行中产生的钚-239或未烧尽的铀-238作为快堆的燃料也进行如上的多次循环，由于它是增殖堆，裂变燃料实际不消耗，真正消耗的是铀-238，所以只有铀-238消耗完了，才不能继续循环。快中子堆能将铀资源的利用率提高到60%至70%。此外，快堆还可消耗压水堆所产生长寿命锕系元素，减轻地质处置核废料的负担。所以，快堆与压水堆匹配发展，并将封闭的核燃料循环发展起来，核能便可大规模持续发展。

早在1951年，美国就建造了实验快中子堆。后来，在苏联、法国、德国、日本、印度等许多国家，先后建成了21座实验快堆或原型快堆，累计运行已超过300堆·年。

快堆在我国的发展几经曲折，开创快堆事业的人们，更是饱尝了其间的酸、甜、苦、辣。1964年，为了跟踪国际前沿，原子能院（1984年改为中国原子能科学研究院，简称原子能院）建议要研究快堆。这个建议得到二机部领导的重视，部领导先后三次找到周总理，周总理亲自批准将50公斤浓缩铀用于快中子零功率装置建设。当时的研究重点放在快堆中子学、钠热工水力、钠工艺、材料、钠与材料的相容性、小型钠设备和仪表上面。快中子零功率装置于1970年6月29日首次达到临界。1971年底，快中子零功率装置及研究人员搬迁到三线，并因陋就简地在一个废弃工号重建了快中子零功率装置。但是受到“文化大革命”的影响，快堆的研究并没有得到应有的重视，工作一度陷入迟缓状态。其间先后派了一些人员到国外的快堆上去学习，同时也开展了钠技术的科研工作。由于快堆工作未能正式立项，原从事快堆研究的人员变动很大，有的甚至调走。1984年，二机部为了统一核能发展思想，由部科技委召开论证会，最后认为，从目前看，快堆已处于工业可行性阶段，应尽快将它推进到商业可行性阶段，确保我国核能的可持续发展。

1986 年，实验快堆项目被纳入“863”高技术研究发展计划，开始了以 6.5 万千瓦热功率实验快堆为工程目标的应用基础研究。研究重点是快堆设计研究、燃料和材料、钠工艺、快堆安全等。原子能院首先从科研做起，与 7 个科研院所和高校合作，建成了 20 多套钠回路和实验装置，取得了近百项科技成果，为中国实验快堆的设计奠定了基础。遵照“以我为主，引进国外先进技术”的原则，与俄罗斯进行了联合快堆技术设计，接着进行了自主的初步设计和施工设计。国务院也先后于 1992 年和 1995 年两次作出建造快堆的决定，但由于资金缺口等问题，直到 1998 年 10 月 22 日快堆主厂房才在中国原子能科学研究院举行开挖奠基典礼。到 2002 年 8 月 15 日，主厂房顺利实现封顶。这对于缺乏大型科研工程项目施工经验的原子能院来说，也是创造了一个奇迹。

快堆从列入国家“863”计划到实现首次临界，时间跨度 20 多年，体现出快堆作为一项科研工程的难度，也折射出我国快堆的发展走过了一段艰难的历程。

在国家“863”计划支持下，原子能院完成了我国快堆发展战略和技术路线的研究，并提出我国快堆技术分三步发展的建议：

第一步，中国实验快堆，热功率 6.5 万千瓦，电功率 2 万千瓦，首炉燃料使用 UO_2，然后逐步使用 MOX 燃料，采用堆本体池式结构和钠-钠-水三回路传热系统。

第二步，中国示范快堆，电功率约 80 万千瓦，计划 2015 年建造，2020 年运行，现在正处规划建议阶段。

第三步，中国商用验证快堆，电功率 100 万至 150 万千瓦，计划 2020 年建造，2025 年运行，在此基础上批量推广大型高增殖快堆。

我国快堆技术的发展从开始基础研究到工程发展的第一步，中国实验快堆已经历了 40 余年，确定了实验快堆、示范快堆、商用快堆三步走的主要技术选择。中国实验快堆已具备原型快堆的特征，为后续快堆打下自主设计、建造的基础，制定的我国快堆发展目标，包括可持续性、经济性、安全性、可靠性、环境要求及防核扩散等目标与国际上第四代先进核能系统是一致的。发展快堆和闭式燃料循环与快速发展的压水堆匹配起来，一定能实现我国核的安全、经济、环境无忧和大规模的持续发展。

12.2 受控核聚变征途上的里程碑

能源是社会经济发展的基础。根据目前已经探明的储量，石油还可供开采 50 年左右，天然气可供开采 70 年左右，煤炭可供开采约 200 年左右，天然铀(若不考虑闭合循环)仅能提供 60 年左右的需求。同时，大量使用化石燃料，特别是煤炭，不但在经济上不合理，而且会造成环境污染。风力、太阳能、水力、地热能源资源目前也不能满足经济发展的需要。所以，从长远来看，要解决社会对能源的急切需求与能源资源的短缺和生态环境日益恶化的矛盾，加快核聚变能的开发已经势在必行。

如果说，热中子堆是核能发展的第一步，快中子堆是第二步的话，那么核聚变堆就是第三步。核聚变是两个轻原子核聚合形成一个较重的原子核。例如氘和氚聚合变成氦。这种反应在太阳上已经持续了 150 亿年。氘、氚聚变所释放的能量是同等质量铀-235 裂变所释放的能量的 4 倍。而且聚变反应不会产生强放射性物质。氘广泛存在于自然界的水中，每升海水中含 0.03 克氘，而每升海水所含的氘若完全用于核聚变反应，可以产生相当于 300 升汽油的能量。因此，海洋中的氘可供人类用百亿年以上。氚也可用锂来生产。自然界中锂也很丰富。所以聚变能发电是最理想的能源。

氢弹是不可控的核聚变反应，而受控核聚变反应难度很大。例如氘、氚原子核都带正电，要使它们聚合必须克服很强的库仑斥力，这至少要把核聚变材料加热到 1 亿摄氏度以上，使它们成为等离子态，并且还要约束这些等离子体达到每立方厘米 100 万亿个以上，并保持 1 秒钟以上时间，才能使反应粒子充分碰撞而引起聚变反应。

世界各发达国家纷纷把开发核聚变能源作为一项重大科学工程。从 20 世纪 50 年代起，美、英、苏三国投入相当大的力量，开展这项研究。随后，法国、西德、日本等也都加入核聚变研究行列。各国在研究中遇到难以想象的困难后，逐渐认识到这项研究不可能仅靠某个国家自己的力量来完成。于是封锁解除，各国开始了聚变研究的交流，形成既竞争又合作的局面。到 1991 年，由 14 个欧洲国家共同建造的托卡马克（“托卡马克”是利用巨大环形超导磁场，对等离子体进行加热、约束，创造可以控制的产生聚变的物理条件）装置——欧洲联合环，首次成功地实现了受控核聚变反应，反应温度达到了 3 亿摄氏度，聚变时间达 2 秒，释放能量达 1.7 兆瓦。

我国也在积极进行核聚变研究。于 1965 年成立的核工业西南物理研究院（简称西物院）就是一个核聚变研究单位。20 世纪 60 年代，西物院根据国际聚变研究的发展趋势，确定了设计研制我国自己的托卡马克聚变研究装置——中国环流器一号的目标。当时能参考的资料非常少，只有几张草图和一张苏联 T-3 托卡马克的图片。科技人员卷起铺盖，住进研究室，夜以继日地钻研，终于在 1974 年完成了中国环流器一号的设计。中国环流器一号的工程规模巨大，仅各种设备、仪器就有近 9 000 台，其中许多是“非标”设备。在全国十几个省（市）的近百个工厂、研究院所和大专院校的支持下，我国第一台托卡马克受控实验装置——中国环流器一号于 1984 年建成。这在当时是除了美国、苏联、日本和西欧一些国家以外，唯一研制成功中型托卡马克装置的国家。此后，在中国环流器一号上开展了一系列卓有成效的物理实验，捧回了 110 多项国家级和省部级科技进步奖，为我国核聚变研究作出了贡献。

1994 年，西物院又改建成功中国环流器新一号装置。在该装置的物理实验中，取得了等离子体电流 320 千安、等离子体放电持续时间 4 秒的实验参数，达到了国际同类同规模装置的先进水平。而且，运用的计算机控制电流反馈技术、等离子体位移反馈技术、装置器壁锂化和硅化处理技术等，也达到了国际先进水平。为我国核聚变研究向纵深发展、建造更先进的实验装置奠定了可靠的技术基础。

为了缩小我国核聚变研究与国际先进水平之间的差距，需要有更大规模的堆芯模拟装置。因此，早在“七五”期间，西物院就提出在 21 世纪初建成中国环流器二号的初步方案。该工程分为两期进行，第一期定名为中国环流器二号 A 装置（见图 12-2）。中国环流器二号 A 装置是我国第一个带有偏滤器的大型托卡马克装置，是在引进德国 ASDX 装置主机部件的基础上配套建成的。该装

图 12-2　中国环流器二号 A 装置

置有上万个零部件，高达十米，总重量有450多吨，有的部件净重就达20吨。为了能把该设备从德国完整安全地拆回，西物院组织了一支由技术骨干组成的小分队。在小分队到达德国拆卸ASDX装置主机部件工场时，看见一副担架赫然停在门口，德方人员指着担架解释说，这是专门为你们准备的，以防万一有人在工作中受伤时用，并告诉了急救中心电话。另外，他们还说，从今天开始，拆卸装置过程中的一切风险都将由你们自己承担了。虽然德国人的直率让中国人感到有些突兀，但也给大家敲响了安全工作的警钟。在长达半年的拆卸工作期间，没有发生过任何设备和人身安全事故。

2002年底，中国环流器二号A装置在西物院拔地而起，我国的核聚变研究征途上又树起了一座新的里程碑。2003年，西物院在中国环流器二号A装置的物理实验中首次实现了偏滤器位形放电。2006年2月，中国环流器二号A装置产生的等离子体电流达到400千安，等离子体存在时间达到2 960毫秒，实现了在等离子体电流350千安条件下连续12次左右的重复稳定放电。它表明我国已具备了近堆条件下的聚变堆经济性和工程性等前沿课题研究能力，进一步缩短了我国在该领域与国际先进水平的差距。2009年，在中国环流器二号A装置上首次实现了偏滤器位形下高约束模式运行。这是我国磁约束聚变实验研究史上具有里程碑意义的重大进展，标志着我国磁约束聚变能源开发研究综合实力与水平得到了极大的提高。这一重大成果引起了国际聚变界的巨大反响，国际上多位著名聚变专家纷纷就此向核西物院表示祝贺。

我国政府已明确“热堆—快中子堆—聚变堆”核能发展三步走的战略，中核集团公司对聚变发展也作出近期目标、中期目标和远期目标三个阶段的规划。

2005年6月28日，参与国际热核聚变实验堆（ITER）实验项目的欧盟、俄罗斯、美国、日本、中国、韩国、印度在俄罗斯莫斯科最终签订协议，决定在法国南部建造实验反应堆。作为聚变能实验堆，ITER要把上亿摄氏度、由氘氚组成的高温等离子体约束在体积达837立方米的“磁笼”中，产生50万千瓦的聚变功率，持续时间为500秒。这个50万千瓦的热功率，相当于一个小型热电站的水平，将是人类第一次在地球上获得持续、有大量核聚变反应的高温等离子体，产生接近电站规模的受控聚变能。ITER的建设、运行和实验研究是人类发展聚变能的必要一步，有可能直接决定真正聚变示范电站的设计和建设，并从而促进商用聚变电站的更快实现。ITER计划是目前世界上仅次于国际空间站的又一个国际大科学工程计划，它将集成当今国际上受控磁约束核聚变的主要科学和技术成果，首次建造可实现大规模聚变反应的聚变实验堆，这也是中国第一次以完全平等身份参与的大型国际科技攻关项目。作为参与方之一的中国，将承担超导材料、电源、包层、遥感技术和加料系统五大领域的工程任务。2006年5月24日，参加这一项目的7方代表在欧盟总部布鲁塞尔草签了一系列相关合作协议，标志着这项计划开始启动。欧盟承担50%的费用，其余6方分别承担10%，超出的10%用于支付建设过程中由于物价等因素造成的超支。11月21日在反应堆堆址所在国——法国总统府正式签署了联合实验协定及相关文件。

国际热核聚变实验堆（ITER）组织第六届理事会于2010年6月16日在中国苏州举行，第六届理事会审核了ITER计划基准。该基准作为纲领性文件体系，囊括了ITER计划总进度、总费用、技术规格书和项目管理在内的几千个文件，成为今后ITER计划执行的基础。与此同时，ITER装置主厂房将按计划于2010年7月在法国正式开工建造，整个试验基地预计至2019年基本建成。

12.3 研发中国百万千瓦级核电机组 CP1000

对中国核电人来说,2010 年的 4 月 20 日是一个值得纪念的日子。由中国核动力研究设计院负责研发的,以 CP1000 命名的百万千瓦级核电机组设计方案通过专家评审。在这一天举行的国产二代改进型核电机组重大改进项目评审会上,来自国内的 42 名相关领域的顶级专家一致给出“安全性、成熟性、经济性和一定先进性”的评审结果。据评审组专家介绍,与目前国内正在建设的二代改进型机组相比,CP1000 机型具备更好的安全性和经济性,它的设计研发成功,为世界核电机组增加了新品种。

这套具有自主知识产权的 CP1000 机型实施了包括堆芯修改、单堆布置、双层安全壳三项重大改进,借鉴了三代核电技术的部分设计思想。在 CP1000 机型中,堆芯的改进尤为引人注目,它把原来堆芯中的燃料组件布置方式,由 157 组增至为 177 组。由于燃料棒的数量增加,相应每个燃料棒上发出的热量就会减少,这也意味着安全系数的提高。虽说 20 并不是一个大数目,但为了将这 20 组燃料棒放入原来的堆芯中,科研人员花费了几年的时间。在堆芯周围的四个年象限中分别加入的 5 组燃料组件不能是简单的放入,而是要考虑各组燃料组件之间的关系,如产生的热量传递、燃料浓度等问题。增加的 20 组燃料棒大大提升了电站的经济效益,它体现在两个方面:一是把国内二代核电厂普遍采用的 12 个月的换料周期改变为 18 个月,大大提升了电站的经济效益;二是功率的提升,CP1000 机组的发电功率在百万千瓦的基础上又提升了 5%~6%,电站的设计寿命从 40 年提高到 60 年,这也将大大提升电站的经济效益。

CP1000 的研发工作始于 1997 年。当时大亚湾和岭澳的核电机组都是从国外引进的,但通过成功自主建设秦山 30 万、60 万核电机组,已证明了我们自己也拥有较强的研发实力,于是科研人员们就想,我们也应该有自己的百万千瓦级机组。1999 年,中核集团公司召开专家会,经过专家们的研讨,最终选定了核工业第二研究设计院和中国核动力研究设计院联合推出的 CP1000 的研发方案。一直到 2008 年,期间项目几起几落,许多工作开展的非常艰难。虽然遭遇了一次又一次的停顿和挫折,但科研人员的斗志始终如初。历经 10 年,大家依靠对家国无限热爱的情怀,在停顿时磨砺,在奋斗中昂扬,隐忍坚韧,最终圆满完成了任务。

在评审会上,叶奇蓁院士指出:“作为国产化二代改进型核电机组,CP1000 是安全、可靠、成熟的核电厂。”据悉,已有一些国外的客户在重点考察这个项目了。CP1000 所凝聚的不仅是核动力院的期待,更多的是中核集团公司甚至是国家的期待。相信在不远的将来,躺在图纸上的 CP1000 核电厂一定会“站”起来。

12.4 3 000 吨铀/年铀转化工程满足核电发展需求

第一罐六氟化铀合格产品成功下线,标志着完全拥有我国自主产权的 3 000 吨铀/年铀转化生产线建设获得圆满成功。经过对铀转化生产线工艺控制技术更进一步的摸索,确保了生产线安全稳定运行,产能超过设计能力,各项技术指标均达到甚至优于设计值,实现技术与能力的双跨越。该生产线的建成投产,集中体现了我国铀转化技术先进、生产效率高、规模经济性好等优势，标志着我国铀转化技术水平的显著提高，为下一步建设大规模铀转化生产厂技术路线的选择明确了方向，争取了宝贵的自主研发时间，为我国铀转化产业顺利进入并拓展国际核燃料市场，综合利用国内外资源奠定了良好的基础。

2005 年 9 月中旬，3 000 吨铀/年铀转化项目建设工程浇灌了第一罐混凝土，为保证施工进度，施工现场搭起了棚子，烧起了炉子，并采取一切防冻措施，连续抢工，实现了当年基础施工的节点目标。2006 年底，连续低温，工人冒着零下二三十摄氏度的严寒，在保证施工质量的前提下，加班加点抢工期，仅用两年时间完成了所有子项的建筑安装施工任务。2007 年 10 月 21 日，中核四〇四有限公司第一分公司承担的铀转化工程拉开了调试的帷幕，一场没有硝烟的战斗打响了。

调试工作时间要求异常紧迫，40 天内要完成全部设备的单调、冷调及联动调试任务，实现打通流程，具备热试车的目标。为了确保一次成功，分公司领导坚持安全调试、科学管理的理念，采取穿插、交替进行的运作模式，制定了详细周密的网络调试计划和每周工作节点目标；对重大技术问题专门安排召开专题会议进行讨论；每周召开工作例会，布置、协调各项工作；公司领导坚持现场办公，第一时间掌握最新的工艺调试参数，第一时间把握进度，第一时间解决问题。

调试中，分公司领导亲临现场指挥工作，他们常常放弃休息日，有时白天黑夜连轴转。在他们的带动和感染下，调试技术人员更是将床铺都搬进了调试现场附近的综合控制室，连续 20 多天不回家。2007 年 12 月，全体调试人员克服时间紧、任务重、人员缺、天气严寒等重重困难，提前完成调试任务。2008 年 5 月，生产线进行装投料热试车。5 月 28 日，第一罐合格产品满载着全体调试人员的心血和汗水成功下线，那一刻在场的人员无不欢呼雀跃，热血沸腾。

2009 年新年伊始，针对有转化生产实际，分公司领导坚持用科学发展观统领全局，将维护生产线安全稳定高效运行作为首要工作任务。在总结摸索生产经验的基础上，制定了新的生产管理模式，一系列行之有效的管理使得生产线提前进入连续稳定运行。为了进一步完善 3 000 吨铀/年铀转化生产线工艺系统，优化工艺参数，提高生产能力，科研人员针对生产实际，多方面进行了研究和技术攻关。例如，流化床尾气酸度大小直接反映着流化床氢氟化反应进程和工艺控制水平。酸度过高，会使氢氟化反应“置后”，破坏流态化的动态平衡，同时还会增加废气及废液的处理量；酸度过低，则会产生不合格的四氟化铀产品，导致“回炉”。随着流化床生产强度的提高，更要求尽可能地降低氟化尾气中氢氟化含量，从而降低氟化氢消耗量，节约生产成本，对氢氟化尾气中氟化氢含量进行及时有效地监测迫在眉睫。为了尽快解决这个技术难题，科研人员在对原有的分析监测系统进行分析之后，提出新的监测方案，并自行研制了一套新的尾气酸度在线监测仪。他们不放过任何细小的异常，每一个数据，每一项化学反应条件，都是几经摸索，反复论证。每天十七八个小时，轮流干活的空当就是他们的休息时间，调试现场就是他们的休息的地方，眼睛熬出了血丝，嘴唇熬出了血痂，他们没有丝毫的怨言。经过艰苦的摸索、试验，终于实现了尾气酸度的有效在线测量。

2009 年 2 月 18 日，新铀转化线通过公司的验收；2 月 19 日，六氟化铀、四氟化铀两条生产线首次同时开车并行生产；2 月 21 日，六氟化铀生产线正式投料运行……运行一年来，3 000 吨铀/年铀转化生产线生产设备安全可靠，工艺运行连续稳定，各项经济技术指标均达到或优于设计值，实现了铀转化生产线的先进性、经济性、安全性。3 000 吨铀/年铀转化生产线两项获得国防科技进步奖、两项获得国防科委成果奖，四项获得部级科技进步奖。3 000吨铀/年铀转化生产线的建成投产，集中体现了我国先进铀转化技术研究的卓著成效，为新时期、新形势下我国能源产业结构调整和核电产业的快速发展提供了强有力的支持，使我国铀转化生产能力得到提高，缩小了与发达国家的差距。

第十三章　中核集团公司现状及发展

13.1　中国核工业集团公司简介

13.1.1　中国核工业集团公司现状

中国核工业集团公司(以下简称中核集团公司),是1999年7月1日经国务院批准在原中国核工业总公司的基础上组建起来的,是中央直接管理的国有重要骨干企业,现有100多家企事业单位和科研设计院所组成,拥有中国科学院、中国工程院院士18人。

中国核工业集团公司作为国家核科技工业的主体,拥有完整的核科技工业体系,是国家战略核力量的核心和国家核能发展与核电建设的主力军,肩负着国防建设和国民经济与社会发展的双重历史使命。

中国核工业集团公司主要从事核军工、核电、核燃料循环、核技术应用、核环保工程等领域的科研开发、建设和生产经营,以及对外经济合作和进出口业务,是目前国内投运核电和在建核电的主要投资方、核电技术开发主体、最重要的核电设计及工程总承包商、核电运行技术服务商和核电厂出口商,是国内核燃料循环专营供应商、核环保工程的专业力量和核技术应用的骨干。

中国核工业集团公司在新的历史阶段将传承核工业半个多世纪以来举世瞩目的"两弹一艇"和实现中国大陆核电"零的突破"的辉煌历程,秉持开放、包容、合作、共赢的经营理念,积极推进我国核电事业发展,不断提高核科技工业的整体水平和国际竞争力,努力实现核工业又好又快安全发展。

中核集团公司成立以来,经济实力逐年壮大,主营业务收入和利润总额逐年增长,2008年主营业务收入366亿元,比上年增长39%,利润总额47.6亿元,比上年增长83%,净资产收益率8.3%;2009年,完成总产出480亿元,比上年增长16.2%,利润总额52亿元,比上年增长13.5%,净资产收益率6.91%;2010年主营业务收入419亿元,比上年增长22%,利润总额61亿元,比上年增长14%;2011年实现利润总额同比增长16%。

13.1.2　中国核工业集团公司的历史沿革和历届领导

中国核工业集团公司的历史沿革:

从1955年1月15日中央决定创建核工业起,随着核工业的发展,体制也相应发生了变化。

1956年11月16日,第一届全国人大常委会51次会议决定设立三机部主管核工业的建设和发展工作;

1958年2月11日,第一届全国人大常委会5次会议决定将三机部改为二机部;

1982年5月4日,第五届全国人大常委会23次会议决定将二机部改为核工业部;

1988 年 9 月 16 日，经国务院批准核工业部改名为中国核工业总公司；

1999 年 7 月 1 日，国防科技工业十大集团公司在京成立，经国务院批准，将中国核工业总公司分设为：中国核工业集团公司和中国核工业建设集团公司。

历届领导：

历经半个世纪，至今已有十任部（总公司、集团公司）领导：

首任　(1956-11—1960-09)：三机部、二机部部长，宋任穷；

第二任(1960-09—1975-01)：二机部部长，刘杰；

第三任(1975-01—1977-01)：二机部部长，刘西尧；

第四任(1977-01—1982-04)：二机部部长，刘伟；

第五任(1982-04—1983-06)：核工业部部长，张忱；

第六任(1983-06—1988-05)：核工业部部长，蒋心雄；

(1988-05—1999-07)：中国核工业总公司总经理，蒋心雄；

第七任(1999-07—2003-09)：中国核工业集团公司总经理，李定凡；

(1999-07—2012-10)：中国核工业建设集团公司总经理，穆占英；

第八任(2003-09—2009-08)：中国核工业集团公司总经理，康日新；

第九任(2009-08—2012-05)：中国核工业集团公司总经理，孙勤；

第十任(2012-05 至今)：中国核工业集团公司董事长，孙勤；总经理，钱智民。

13.2 中核集团公司组织机构

中核集团公司属国有特大型独资企业，其下属共包括 100 多家企事业单位。

13.2.1 中核集团公司总部机构设置

中核集团公司总部实施总经理和各分管副总经理直接领导下的垂直管理体制，总部设有四大机构：

(1) 议事协调及咨询机构

包括有科学技术委员会、保密委员会、安全生产委员会、专家咨询委员会。

(2) 职能管理部门

包括有办公厅、政研体改部、规划发展部、财会部、人力资源部、科技与信息化部、资本运营部、国际合作开发部、军工部、安全环保部、审计部、监察部、党群工作部、社会事务部。

(3) 产业经营机构

包括有核动力事业部、中国核能电力股份有限公司、中国核燃料公司、地质矿产事业部、核环保工程事业部、中国同辐股份有限公司、中国中核宝源资产控股公司、中核汇能有限公司。

(4) 支持服务机构

包括有科技研究总院、技术经济总院、原子能公司、中国核工业大学、财务公司、新闻宣传中心。

13.2.2　中核集团公司所属成员单位

中核集团公司由所属的工业企业、公司、科研设计院所和事业单位组成。主要承担核动力、核材料、核电、核燃料、乏燃料和放射性废物的处理与处置、铀矿勘查采冶、核仪器设备、同位素、核技术应用等核能及相关领域的科研开发、建设与生产经营，对外经济合作和进出口业务。与世界 40 多个国家和地区有科技经济往来。2008 年中核集团公司主要成员单位共 102 家。主要成员单位中，二级单位有 89 家(包括 40 家企业，48 家事业单位、1 家非法人单位)，分布在 20 多个省、自治区、直辖市。重要三级企业有 13 个。下面列出的是 2008 年中核集团公司所属成员单位的情况。

13.2.2.1　二级企业(40 家)

(1) 直属公司(11 家)

1) 中国原子能工业公司；

2) 中国中原对外工程公司；

3) 中国同位素公司；

4) 深圳中核集团公司；

5) 上海中核浦原总公司；

6) 中核财务有限责任公司；

7) 中核清原环境技术工程有限公司；

8) 中国核仪器设备总公司；

9) 中国宝原工贸公司；

10) 中核金原铀业有限公司；

11) 中国国核海外铀资源开发公司。

(2) 核电企业(12 家)

12) 秦山核电公司；

13) 核电秦山联营有限公司；

14) 秦山第三核电有限公司；

15) 江苏核电有限公司；

16) 三门核电有限公司；

17) 福建福清核电有限公司；

18) 湖南核电有限公司；

19) 辽宁核电有限公司；

20) 海南核电有限公司；

21) 中国核电工程有限公司；

22) 核工业第二研究设计院；

23) 中核核电有限公司。

(3) 核燃料企业(9 家)

24) 中核四〇四有限公司；

25) 中核兰州铀浓缩有限公司；

26) 中核陕西铀浓缩有限公司；

27）四川红华实业总公司；

28）中核北方核燃料元件有限公司；

29）中核建中核燃料元件有限公司；

30）四川五洲工业公司（中核四川环保工程有限公司）；

31）核工业第五研究设计院；

32）核工业第七研究设计院（中核新能核工业工程公司）。

（4）矿冶企业（6 家）

33）核工业第四研究设计院；

34）衡阳新华化工冶金总公司；

35）中国核工业秦皇岛长城公司；

36）湖南天友新型建材厂；

37）七二〇厂；

38）核工业三河燕宁公司。

（5）核仪器设备企业（2 家）

39）中核苏阀科技实业股份有限公司；

40）中国核工业物资供销上海核电器材公司。

13.2.2.2 重要三级企业（13 家）

41）中核赣州金瑞铀业有限公司（金原子公司）；

42）中核抚州金安铀业有限公司（金原子公司）；

43）新疆中核天山铀业有限公司分公司（金原分公司）；

44）中核浙江衢州铀业有限公司（金原子公司）；

45）西安中核蓝天铀业有限公司（金原子公司）；

46）中核韶关金宏铀业有限公司（金原子公司）；

47）中核北方铀业有限公司（金原子公司）；

48）河北圣雪大成制药有限公司（金原子公司）；

49）郴州华湘化工有限责任公司（集团公司参股）；

50）苏州阀门厂（中核设备子公司）；

51）北京核仪器厂（中核设备子公司）；

52）西安核仪器厂（中核设备子公司）；

53）西安核设备有限公司（中核设备子公司）。

13.2.2.3 事业单位（48 家）

（1）科研院所（14 家）

54）中国原子能科学研究院；

55）中国核动力研究设计院；

56）中国辐射防护研究院；

57）核工业理化工程研究院；

58）核工业北京地质研究院；

59）核工业北京化工冶金研究院；

60）核工业西南物理研究院；
61）中国核科技信息与经济研究院；
62）核动力运行研究所；
63）核工业第八研究所；
64）核工业标准化研究所；
65）核工业计算机应用研究所；
66）核工业大连应用研究所；
67）核工业科技开发咨询中心。
(2) 矿冶省局(6 家)
68）核工业湖南矿冶局；
69）核工业江西矿冶局；
70）核工业广东矿冶局；
71）核工业云南矿冶局；
72）核工业甘肃矿冶局；
73）核工业新疆矿冶局。
(3) 地勘单位(11 家)
74）中国核工业地质局；
75）核工业航测遥感中心；
76）核工业二〇八大队；
77）核工业二一六大队；
78）核工业二四三大队；
79）核工业二〇三研究所；
80）核工业二三〇研究所；
81）核工业二四〇研究所；
82）核工业二七〇研究所；
83）核工业二八〇研究所；
84）核工业二九〇研究所。
(4) 医疗单位(5 家)
85）核工业总医院；
86）核工业四一六医院；
87）核工业四一七医院；
88）核工业四一九医院；
89）北京核工业医院。
(5) 直属单位(6 家)
90）核工业管理干部学院；
91）核工业研究生部；
92）中核商务中心(核工业机关服务中心)；
93）新闻宣传中心(中国核工业报社)；
94）核工业二二一离退休人员管理局；

95）核工业档案馆。

(6) 离退休管理机构(4家)

96）核工业郑州干休所；

97）核工业西安干休所；

98）四川核工业服务局；

99）陕西核工业服务局。

(7) 仓库(2家)

100）略

101）略

13.2.2.4 其他单位(1家)

102）秦山核电基地党委(非法人单位)

中国宝原工贸公司、核工业研究生部、四川核工业服务局、陕西核工业服务局在集团内部原则上不作为独立单位管理。

13.3 中核集团公司经营业务范围

13.3.1 经营范围

按照《国务院关于组建中国核工业集团公司有关问题的批复》要求，中核集团公司肩负着确保核军工科研生产和确保国有资产保值增值两大主要职责，主要承担核军工、核动力、核电、核燃料、核技术应用等领域的科研开发、建设和生产经营，以及对外经济合作和进出口业务。业务领域涵盖以下几方面：铀地质勘探、铀矿采冶、同位素分离、核材料和核燃料生产、核动力装置研制、核电开发建设和运营、核辐射防护、核技术应用、核环境保护、放射性物质处理与处置等。

13.3.2 核心业务

着力加强军工核心能力建设。着力加快产业经济发展，做强主业增实力。

核电产业是集团公司的龙头产业，要在确保运营核电机组安全稳定运行的同时，扎实做好在建项目，加快推进核电项目前期工作，争取一批规划内项目尽早开工。

核燃料产业是核工业的基础性产业，要加快核燃料产业的产能建设。要采取新的体制机制，严格成本和质量控制，大幅度提升规模，提高效益，增强国际竞争力。

天然铀产业要建设大基地，形成大联合。加强与属地化地勘队伍合作，与石油、石化、煤炭企业互利合作，以集团公司为主体，共同开采铀矿资源。国外铀资源开发要加快推进，形成规模。

海外科工贸产业要加大支持力度，大力实施“走出去”战略，发挥集团公司基础能力和完整体系的核心优势，注重利用国家对外合作的资金、信贷等支持政策，注重与国内外企业的强强联合，注重技工贸结合，优化海外发展模式。

核技术应用产业要发挥技术优势，重点推进体制机制的创新，调动各方面的积极性和创造力，努力开辟核技术应用新的技术创新点、经济增长点，尽快做大做强。

核仪器设备产业要借助核电发展机遇，内部加大整合，外部加强合作，通过技术引进和自主研发，做强优势产品，成为有特色、有竞争力的核仪器专业设备供应商。

核环保工程产业要积极加以培育，实行产业整合，加强管理，把核设施退役治理、放射性废物处理处置、核材料运输等做成产业，拓展为核工业发展和社会服务的范围，形成规模，产生效益。

非核民品产业要有进有退，有所为，有所不为。前景好、效益高、核心竞争力强的民品要以市场为导向，形成规模化发展的体制模式。一般民品采用引进外部投资者、转让产权、资本出售等方式，逐步退出。

除军工任务外的 8 大产业中，核电产业和核燃料产业是重中之重的核心产业，要做大做强。其他的 6 个产业是集团公司要积极培育扶植的。

13.4　中核集团公司的产业发展状况

核电对整个核工业的发展，具有很强的拉动作用。国外经验和我国核工业 20 多年军转民的实践告诉我们，通过自主发展核电，可以带动核工业科技水平的整体提高，促进核燃料工业和核应用技术产业的长足发展，可以推动尽快建立适应社会主义市场经济和国防事业发展需要的核科技工业新机制，同时也可以稳定一支高水平的核科技队伍，保持核科技工业持续发展的势头。

13.4.1　核电产业的发展及成就

在党中央、国务院的正确领导下，中核集团公司坚持以核安全为首要任务，经济发展势头良好，核电发展取得了显著成绩，实现了中国大陆核电“零的突破”，实现了从原型堆到商用堆的跨越，走过了起步和小批量建设两个阶段，进入了加快发展的新阶段。

13.4.1.1　核电企业建设取得骄人业绩

中核集团公司是中国大陆投运和在建核电厂的重要的投资方和业主单位，是核电技术研究开发主体、核电设计与工程建设总承包商，核电厂仪器仪表和专用设备供应商，主要的核电运行技术服务商和出口核电厂的供应商。自 1991 年 12 月 15 日中国大陆第一座核电厂——秦山一期核电厂建成以来，投运机组一直保持安全稳定运行，多项性能指标进入世界先进值行列。截止到 2011 年底，在运的 8 台核电机组全年完成发电量 444.35 亿千瓦时，上网电量 413.74 亿千瓦时，超额完成发电任务，较 2010 年发电量增加了 7.29%，上网电量增加了 7.19%，商运机组平均负荷因子达到 87,87%。秦山一期实现安全运行 20 周年，秦山二期扩建工程全面完成，4 号机组于 2011 年 12 月 30 日正式投入商运。方家山项目全面进入安装阶段。福清 1、2 号机组实现 220 kV 倒送电目标。三门 AP1000 项目 1 号机组进入主系统安装阶段。巴基斯坦恰希玛 2 号机组提前 111 天竣工。

13.4.1.2　进一步推动在建的核电新项目

目前，中核集团公司充分发挥国家核电主力军的作用，正大力推进各个核电新项目建设。至 2012 年底，中核集团公司控股或占股的国内已投运的核电机组见表 13-1。

表 13-1　中核集团公司控股或占股的国内已投运的核电机组

项目情况	核电厂名称	堆型	功率/MW	1号机组投入商运时间
在运行	浙江秦山一期	压水堆	1×320	1991-12
	浙江秦山二期	压水堆	4×650	2002-04
	浙江秦山三期	重水堆	2×728	2002-12
	江苏田湾	压水堆	2×1 060	2006-05
	广东大亚湾	压水堆	2×980	1994-05
	广东岭澳	压水堆	2×1 000	2003-01
在建以及获准开展前期工作	福建福清	压水堆	6×1 080	
	浙江秦山一期扩建(方家山)	压水堆	2×1 080	
	浙江三门	压水堆	2×1 250	
	海南昌江	压水堆	2×650	
	江苏田湾扩建(3,4号)	压水堆	2×1 060	
	江苏田湾扩建(5,6号)	压水堆	2×1 000	
	湖南桃花江	压水堆	2×1 250	

13.4.1.3　核电科研设计水平大大提高

核电建设的发展,大大促进了核电科研设计水平的提高。目前,中核集团公司拥有一支专业配套的科研设计队伍;建立了设施齐全、现代化水平较高的大型核电研究试验基地,拥有较完善的核工程研究试验设施,如研究性重水实验反应堆、游泳池式研究实验堆、高通量工程试验反应堆、脉冲实验反应堆、微型反应堆、各种零功率装置、大型热工水力试验台架、力学抗震台架、核燃料和材料研究实验中心、计算中心等;建立了核电软件库,掌握了一批国外成熟的和经过验证的设计技术。

中核集团公司已具备了自主设计大型核电厂能力。经过20多年核电技术科研开发、工程设计和运行维护技术服务等实践活动,已经形成了专业配置完整、知识和年龄结构合理的研究设计队伍;拥有了成套的设计软硬件环境和设计研究验证设施,建立了自己的设计管理和接口控制程序和质量管理体系。

我国自主设计的秦山一期、秦山二期核电厂和出口巴基斯坦的恰希玛核电站的良好运行业绩,使我国的自主设计能力得到了实际工程和生产运行的有效验证。通过参与大亚湾、岭澳和田湾核电厂的设计工作,我国设计单位不仅很好地完成了合同任务,同时也进一步了解了大型核电技术,开展了相关设计技术的消化吸收工作。

按照国家最先进的标准要求,自主三代核电技术ACP1000完成顶层设计,转入工程设计阶段。多用途模块化小型堆ACP1000开始初步设计。AP1000核电技术转让和自主化步伐不断加快。

就中国核工业集团公司所属的核电研究设计单位而言,自主设计能力体现在:

(1) 拥有一支数千人的经验较丰富的从事核电设计和试验研究工作的技术队伍,覆盖了核电工程所必需的60多个专业与学科。各专业均有一批承担过核电工程设计任务,通过设计、建造实践及国内外培训的技术骨干。他们既有理论知识,又有实际经验,掌握本专业技术，熟悉设计方法，熟悉和正确应用国内外标准、规范，已成为核电自主设计的骨干队伍。

(2) 熟悉与核电相关的法规、标准、规范、准则，除中国的 HAF、GB 和 EJ 等之外，还包括 ASME、ASTM、IEEE、ASCE、RCC 等国外或国际的标准规范体系。通过对这些法规和标准的研究，经过在国内核工程项目中的实践，结合国情理出了约 500 个基本配套的适用于核电设计的规范标准，并能较好地掌握和使用这些规范标准。

(3) 已拥有基本配套核电厂设计的计算机程序体系，包括工程设计软件、计算分析软件、辅助设计软件、工程项目管理软件及相应的数据库和设计手册。目前用于核电设计的主要计算机程序有 400 多个，覆盖了核电设计、热工水力和事故瞬态分析、燃料组件、辐射屏蔽和环境评价、结构力学分析、严重事故和 PSA、工程管理和设计工具等各个方面，并配套形成了热工水力与事故分析数据库、设备可靠性数据库、核截面数据库、结构数据库、设备数据库和模型数据库等。

(4) 已建立了一批具有较先进设备的科研开发和设计验证设施和装置。主要的大型装置有：反应堆水力模拟实验装置、控制棒驱动线冷态水力实验装置、设备综合实验装置、电热元件考验装置、反应堆全压堆芯补水箱补水实验装置、二次侧非能动余热排出系统实验装置、氟利昂热工实验装置、大型热工实验装置、水化学实验装置、多点激励抗震实验竖井装置、力学实验反力墙及加载基础、6 m×6 m 地震模拟实验台、高温高压试验台架、低温低压驱动机构冷态功能试验台架、50 kW 电加热热工水力试验台架、蒸发器热工水力试验台架等。

(5) 各设计院均建立了核电设计管理质保体系。明确了设计质保体系的组织结构，规定了参与设计的各类人员和部门的职责权限和接口要求，规定了开展设计活动必须遵守的基本要求。核电设计管理质保体系的建立和正常运转，将有利于核电工程项目的三大控制的实施。我国已具备了 30 万、60 万千瓦级压水堆核电厂的自主设计能力，基本具备了 100 万千瓦级第二代压水堆核电厂的自主设计能力，并能结合国际上成熟的先进技术对其进行改进，形成符合目前国内对百万千瓦级压水堆核电的安全性、经济性要求的核电产品。

(6) 在福岛事故发生后，中核集团对在建核电工程提出了包括重新审查抗震设计标准的选择，按照现行法规对厂址安全状况进行评价，对厂址附近发生极端自然灾害的可能性进行新一轮调查，对应急响应体系的完整性和可操作性进行审查等在内的若干个安全自查工作要求，按照核安全监管部门的要求，提出了采用最先进的标准对拟建厂址重新进行安全评估的要求。对国家核安全局提出的改进意见，组织各相关单位制定并安排实施整改专项工作计划。

13.4.2　核燃料产业的发展与成就

核电的发展有赖于核燃料的保证。为适应核电需要，中核集团公司对原来规模小、成本高的核燃料工业进行了大幅度的产业结构调整和重大的技术更新，引进先进技术，淘汰落后技术，关停富余生产线，开拓民用核燃料生产，从而改变了核燃料工业单一军品生产的格局，产业结构趋于合理，生产技术水平也跨上一个新的台阶。

在做好三大控制的同时，注重项目的科学化规范化管理，对开工项目实行节点控制，加强在研、在建科技工程项目的动态管理，及时掌握情况。对重点项目进行检查和调研，坚持工程项目总承包的管理模式，委托专业的工程管理公司，对下属公司管理体系进行诊断评估，提出改进工作流程、优化管理体系的方案。加强项目财务资金执行力度。目前，中核北方核燃料元件有限公司压水堆核电燃料元件生产线已建成并获颁“两证”；五〇四厂示范工程全面建成投产；中核建中核燃料元件公司400吨扩建厂等几个项目获准立项；中核四〇四有限公司中试厂完成正在进行调试工作；在国际、国内合作方面也有许多新的进展。

13.4.2.1 核燃料循环产业的基础地位

中核集团是唯一拥有完整核燃料循环产业、能够实现闭式循环的特大型中央企业。国家授权中核集团对核燃料、铀产品的生产经营和进出口实行专营。而核燃料循环产业是与核军工、核电紧密配套的上游产业，是中核集团公司发展的基础产业。在核电发展的带动下，经过近二十年的技改与扩建，中核集团公司已初步形成了包括铀矿地质勘查、铀矿采冶、铀转化、铀浓缩、核燃料元件加工制造、乏燃料后处理、放射性废物管理等环节的完整的核燃料循环工业体系。在一些关键环节实现了生产能力的扩大和工艺技术的跨越提升，技术已接近或达到国际先进水平。

铀矿地质勘查通过对装备的技术改造，勘查能力得到加强，可地浸砂岩型铀矿找矿工作不断取得突破；铀矿冶形成了以地浸、堆浸、原地爆破浸出为主的新型生产体系；铀同位素分离实现了从扩散法向离心法的过渡，分离功成本大幅度下降；全部核电厂燃料元件均实现了国产化、系列化，可以为国内所有核电厂和各类研究反应堆提供优质高效的核燃料元件。核燃料循环各环节配套能力能够满足核电目前及未来发展的需要。

13.4.2.2 铀矿勘查成果显著

在铀矿地质勘查领域，“十一五”期间，累计完成钻探工作量200万米，新增铀资源量比“十五”期间翻一番，巩固和发展了伊犁、吐哈、鄂尔多斯、二连等4个万吨级铀资源基地，探明我国最大的超大型铀矿床，北方砂岩型铀矿基地被国土资源部列入我国新的十大资源基地之一。

近期以来，在我国许多地区已探明可以保障一定规模核电发展所需的铀矿资源。伊犁盆地蒙其古尔矿床的矿带继续扩大，发现并控制了两条主矿带，落实了伊犁盆地第四个中型以上的地浸砂岩型铀矿床；鄂尔多斯盆地东胜铀矿带得到进一步控制和扩大，已发展为我国规模最大的砂岩型铀矿集中区；土哈盆地十红滩铀矿床北带东段完成了39-55线的详查，发现了新的找矿层位；松辽盆地白兴吐地区初步估算资源量达到中型矿床规模；巴音戈壁盆地塔木素地区有望成为新的万吨级后备铀矿勘查基地；雪米斯坦白杨河地区有望落实为特大型铀矿产地；内蒙古二连盆地中部地区目前也已探明产于白垩纪河湖相地层中的3万吨以上超大型铀矿床。江西相山矿田居隆庵矿床深部帚状断裂中发现品位较高的工业化铀矿化，新确定3条控矿构造带，资源储量有较大增加；江西山南矿区深部和外围接替资源勘查成果显著；粤北诸广南部、湖子地区发现了受断裂构造控制的工业铀矿体和受构造交点控制的富矿体，新增资源可观；此外，江西马岭再里地区、桃山小源地区以及陕西丹凤小花岔地区也发现了较多的工业铀矿化，指示了良好的成矿远景。

已完成了全国各大类型铀矿成矿规律的系统总结，定量估算了全国潜在的铀资源总量；针对老区资源扩大和新区资源勘查，圈定了一批铀成矿远景带和找矿靶区。“鄂尔多斯盆地北部地浸砂岩型铀矿时空定位和成矿机理研究”项目当选为“地质科技十大进展”之一；“新疆察布查尔县蒙其古尔铀矿床勘查取得重大突破”项目当选为“地质找矿十大成果”之一；

“全国铀矿资源潜力评价”和“内蒙古二连盆地努和廷矿床详查及外围评价”两项成果分别入选中国地质学会 2011 年度“地质科技十大进展”和“地质找矿十大成果”。“地浸砂岩型铀矿快速评价技术及研究”、“中国高放废物地质库场址区域筛选”两项科研成果荣获国防科学进步一等奖，“新疆和布赛尔县白杨河矿区被铀矿勘查及资源潜力评价”项目获得国防科技进步二等奖。

13.4.2.3　铀同位素分离技术更新换代

为实现铀同位素分离技术的更新换代，做了大量的科研工作，并取得了重大进展，积累了较多的经验。20 世纪 90 年代初，加强了这方面的国际合作，终于使铀同位素分离技术上了一个台阶，使核电站燃料供应中的“瓶颈”环节得到解决，能耗下降了 95%，分离成本下降了 75%，使我国的低浓铀燃料生产不仅在量上有了显著的增加，技术上了一个新的台阶，而且成本也接近国际水平，为核燃料工业未来发展展示了广阔的前景。

13.4.2.4　核燃料元件国产化

随着我国核电厂的陆续建成运行，我国逐步实现了核电厂燃料元件的国产化。在科研攻关的基础上建设了秦山核电厂燃料元件生产线，自行研制的 30 万千瓦压水堆核电厂燃料元件，10 多年运行无破损。在此基础上，引进法国大型核电厂燃料组件制造技术，建成了大型核电厂燃料组件生产线，实现了 60 万千瓦、90 万千瓦核燃料元件国产化，质量达到国际先进水平，成功地向大亚湾核电厂、秦山二期、岭澳核电厂等提供了换料燃料组件。通过建设重水堆元件生产线，国产化重水堆核电厂燃料元件已用于秦山三期换料。2010 年，首次成功研制出等效天然重水堆燃料组件，共计 26 只进入秦山三期核电厂反应堆内辐照考验，堆内运行良好，部分组件已经出堆，已出堆的燃料棒结构完整，无泄漏等制造缺陷。该研究开辟了我国回收铀再利用的新途径，对提高铀资源利用率、实现核燃料闭合循环具有重要意义。与田湾核电厂配套的俄式 WWER 型燃料元件生产线也已建成并投入生产。二〇二厂 AP1000 元件项目建设稳步推进，可以保证三门核电首次国产化换料。2020 年前中广核集团核电厂所需核燃料全部由中核集团加工。

13.4.2.5　三废处理和处置

原子能工业从铀矿的开采、加工到反应堆运行和核燃料后处理等一系列生产过程中，都不可避免地产生放射性废物。我国放射性废物的来源主要有：地质勘探，铀矿开采、选矿和矿石加工，铀的精制、转化、同位素分离和燃料元(组)制造，核电厂和其他核反应堆的运行，核燃料后处理厂的运行，核设施退役，核能研究与开发，放射性同位素生产和应用等。由于辐射对人体有害，放射性物质会污染环境，需要十分谨慎地处理和处置放射性废物。放射性废物可分为气体、液体和固体三类。

为使放射性废物变成适于往大气、水体排放或做最终处置的状态所实施的工艺过程，称为放射性废物处理；为使放射性核素在衰变到对人类无危害水平前保持与生物圈隔离所采取的措施称为放射性废物处置。由于固态废物不会流动，它的长期储存或永久处置更加安全而且较易监督，所以一般应将放射性废物转化成为不溶解的、稳定的固体状态，然后处置。废气和废液经净化到符合排放标准后有控制地排入环境，也是一种处置。放射性废物中的放射性物质，含量极微小危害却很大，其处理往往要求很高。为达到安全处置的目的，通常采用稀释扩散和浓缩储存两种方式。一般来说，对放射性废气和低水平放射性废液采用净化或滞留衰减到排放标准以下再稀释扩散到环境中去的方式处理和处置；对低水平放射性固体废物和一切中、高水平放射性废物采用浓缩贮存与环境隔离的方式处理和处置。

多年来，国家投入大量资金进行了核设施退役及放射性废物治理工作，停运的核设施退役稳步开展，放射性废液处理处置安全进行，核安全保障水平不断提高，确保了核安全。同时还投资核燃料系统的有关企业实施了一批安全技改和基础设施改造项目，基础设施状况得到很大改善。

2010 年底，中核集团后处理中试厂圆满完成放射性调试，获得了合格的 UO_3 产品和 PuO_2 产品。各项指标达到设计要求。标志着我国已掌握了动力堆乏燃料后处理的自主设计、建造和运行技术，并拥有了该项技术知识的全部知识产权，为实现我国核燃料闭式循环迈出了关键的一步。另外，大型核燃料后处理厂科技重大专项科研工作正式全面启动并陆续与国家签定了第一批、第二批共 14 项科研项目任务合同书。核燃料后处理厂对法谈判已签署合作模式备忘录，内陆厂址可研阶段的厂址调查和实验工作任务书的编制已完成。核燃料后处理工程技术研发中心和核设施退役与放射性废物处理工程技术研发中心落户中核集团，核设施退役与放射性废物治理首批资金也已到位。八二一核废物处理总承包项目有序推进，高放废溶液玻璃固化工程总承包合同也已签定，并已完成了该项目概念设计阶段的中德联合设计。

2011 年中核集团成立了中核瑞能科技有限公司，公司经营范围包括核电厂乏燃料后处理工程与铀钚混合氧化物燃料（MOX）制造工程的选址、设计、建造、投资与管理；核电厂乏燃料元件的离堆储存与后处理设施运行；核电厂乏燃料后处理与再循环的科学技术研究与开发以及技术咨询与服务。2011 年 1 月，国家核安全局向中核清源公司颁发了《西北低、中放固体废物处置场运行许可证》，标志着西北处置场转入正式运行，建立了完整的放射性废物处置以及处置管理和技术体系。中核清源公司与田湾核电厂签定了首个乏燃料运输长期服务协议。

13.4.3 核技术应用产业及其相关产业的发展与成就

中核集团公司在积极发展核电、核燃料工业的同时，积极开拓核应用技术。利用在核科研生产中形成的独特技术和资源优势，中核集团公司在核应用技术方面形成了同位素制品、辐射加工、核仪器设备、反应堆技术应用等重点产业领域。产业发展势头良好，销售收入连续几年保持较高的增长速度。

在放射性药物、放射性免疫分析试剂、医疗放射源、工业放射源、钴放疗设备、辐射监测仪器等产品在市场竞争中占据了优势地位。

在同位素制品领域，中核集团是国内同位素制品的主导企业，拥有数十条放射性同位素及制品生产线、符合 GMP 要求的放射性药品生产车间。可批量生产体内诊断和治疗用放射性药物近百种核素、300 多个品种的产品。

在辐射加工方面，利用钴源辐照装置和高能辐照加速器方面的优势，形成了专业的辐射加工服务体系。

核仪器设备大量应用于核医学检测、生产过程控制、产品无损检验、能源资源勘查、材料辐照加工等领域。电子加速器、可杀灭炭疽菌的自屏蔽式电子束灭菌装置、放射性物品检查检测系统、海关集装箱检测系统辐射检测设备、钴-60 治疗机、辐射监测设备得到广泛应用，取得了显著的经济和社会效益。

在公众安全方面，当前全球范围内的恐怖、爆炸、走私、贩毒事件日见增多，全国都加大了反恐、反毒、反走私的力度。发展小型化、智能化、快速、高灵敏度、高分辨能力和适应复杂工作环境的放射性检测系统和爆炸物等违禁品检测设备、对查处违禁、危险物品，保卫公众安全具有十分重要的意义。在核探测技术中，当前最突出的是对核辐射的探查装备和爆炸物等违禁危险物品检测技术。用于该方面的产品主要有放射性检测系统、放射性扩散装置(RDD)超低辐射成像检查系统和爆炸物等违禁、危险物品核探测系统。放射性物品检查设备和研制成功的新型爆炸物检测系统圆满地为2008年北京奥运会提供了安全保障服务。

通过多年的调整、优化和发展，非核民品发展取得了显著的成绩，为集团公司的经济发展作出了贡献。现已具规模的非核民品主要涉及精细化工、食品医药、机械设备、矿业开发等领域。

代表性企业有湖南郴州华湘化工有限责任公司PVC糊树脂系列产品，在同行业中位居全国第二；河北圣雪大成制药有限责任公司的土霉素、链霉素规模位居第二位；湖南天友化工有限责任公司钛白粉生产规模在全国排名第三位，聚合硫酸铁排名第一位。白银中天化工有限责任公司冰晶石和氟化铝生产能力据全国第三位。此外集团公司在重要矿产资源开发、香料、柠檬酸、木糖醇上具备技术或资源优势。

13.4.4 对外开放，进军国际核产品市场

改革开放结束了我国核工业自我封闭状态，在和平利用核技术的前提下，我国核工业与国际核工业界开展了广泛的交流与合作。1984年中国正式加入国际原子能机构，并在此前后同10多个国家签订了和平利用核能的合作协定，同40多个国家和地区开展了经济技术合作和贸易往来。

中核集团公司在核电、核燃料和核技术应用方面开展了广泛的国际合作。与俄罗斯、美国、法国、加拿大、日本、韩国、哈萨克斯坦、巴基斯坦、约旦、尼日尔、阿尔及利亚、德国、英国、澳大利业、蒙古国、纳米比亚等40多个国家(地区)建立了科技交流和经贸合作关系，与国际原子能机构(IAEA)、世界核电运营者协会(WANO)等国际组织开展了卓有成效的合作。通过一系列重大项目的合作与交流，中核集团公司加强了与国际机构、各国政府、企业间的沟通和互信，提升了中核集团公司在国际上的地位和影响。海外铀资源开发成效显著，在哈萨克斯坦、乌兹别克斯坦、尼日尔、纳米比亚等的合作项目进展顺利。与国外签署的铀资源开发和采购协议的落实，为满足我国核电发展对铀资源的需求提供了保障。

2009年11月20日，中国与巴基斯坦正式签定合作建设恰希玛3、4号核电机组的合同；2010年完成与哈萨克斯坦、加拿大、纳米比亚进口8 000 t天然铀(其中，国储铀5 800 t)的长期合同和俄罗斯、乌兹别克等国家商谈了长期供应合同；中国国核海外铀业有限公司控股的尼日尔阿泽里克铀矿建设工程是我国第一个走出去自主开发的铀矿项目，于2010年12月30日投料试车；2010年与法国原子能委员会签署合作项目5项，“快堆技术”等协作实验室项目合作进展顺利；2011年1月中核集团与美国西屋电气公司签署了AP1000核燃料制造设备供应合同；2011年11月中核核电运行管理有限公司与美国EXELON Nuclear Partners公司正式签署咨询服务合同。中核集团开始与世界先进核电运营管理模式“对标”。

中核集团公司还首次向西方国家出口了核电厂用的核燃料。其他经济贸易往来也逐步扩大,出口额逐年递增,1981年以来,出口额平均每年递增14.3%,促进了我国核工业经济的发展。

13.4.5 中核集团公司取得的科技成就

核技术既是已可广泛应用的成熟技术,又是还在持续发展和不断创新的前沿技术。当前,世界经济发展变化的动向之一,就是科技进步突飞猛进。我国作为一个核大国,必须实施科技兴核战略,抢占核科技制高点,在世界核科技领域占有一席之地。

中核集团公司成立以来,认真落实科学发展观,锐意改革,拼搏进取,一系列科学工程相继立项、一批实验室陆续建成,为开展科技创新活动提供了高水平的研发平台。科技队伍中,一批中青年科技工作者成为科技骨干,初步形成了一支高水平、精干的科技人才队伍。通过一系列科技计划的成功实施,取得了一大批具有自主知识产权的成果,突破了一些关键技术。另外,中核集团对科技投入力度不断加大,仅2011年,研发投入达到17.4亿元,占主营业务收入的4%。由于科技创新体系不断完善,科技成果转化取得成效,以下列出近几年科技工作所取得的成果。

自主研发百万千瓦级核电机组的一系列科研项目顺利完成,掌握了一批核心设计和维修技术,提升了核电厂安全性、经济性和运行维护整体技术水准;百万千瓦级压水堆核电厂多种规格关键阀门研制成功,打破了发达国家的技术垄断;自主研发的核电厂安全壳电气贯穿件,综合技术性能指标达到国际先进水平;百万千瓦级核电厂堆芯中子测量系统、棒控棒位系统设备完成设计评审。

研制的铀浓缩离心机成功实现工业化应用。已形成了离心机研发制造、离心机工程设计、建造和运行的完整的铀浓缩研发和产业体系,并在甘肃兰州成功实现工业化应用。这标志着我国具备了核燃料生产的自主化工业能力,完全掌握了离心法铀浓缩技术,对保障我国核电可持续发展有着重大战略意义。

自主研制的核电厂全尺寸模拟机,通过专家验收并投入使用;秦山一期放射性环境下的水下检修技术填补了国内空白;医院中子照射器首次达到临界;自主研制出的具有自主知识产权的百万千瓦级核电厂装卸料机和非能动氢气复合器通过专家鉴定。

原子能院中国先进研究堆、中国实验快堆实现首次临界;乏燃料后处理中试工程成功完成热调试,实现了我国动力堆乏燃料后处理技术的重大突破;新核燃料元件运输容器产业化顺利实施。

按照国家最先进的标准要求,自主三代核电技术ACP1000完成顶层设计,转入工程设计阶段;多用途模块化小型堆ACP100开始初步设计;N36锆合金小批量铸锭及管材加工获得成功;国产AP1000爆破阀首爆试验获得成功。

铀矿大基地勘查采冶技术取得新的突破,定量估算了全国潜在铀资源总量,圈定了一批重点成矿区域,部分矿床水冶工艺已具备工业化应用条件。

推进知识产权工作,强化品牌保护。中核集团公司2008—2011年申请专利1 380项,在军工集团中首家推广使用统一注册商标。

2008—2011年,中核集团公司有一批科研新成果获得国家奖励,其中获得国家科技进步二等奖3项;国防科学技术奖208项,其中一等奖16项;军队科技一等奖1项;国防科技工业企业管理创新一等奖 2 项；国家级企业创新成果二等奖 2 项；2010—2011 年，评选出集团公司科技奖 185 项。

13.5　中核集团公司人才队伍建设及发展规划

中核集团公司自组建以来，特别是在“十五”期间，中核集团公司认真贯彻中央一系列关于人才工作的方针政策，实施“人才强核”战略，重塑一流队伍，推进五项人才工程，制定人才队伍建设中长期规划，人才队伍状况发生了新的变化。人才结构得到优化，专业结构和年龄结构更加合理；人才引进渠道得到拓展，核专业人才比例逐年提高；人员素质和能力进一步增强，人才环境得到进一步改善。

13.5.1　中核集团公司人才队伍建设情况

核工业是知识、技术、人才密集型行业，知识、技术、人才是中核集团公司发展的关键。集团公司十分注重培养、爱护和使用人才，不仅尊重老科学家、老专家，而且也重视年轻科技人员，对他们政治上信任，工作上放手，生活上关心，使他们能心情舒畅，专心致志地工作，多出成果，多作贡献。

中核集团公司现有近 100 家企事业单位和科研设计院所，近 10 万名员工，其中各类专业技术人员 3.3 万人，高级专业人才 7 700 人，正高级职称 1 400 人，技术工人 3.7 万人，其中技师 2 200 人，高级技师 168 人。拥有中国科学院、中国工程院院士 17 人，国家联系的高级专家 29 人，国家级突出贡献中青年专家 19 人，部级突出贡献专家 147 人，在职享受政府津贴人员 433 人，全国勘查设计大师 5 人，博士生导师 110 人，国家“百千万人才工程”培养对象 21 人，国防科技工业“511” 人才 457 人，中核集团公司“111”人才 435 人。

目前，中核集团公司经劳动与社会保障部审批同意，编撰了 46 个核特有职业国家标准，建立了 20 个核特有工种职业技能鉴定站和 12 个企业内部职业技能鉴定站，建立了一支近 700 人的经国家认证的考评员队伍。

中核集团公司进一步加大了稳定高层次人才的激励力度，对企事业领导人员实行了与年度经营业绩挂钩的年薪制，分别建立了院士、设计大师、高新工程、“511”、“111”人才工程津贴。

13.5.2　中核集团公司“人才强核”战略

人才问题关乎核工业未来发展的命运。从长远和可持续发展的高度看，人才是关系着中核集团公司发展的重大战略问题。围绕中核集团公司在本世纪头二十年的总体发展目标，中核集团公司确定了 2010 年前中核集团公司人才队伍建设的目标任务，即“实施人才强核战略，在中核集团公司跨越式发展的过程中，重塑一流队伍，实现一流人才、一流业绩、一流环境的目标，人才队伍整体实力达到国防科技行业的中上水平，加入国内各行业的前列”。

大力实施“人才强核”战略，紧紧抓住培养、吸引和使用三个环节，深化人事管理体制、绩效评价、分配机制改革，充分利用军工科研生产和重大工程项目建设平台及核科技创新平台，不断创新工作机制，加强高层次人才能力和团队建设，提升集团的核心竞争力和自主创新能力，为实现中核集团公司发展战略目标，促进集团的全面协调和可持续发展提供坚实的人才保障和智力支持。

调整优化人才结构，加强能力素质建设，实施五项人才工程，推进三支队伍协调发展，建立科学的人才评价和选用机制等。同时，中核集团公司将通过完善6个体系，实施5个专项工程，在人才队伍建设上实现5个重点突破的具体目标。

13.5.2.1 完善6个体系

中核集团公司将致力于人才管理6个体系的进一步完善。这6个体系包括：人才分层分类管理体系、人才考核评价体系、人才薪酬体系、人才培养体系、人才资源配置体系和人才安全体系。具体措施如下：

(1) 人才分层分类管理体系的完善。把握各类人才特点，改善成长环境，积极推行管理和技术人才分设的人才管理模式。

(2) 人才考核评价体系的完善。中核集团公司将建立完善的人才考核评价体系。通过引入科学实用的人才测评技术及人力资源管理工具，建立业绩与胜任力素质为核心的各类人才评价体系。对企业经营管理人才的评价要重在市场和出资人认可，要建立并完善反映经营业绩和管理能力相结合、财务指标和非财务指标相结合的评价体系。对科研事业单位经营管理人才的评价，将探索建立反映创新能力及对集团核心竞争力产生重大影响的趋势性、个性化指标。对专业技术人才的评价重在业内认可，中核集团公司将积极推进职称评聘与社会资格考试相结合的评价机制。对技能人才的评价重在职业能力，将以岗位实绩为重点，建立和完善技师考评制度。

(3) 人才薪酬体系的完善。中核集团公司将提出适应集团战略发展需要及人才队伍规划的战略性薪酬框架。2010年前，将适度提高顶尖人才津贴水平，探索建立技术成果、智力资本等要素参与劳动分配，与实绩、贡献紧密挂钩的薪酬体系和薪酬机制。加大对高层次科研骨干人才的激励力度，积极探索对其建立基本收入加奖励的薪酬模式，奖励与科研项目的社会效益、经费强度、经济效益挂钩。每年表彰一次在中核集团公司各专业领域的业绩突出者，使他们得到应有的物质和精神奖励。探索建立中核集团公司杰出人才重奖制度，每两年对杰出人才实施每人每次不低于10万元的一次性奖励。

(4) 人才培养体系的完善。中核集团公司将根据集团发展战略，制定短、中、长期人才培训计划，实行多层次、全方位、立体式的分类培训。重点加强对经营管理人才、学术带头人及高技能人才的培训、培养。其中，对经营管理人才的培训和培养，要注重提高其战略开拓能力和现代企业经营管理水平；对专业技术人才的培训和培养，要增强他们的学习钻研能力、信息技术应用能力和科技创新能力；对技能人才的培训和培养，要提高他们的实际操作能力，特别是技术革新能力。

在加强对核专业技术人才的培养方面，中核集团公司将在支持现有核专业人才培养的基础上，加大对在职人员的合作培养，重点集中在核能人才、核化工人才、核燃料循环人才、核技术人才的知识结构调整和外语水平提高等方面。实施“551”人才培训计划：选送500名非核专业毕业的专业技术人员分期分批参加核专业培训；组织500名青年科技人员分期分批进行为期半年左右的外语培训；鼓励在职人员攻读硕士学位或博士学位，选送技术骨干在职攻读硕士学位（如工程硕士、MBA等），总计培养不少于1 000名研究生。

另外，中核集团公司将加强为重要战略核基地引进培养急需人才的工作。委托有关高校，采取订单式培养、双学位教育、联合办班等方式为地处三线等偏远地区的中西部战略核基地培养急需人才；利用集团内部教育培训资源，加强对老基地人才的培训。2008 年前，在地处三线及中西部偏远地区、人才相对短缺、待遇相对偏低的重要战略核基地单位以及签约高校设立老基地人才引进培养奖，对主动选择到艰苦地区重要核基地工作、业绩突出的个人以及在人才引进培养中业绩突出、效果明显的单位给予物质及精神奖励。

(5) 人才资源配置体系的完善。中核集团公司将建立人才统筹调配机制，实现按照产业发展需求状况，调整人才的流向和流量，通过重点学校精选、社会招聘、国外引进、自培研究生留用等方式广纳人才，充分利用国内与国外两种人才资源，优化队伍专业知识和人才结构，达到引导人才向中核集团公司重点产业、重点项目集聚的效果。逐步形成中核集团公司内部企事业单位间的人才共享机制。充分发挥老专家的作用，对掌握关键技术的老专家，可根据实际需要延期退休或返聘。

统筹协调人力资源。根据发展需要及集团战略目标，加大投入改善战略核基地人才的工作和生活条件。中核集团公司将制定办法，分年度组织系统内技术和管理骨干以挂职、兼职、承担项目、技术支持等多种形式参与老基地建设，挑选部分老基地人员参与中核集团公司其他企事业单位重点科研、工程项目。按照产业发展需求状况，调整人才的流向和流量，逐步形成集团内部企事业单位间的人才共享机制。

(6) 人才安全体系的完善。中核集团公司将高度重视人才安全工作。通过适当提高福利待遇，改善工作环境，政治上关心、业务上支持、生活上照顾、教育上引导等措施，营造一个良好的人才工作环境氛围。强化对高素质核专业人才外流的控制，建立重要人才信息库，建立完善信息反馈系统，实行重要人才动态跟踪管理。使人才安全工作做到法制化、制度化、规范化。

中核集团公司将建立重要骨干人才预警机制。通过建立和完善高层次人才信息库、定期走访慰问、组织专家学术休假、定期召开座谈研讨会等多种形式，逐步建立包括中央联系的高级专家、中核集团公司直接联系的高层次人才、成员单位直接管理的骨干人才三级人才联系制度。

13.5.2.2　实施 5 项工程

在中核集团公司首次人才工作会议上，为解决人才工作中存在的突出问题，实现人才队伍建设的重点突破，中核集团公司党组提出了要认真实施的 5 个专项人才工程，即人才队伍知识层次整体提升工程、核科技顶尖人才培养工程、“8823”紧缺人才培养工程、“111”人才队伍建设二期工程和战略核基地人才振兴工程。

(1) 人才队伍知识层次整体提升工程

引进、培养博士生 300 名左右，引进、培养硕士生 1 000 名左右，引进本科生 8 000 名左右，逐步达到“三个为主体”：专业技术、经营管理人才以本科层次以上人员为主体，科研人才以研究生层次人员为主体，技能人才以中专、中技以上人员为主体（大专、高职以上不低于 30%），在人才队伍知识层次的整体提升上实现突破。这就是我们所说的“三支队伍的建设”。

(2) 核科技顶尖人才培养工程

培养出 50 名左右国内一流水平、国际核科技界有一定知名度的核科技中青年专家，并从中产生一些具备院士遴选条件的核科技顶尖人才，在中青年核科技创新拔尖人才匮乏的状况彻底改观上实现突破。

（3）“8823”紧缺人才培养工程

培养 80 名左右合格的董事、监事人选，引进和培养 80 名左右合格的法律人才，引进、培养 2 000 名左右核专业人才，新增 3 000 名左右技师，在人才队伍薄弱部位得到加强上实现突破。

（4）“111”人才队伍建设二期工程

重点培养 100 名高级经营管理人才、100 名学术技术带头人、100 名技能带头人，在高级经营管理人才、学术技术带头人、技能带头人的能力建设上实现突破。

（5）战略核基地人才振兴工程

积极采取有效措施，努力改善老基地的生存环境、工作条件、生活水平，使其具备吸引人才、留住人才、稳定人才的基本条件，在扭转部分重要战略核基地人才严重短缺的被动局面上实现突破。

5 项人才工程的贯彻实施，将使中核集团公司在人才队伍知识层次的整体提升，核科技顶尖人才的培养，董事、监事、法律、技师等人才薄弱部位的加强，高级经营管理人才、学术带头人、技能带头人的年轻化，部分重要战略核基地人才严重短缺的被动局面的扭转 5 个方面实现突破。

13.5.3 中核集团公司人才发展前景

中核集团公司在着力建设一支优良的人才队伍的基础上，还十分重视为内部人才的发展提供顺畅的职业生涯通道，以此激励员工在中核集团公司工作的信心。具体体现在：

（1）为人才的发展提供各种继续教育培训的平台。首先，中核集团公司非常重视人才继续教育，建立和完善渠道畅通、分类发展的培养机制是中核集团公司已经和正在努力的方向。为此，中核集团公司制定了长期的人才培养计划。如：已经实施和将继续推进的“511”、“111”人才工程培养计划，“551”人才提高培养计划，选送优秀中青年领导干部到中核集团公司管理干部学院、国内外高等院校进行 EMBA、MBA 的学习计划；通过交流、轮岗、挂职锻炼等工作，培养高层次经营管理人才的计划；鼓励支持在职人员攻读博士、硕士和博士后学位；签约清华大学等重点高校合作培养核专业和其他工程专业人才及在职研究生；利用集团内部教育培训资源，加强对老基地人才的培训，等等。其次，中核集团公司制定了科学、规范、合理、有效的人才经费保障机制。从 2008 年开始，按照“资金集成、分级管理”的方式，统筹兼顾、突出重点，确保以不低于工资总额 1.5%～2%的比例提取职工教育经费，探索建立中核集团公司、成员单位、员工共同承担培训经费的保障机制。

（2）为各类人才发展提供成长机会。中核集团公司积极推行管理和技术领军人才分设的人才管理模式，为管理人才的发展提供职务成长的平台，为技术专业人才的发展提供业务成长的平台。特别是在骨干人才的管理方面，中核集团公司将探索建立科技骨干带头人、高技能人才带头人制度，逐步建立人才梯队建设机制；逐步建立骨干人才职业生涯管理体系，开展职业生涯设计，完善各类人才成长渠道。抓好重点项目骨干人才队伍建设，以高素质、专业化为目标，努力培养和造就一支能够站在世界科技前沿、组织关键技术攻关的核军工科技领军人才。制定和完善中核集团公司重要骨干人才管理制度及办法。为重要骨干人才及后备人才搭建发展平台，创造发展条件，优先推荐他们作为新世纪百千万人才工程、突出贡献专家、政府特贴、国防科工委“511”人才工程等人才培养工程的推荐人选，创造条件支持，优先保证需要。

（3）为人才提供较高的待遇水平。中核集团公司将逐步提高从事核军工科研生产人才队伍的待遇水平，积极争取国家各项优惠政策，提高核工业老基地维持维护费水平，建立核军工高层次人才的特殊津贴制度，力争使直接从事核军工科研生产人员的待遇达到社会上同类人员的中上水平。争取国家政策，为从事核军工科研生产达到一定年限的高层次人才建立补充养老保险、补充医疗保险和退休异地安置等制度，解决他们的后顾之忧。

（4）为人才提供良好的考核、激励平台。一是进一步完善激励与约束机制，充分调动骨干人才的积极性。注重将短期激励与中长期激励相结合，对作出突出贡献的骨干人才探索试行年金制度、补充保险等分配形式，适度提高他们的津贴水平。二是深化内部收入分配改革，完善分配办法。参照人才市场价格水平，确定各类人才薪酬标准，改善薪酬结构，形成比较适宜且具有行业竞争力的薪酬水平。三是不断改进工资总量调控机制及工效挂钩的管理办法，逐步提高中核集团公司员工整体收入水平。四是依托国防科工委“杰出人才奖励办法”，中核集团公司拟制定相应办法，对中核集团公司工程项目、科研开发、工艺技能等方面的杰出人才实施重奖。五是对主动选择到艰苦地区重要核基地工作、业绩突出的个人以及在人才引进培养中业绩突出、效果明显的单位给予物质及精神奖励。

（5）为人才提供和谐的工作团队和组织氛围。舒心愉快地工作在每个人的职业生涯中显得特别重要，同时，良好的工作团队氛围是稳定人才队伍、吸引人才、留住人才的一个重要因素。中核集团公司通过加强企业文化建设及舆论宣传，来营造人才工作的良好氛围。在注重宣传核特色文化、核工业精神、重点工程和典型人物，以及注重加强核工业老基地、科技领军人物、创新团队事迹和重要功绩等宣传的基础上，着力营造“文化感召人、事业激励人、待遇吸引人”的良好氛围。由此，提高毕业生投身战略核基地，投身核事业的自豪感、使命感和责任感，增强中核集团公司优秀人才的荣誉感，提高员工对企业的满意度和忠诚度。

13.6　中核集团公司企业文化

13.6.1　中核集团公司企业文化理念

伟大的事业产生伟大的精神，伟大的精神成就伟大的事业。中国核工业创建和发展已有60年的历程。在党中央、国务院和中央军委的亲切关怀和正确领导下，在全国人民的大力支持下，核工业经过两次艰苦创业，成功研制了原子弹、氢弹、核潜艇，改写了中国大陆没有核电的历史，建立了完整的核科技工业体系，为我国国防建设和国民经济建设做出了重大贡献。同时，在培育核工业精神、推动制度创新、塑造企业形象、提高员工素质等方面做了积极探索，取得了明显成效，形成了具有核工业特征、适应时代发展要求的核工业文化理念。中核集团公司企业文化理念是企业文化建设的核心，体现了深厚的历史积淀和崭新的时代要求的高度统一，体现了中央要求、社会期待和自身追求的高度统一，体现了中核集团公司经济责任、政治责任和社会责任的高度统一，是新世纪新阶段实现中核集团公司新发展、提升核心竞争力的精神支柱和强大动力。

中核集团公司企业核心价值观是：以人为本、求实奉献、争创一流、安全发展。其释义分别对应四个“坚持”：始终坚持激发和调动职工的主动性、积极性和创造性，致力于员工与核事业的共同发展;始终坚持实事求是,一切从实际出发的求真务实作风,把核事业的发展作为企业和员工的最大追求;始终坚持把争创一流企业作为奋斗目标,争创体制一流、研发一流、队伍一流、党建一流;始终坚持“安全第一、质量第一”的方针,把核安全视为核工业的生命线,放在各项工作的首位。

中核集团公司企业的愿景是:把中国核工业集团公司建设成为具有强大实力、创新能力和市场竞争能力,主业突出、管理规范、效益显著的国际一流企业集团。

中核集团公司企业的经营理念是:开放、包容、合作、共赢。“开放、包容”旨在通过思想观念的创新和体制机制的创新,按照企业发展的实际需要积极营造良好的发展环境,努力争取广泛的发展资源,以开放的胸襟增进与各有关方面的沟通与交流,以包容的心态与同行互相尊重、互相支持。“合作、共赢”则要求以互利共赢为目标,实现优势互补,加大合作力度、拓宽合作领域,最大程度地分享合作成果。在我国核工业大发展的进程中形成广泛的联合与协作,不断增强我国核工业加快发展的内在动力和活力。

中核集团公司企业宗旨是“兴核强国、服务社会”。

中核集团公司企业精神是:“事业高于一切,责任重于一切,严细融入一切,进取成就一切”。它是几代核工业人在两次创业征程中凝聚形成的宝贵精神财富,是中核集团公司企业文化理念的核心,它贯穿于核工业 60 年的发展历程,是我们宝贵的精神财富,是将中核集团公司继续推向前进的强大动力。全面启动企业文化建设,就要继续弘扬这一精神,以高度的责任感和强烈的使命感,激励斗志,鼓舞士气,凝聚力量,不断推进核事业的新发展。

中核集团公司企业“两弹一星”精神是:“热爱祖国、无私奉献、自力更生、艰苦奋斗、大力协同、勇于登攀”。

优秀文化传统是核工业人最为宝贵的精神财富,是核工业未来发展的基石,也是中核集团企业文化建设的重要基础。

13.6.2 核工业精神的形成与传承

我们常说中国的核事业是毛泽东、周总理等老一辈无产阶级革命家亲自缔造的,同样,核工业精神也是在以毛泽东、邓小平、江泽民、胡锦涛为代表的党的几代领导人亲自培育下形成的,是几十万核工业人在两次创业过程中孕育锤炼形成的优良传统的高度概括,是几十万职工在建设和攻关过程中用心血和汗水浇灌的精神硕果。

核事业开创初期,毛主席就嘱咐刘杰部长说:“这是决定命运的哟,好好干呀!”周总理说:“核工业几个厂子(指五〇四厂、酒泉原子能联合企业、二二一厂、包头核燃料元件厂)是全国人民最高利益所在,是世界人民利益所在。”邓小平同志说:“这些东西反映一个民族的能力,也是一个民族、一个国家兴旺发达的标志”。江泽民同志说:“如果没有当年毛主席,周总理领导我们在非常困难的条件下搞出的原子弹、氢弹和人造卫星,我们不会有今天这样安全的局面,恐怕早就挨打了。在这个世界上,最后还是要拼实力的。我们要卧薪尝胆,一定要争这口气!”胡锦涛同志说:“要继续坚持以我为主,这是发展核电的必由之路。”并提出“发展民族核电”的重要思想。中央领导的亲切关怀和谆谆教导培育了核工业人的科学作风、进取精神和自主创新的民族精神。

在员工思想素质和严细作风方面,周总理的指示最多、最具体、也最精辟。“核工业人的那种平凡而伟大的风格”就是周总理“三高”指示的内容,总理说:“二机部的工作,要做到有高度的政治思想性，要求有平凡而伟大的风格，要有终身为这门事业的思想；高度的科学计划性，要求一环扣一环，采取科学的态度和科学的方法；高度的组织纪律性，克服松、散、乱、慢的现象。”对核事业的生产、建设、研究工作，周总理指示：“对原子能工业的生产、建设和核武器的研究、试验，要实事求是，循序渐进，坚持不懈，戒骄戒躁。”对核试验提出：“严肃认真，周到细致，稳妥可靠，万无一失。”对核潜艇研制，周总理指示：“核潜艇我们第一次搞，试验工作要稳当一些，一步一步把工作做好，多花一些时间充分试验。要通过试验取得各种科学数据和资料，积累经验。”并提出：“充分准备，一丝不苟，万无一失，一次成功。”总理的这些殷切的期望与重托，加深了核工业人对责任和使命的理解，极大地增强了核工业人的事业心和责任感，教导培育并奠定了核工业精神的理论基础。

为了完成党中央交给我们核工业人的这项神圣而伟大的使命，成千上万的职工经受了各种艰难困苦的考验。在艰苦的工作和生活条件下，在平凡的岗位上干出了惊天动地的事业。除了有党中央的关怀和全国人民的支持，重要的是核工业人对于责任、对于使命的理解和认识。是事业激发了他们的责任，是事业增添了他们的志气。这里有致力钻研基础理论，进入戈壁滩以身许国、隐姓埋名，一干就是十七年的老科学家王淦昌；有在遭遇空难时与警卫员紧紧相抱，任凭烈火将自己焚烧也要保存核试验绝密资料的，中国核武器研制初期的三大台柱之一的郭永怀；有与工人一起倒班，解决了很难攻克的技术问题，高调做事、低调做人朴实的科技工作者曹本熹；有喝黄泥汤、住地窝子没有怨言，以苦为乐的广大干部和职工……他们把个人的兴趣、人生的价值，与国家安全、民族自强的伟大事业统一起来，把艰苦的环境、恶劣的条件，与为国争光的抱负和革命的乐观主义精神统一起来，吃苦不叫苦，受累不埋怨，一心要建好工程、拿出产品、成就事业，他们用青春、智慧、热血和生命生动诠释了对责任和使命的深刻理解，对事业的无限忠诚和执著追求。

严细求实是核工业多年来形成的优良传统，是融入一切活动、每个环节的优良作风；是核工业取得举世瞩目的辉煌成就的制胜法宝。邓稼先和十来个年轻人为了计算一个对原子弹理论设计有着重要作用的参数，用仅有的几台台式机械计算器，三班人昼夜不停，进行了9次重复计算，从而以严谨的计算推翻了苏联人的原有结论，解决了我国原子弹试验成败的关键性难题。进取是推动核工业发展的动力，是核工业人成就伟大事业的基础。核工业是战略产业，是尖端技术。凡属新的、先进的技术，是花钱买不来的，最尖端的东西只有依靠自己组织力量开发。唯有以只争朝夕的精神，依靠自主创新，千方百计、开拓进取，才能成就“两弹一艇”和核电建设这样伟大的事业。创业初期，我们对核工业知之甚少。苏联停援后，形势更加严峻。科技人员组织“三结合”攻关，争分夺秒，日夜奋战，争取了时间，加快了进程。当核心部件还是可望而不可即的时候，我们制定了“两年规划”，倒排进度，顺排措施，向中央立下军令状！有些项目，不少科研课题，很多工程节点，我们都是千方百计，创造条件，齐心协力，刻苦攻关，解决了一个个难题，圆满完成了各项任务。

核工业精神形成于第一次创业，发展于第二次创业。不断将改革开放、科学发展观融入其中，使核工业精神得到进一步提升和发展，也使核工业精神的内涵得到进一步丰富和升华。从自力更生为主到“以我为主、中外合作”；从献身事业到企业发展与员工发展和谐统一；把严格细致、一丝不苟的科学作风引申到规范的核安全文化，是一个与时俱进的发展过程。在核工业60年的发展历程中，我们始终牢记党中央几代领导人关于核工业发展的指示和重托，奉行周恩来总理提出的关于严细的基本要求，铸就了核工业的辉煌业绩，锤炼了核工业人无私奉献、严格细致、一丝不苟、尊重科学、扎实认真的内在品格，也缔造了核安全文化的原型。在核电建设过程中，我们把以人为本的管理与程序化、规范化的运作结合起来，坚持和弘扬严细求实的科学精神，取得了卓越的成绩，确保了核电厂和核设施的安全运行，做到了万无一失。

20 世纪 80 年代初，当我们宣布建设秦山核电厂时，国外舆论敬佩我们的决心，但对我们的能力表示担忧，认为中国建造核电厂“是一项困难的挑战”。核工业人为了推进民族核电事业的发展，放弃了许多、承担了许多，面对繁重的任务、历史的责任与较大的风险，核工业人凭着对事业的执著、进取，攻克了一个又一个难关，征服了一个又一个新的高峰。20 世纪 50 年代已是一所大学核专业教研室主任的戚正文，毅然放弃了优越的生活条件和出国深造的机会，来到七二八院负责核岛工艺系统的设计。当时，他的孩子不幸去世，他强忍着中年丧子的痛苦，同时还要承受着照顾瘫痪在床的妻子的沉重生活负担，当老同事劝他回校主持工作时，他却坚定地说：“我负责的这一摊，还没有最后成功，就如士兵没有把仗打到底，我怎么能离开战场呢?”核工业人就是这样凭着对事业的执著和忠诚，创造了一个又一个的奇迹。1991 年 7 月 31 日，秦山核电厂开始装料，意味着要把国产化的 121 个核燃料组件装入反应堆内，核裂变能源将在这儿实现。张玉良代表装料队宣誓：“保证做到一次成功，为结束中国大陆无核电的历史做出应有的贡献。”这位年近六旬的东北汉子，当年告别长春，入戈壁饮风餐沙二十载没有落一滴眼泪，此刻却抑制不住这满腔激动，眼窝湿润了。中国核电建设经过 20 年的不懈努力，实现了从“成功起步”到“国产化重大跨越”，再到“工程管理与国际接轨”的三次历史性跨越。

核工业精神是核工业人 60 年的创业过程中积淀的最为宝贵的精神财富，是核工业未来发展的基石，也是中核集团企业文化建设的重要基础。核工业精神是一种文化，是一种规范，是一种群体气质。文化与企业的关系是“魂”与“体”的关系，文化要有企业这一物质载体来支撑，企业的发展更需要先进的文化来推动。核工业精神的传承与发扬必将为中核集团的发展提供源源不断的精神动力。

13.6.3 中核集团公司相关标识

2008 年 1 月，中核集团公司申请的三种注册商标“中核”、“CNNC”和图形标识，获得商标局签发的“商标注册证”，有效期 10 年。这对于提高集团公司产品品牌的知名度、防止恶性抢注具有重要意义。

标识图案

标识图为原子核模型图案和“中”字造型的结合，图案中电子轨迹线条含变体的“C”和“N”英文字母，是中核集团公司的英文缩写“CNNC”。

整体图形是一个由上而下的立体透视，其节节攀升的态势，呈现出勇攀高峰的精神，象征着中国核工业集团公司勇往向前、不断完善的企业理念。

13.7 中核集团公司中长期发展战略

发展战略是企业面对激烈竞争的经营环境，为求得长期生存和不断发展而进行的总体性谋划。中核集团公司根据国家的任务要求、发展规划和产业政策，在分析外部环境和内部条件现状及其变化趋势的基础上，对集团公司的发展改革做出了方向性、整体性、全局性的谋划，提出了中核集团公司到 2020 年的中长期发展战略。该战略指出了中核集团公司发展的总体思路、发展原则和发展目标，系统阐述了本世纪头二十年中核集团公司的重点任务和相应保障措施。

13.7.1　中核集团公司面临的环境分析

党的十六大报告提出，本世纪头二十年，我国要全面建设惠及十几亿人口的更高水平的小康社会，到 2020 年实现经济翻两番。在这一大的环境背景下，中核集团公司面临着难得的发展机遇和严峻的挑战。

13.7.1.1　中央领导对核工业发展的高度重视

党中央、国务院和中央军委十分关心、高度重视核科技工业的发展。特别是 2004 年以来，中央领导同志多次视察核科研基地，对核工业发展作出了一系列极其重要的指示，对加快核科技工业发展提出了非常明确的要求。

中央领导曾指出：中国核事业取得了举世瞩目的成就，极大地增强了中国的国防实力和综合国力。当前，中国改革发展正处于关键时期，现代化建设任务繁重。无论是从促进经济社会发展看，还是从保障国家安全看，我们都必须切实把中国核事业发展好。希望奋斗在核事业战线的广大科技人员和干部职工，进一步增强使命感和责任感，大力弘扬“两弹一星”精神，爱岗敬业，甘于奉献，严谨细致，团结协作，为推动中国核事业发展、为全面建设小康社会贡献更多智慧和力量。江泽民同志指出，实践证明，中共中央作出发展核事业的战略决策是十分正确的，中国核事业队伍是一支具有光荣传统和创新能力的队伍。核科学技术是现代科学技术的重要组成部分，是一个国家科技实力的重要标志。我们要充分认识核科学技术在中国现代化建设中的重要地位，大力推进科技创新，更好地发展中国核事业，以造福于我们的国家和人民，造福于人类和平与发展的崇高事业。

中央对核电的发展也做出了新的重大部署，决定加快核电建设。胡锦涛总书记在中央经济工作会议的讲话中强调：“要积极开发核能。”2005 年 1 月 7 日，温家宝总理在视察大亚湾核电厂时，要求我国核电建设：切实搞好核电发展规划，提高核电自主开发能力，确保核电安全平稳运行。国务院多次专题研究核电发展问题。2005 年 3 月在国务院常务会议上，温总理特别强调“积极推进核电”的工作方针。

中央领导曾多次视察指导中核集团公司的工作，特别是对核工业抗震救灾、核电发展、自主创新、铀资源海外开发等工作，胡锦涛、江泽民、吴邦国、温家宝、贾庆林、李长春、习近平、李克强、贺国强、周永康等中央领导同志也都给予了高度重视和亲切关怀。中央领导同志多次视察核科研基地，对核工业发展作出了一系列极其重要的指示，对加快核科技工业发展提出了非常明确的要求。党中央、国务院和中央军委的英明决策、正确领导和亲切关怀，极大地鼓舞了我们的士气，增强了我们加快推进核工业科学发展的信心和力量。

因此，加快发展核工业，是中央根据当前和今后一个时期国际政治、军事斗争的需要，贯彻科学发展观采取的重大举措，是中央领导集体关于核科技工业发展新的指导思想和战略决策，具有深刻的现实意义和深远的历史意义。中核集团公司作为中国核工业发展的中坚力量，面对党中央、国务院和中央军委对核科技工业发展的高度重视和关怀，面对新一代中央领导对核工业发展最强有力的支持，面对“富国强军，打造国际一流集团”的宏伟目标，任重道远，中核集团公司肩负着光荣而艰巨的历史责任。

13.7.1.2 保持和加强中国核威慑力量

根据新的国际形势和新军事变革的要求，国家需要继续保持和不断提升核威慑力量。当今世界，核力量建设仍然是国家安全的基石，是大国地位和综合国力的重要标志。未来的国际政治和军事形势纷繁复杂，要保持和提升我国在国际政治、军事舞台上的地位，核科技及相应产业的发展显得至关重要，它是我国政治、军事实力的重要体现。

核工业处于国家的战略地位，作为从事核事业的中核集团公司而言，承担着重要的军工科研生产任务，在维护国家安全方面有着重要的地位，起着特殊的作用。保持并不断增强国家整体核能力，确保核威慑力量的有效性，确保我国核大国的地位，是中核集团公司的神圣使命。

13.7.1.3 国家能源建设的需要

能源短缺是全世界面临的一大难题，中国更是如此。按现在的开采水平估算，世界上的煤、石油、天然气等不可再生的一次性能源将在未来几十年内逐渐枯竭。其他大多数可以利用的能源又很难在短期内实现大规模的工业化生产和应用。只有核能才是可以大规模使用的安全而经济的工业能源。我国的煤、石油、水力等资源虽然比较丰富，但人均占有量不到世界平均值的 1/2，而且，我国能源资源的分布极不均衡，60％以上的煤集中在华北，70％的水力资源在西南。相反，我国人口、工业又多集中在东南沿海地区。能源安全问题已经成为影响和制约我国经济发展的一大瓶颈。

为确保我国未来经济发展对能源的需求，2007 年，国务院通过了《核电中长期发展规划(2005—2020 年)》，对核电建设规模提出了明确的要求：到 2020 年，我国的电力总装机容量将达到 10 亿千瓦，核电的装机容量要达到总装机容量的 4％，要建成 4 000 万千瓦，同时在建 1 800 万千瓦。根据“十一五”期间我国核电建设的实际情况来看，这一目标可能提前 5 年左右完成。因此，在日本福岛核事故发生前，国家发改委和国家能源局就已经开始征求各方面的意见，对 2007 年的《核电中长期发展规划》部分内容进行适当调整。2012 年 10 月，国务院继 5 月份通过《核安全规划》后，又讨论通过了《核电安全规划(2011—2020 年)》和《核电中长期发展规划(2011—2020 年)》，对核电建设进行了正常建设的稳妥恢复和布局，提高准入门槛的部署，显示出我国安全高效发展核电的坚定决心。同时也表明，我国核电建设强度不会再延续 2009 年前后的势头，对发展速度进行必要的调整。从 2005 年至 2012 年底，我国总计开工建设了 34 台核电机组，按调整后的规划目标，未来 3 年可能是 3～5 台/年的建设规模。

根据国家发改委新的规划，中核集团公司将联合其他单位着力解决核工业发展所面临的自主能力和资源保障等“瓶颈”问题，制定切实可行的措施和进度安排，确保国家核电发展规划的顺利实现。

13.7.1.4 促进能源和经济社会可持续发展

当前，电力工业发展很快，提高电力工业效率、减少污染物排放、节能降耗的任务十分艰巨。

我国燃煤火电占到总发电量的 70％。因此，电力工业发展面临着巨大的环保压力。二氧化硫导致酸雨，二氧化碳引发温室效应。一座 100 万千瓦的燃煤电厂，每年产生硫氧化物

4.4 万吨、氮氧化物 2.2 万吨、二氧化碳 600 万吨，还有 30 多吨灰尘。比较而言，核电不排放硫氧化物、氮氧化物和温室气体，即使是人们最为担心的放射性，核电厂仅相当于同等规模火电站辐照剂量的 37.5%。仅就 2011 年讲，核电对节能减排贡献十分显著，与燃煤发电相比，核电年发电量 872.01 亿千瓦时，相当于少燃烧标准煤 2 877.63 万吨，减少排放二氧化碳 8 417.07 万吨、二氧化硫 47.81 万吨、氮氧化物 21.20 万吨。可以看出，积极发展核电对于保护生态环境、促进能源与经济社会的可持续发展，能够起到非常重要的作用。

13.7.2　中核集团公司优势分析

中核集团公司整体上有以下几个方面的发展优势：

一、"中核"(CNNC)品牌优势。中核集团公司有成功研制"两弹一艇"和建设国产化核电厂等方面的无形资产，有国内外知名的"中核"(CNNC)品牌。在中央、各部委和社会公众的心目中，CNNC 是中国核工业的主要力量；在国际交流与合作中，CNNC 是中国核工业的代表。

二、核军工科研生产优势。中核集团公司是我国军用核材料科研生产、军用核动力研制的唯一主体和军用核技术研发的主要力量。

三、核电产业投资，自主研发设计、建造和运营管理优势。目前运行的所有核电机组，均由中核集团公司控股或为第一大股东。中核集团公司具有 30 万千瓦、60 万千瓦压水堆核电厂自主设计、建造和运行管理能力，具备以我为主、与国外合作设计百万千瓦级核电厂的能力。形成了一支核电自主研发队伍，建立了一批大型试验设施和台架，研发设计力量在国内居于主导地位。核仪器仪表和非标设备产品在国内具有一定优势。

四、核燃料循环产业的可持续发展优势。基本形成了与国防建设和核电建设相配套的比较完整的核燃料循环工业体系。实现了铀浓缩生产技术升级换代与核燃料元件制造的国产化。

五、核技术应用的技术优势。经过几十年的积累，中核集团公司在放射性同位素和辐射技术、环保技术、特色化工等领域有比较高的声誉及一定的研究设施和人才队伍基础，具有迎头赶上的良好条件。

六、核科技创新优势。中核集团公司建立了较为完整的核科技研发体系，拥有支持核电、核燃料、核应用技术、核基础研究的试验验证手段和科研设施。拥有一批高素质的核科技专家和一支较高水平的核专业技术人才队伍，并取得了一批优秀的核科研成果。

七、核安全保障和管理优势。中核集团公司拥有经过 50 多年实践建立起来的核安全管理与技术支持体系，拥有一支技术水平高、业务能力强的技术保障队伍，能够为核军工、核电厂和其他核设施的安全运行、环境保护、放射性废物处理处置等提供有效服务和有力保障。

八、核领域的国际合作优势。中核集团公司在核科技、设计、生产、经贸等领域，与国外有关机构建立了广泛的联系，开展了密切的合作与交流。

13.7.3　中核集团公司产业中期发展目标

"十二五"是中核集团公司加快发展的关键时期。中核集团公司"十二五"发展的指导思想是：高举中国特色社会主义伟大旗帜，以邓小平理论和"三个代表"重要思想为指导，深入贯彻落实科学发展观，以促进核工业科学发展为主题，以加快转变集团公司经济发展方式为主线，认真贯彻落实"开放、包容、合作、共赢"的发展理念和"集团运作、专业经营、科技兴核、人才强企、精益管理、双资推进”的经营方针，大力宏扬“四个一切”的核工业精神，以军为重，军民融合，创新体制机制，努力做强做优，全面完成“十二五”规划的目标任务，实现核工业又好又快安全发展。中核集团公司“十二五”改革发展的总体目标是，以打造强大核心竞争力为中心任务，实现“五个一工程”目标，努力把集团公司建设成为军工核心能力强、自主创新能力强、安全发展能力强、效益提升能力强的一流企业集团，使集团公司发展实现质的飞跃，为2020年实现“做强做优，世界一流”打下坚实基础。

中核集团公司的奋斗目标是，到2015年实现：

主营业收入超过1 000亿元；利润超过100亿元，大幅提升发展的质量和效益；职工人均年收入和福利待遇明显提高；科技创新取得10大突破性进展；打造10个以上海外科工贸平台，成为真正的国际化企业。

我们要通过5～6年的发展，努力将中核集团公司建设成为具有较强发展实力、创新能力和市场竞争能力，军民结合、主业突出、管理规范、效益显著的真正的企业集团。

中核集团公司发展的主要思路是：第一，着力加强军工核心能力建设。第二，着力加快产业经济发展，做强主业增实力。核电产业是集团的龙头产业；核燃料产业是基础产业；天然铀产业要建设大基地，形成大联合；海外科工贸产业要加大支持力度；核技术应用产业要重点推进体制机制创新；核仪器设备产业内部加大整合，外部加强合作；核环保工程产业要积极加以培育，实行产业整合；非核民品产业要有进有退，有所为、有所不为。

13.7.4 几个主要产业发展的基本思路

13.7.4.1 发展核军工科研生产的基本思路

根据新的国际形势和新军事变革的要求，国家需要继续保持和不断提升核威慑力量。当今世界，核力量建设仍然是国家安全的基石，是大国地位和综合国力的重要标志。未来的国际政治和军事形势纷繁复杂，要保持和提升我国在国际政治、军事舞台上的地位，核科技及相应产业的发展显得至关重要，它是我国政治、军事实力的重要体现。

保持并不断增强国家整体核能力，确保核威慑力量的有效性，确保我国核大国的地位，是中核集团公司的神圣使命。中核集团公司的核军工科研生产，是我国核威慑能力的源头和基础，是国家核威慑核心能力的重要组成部分。保持我国核大国地位，不断巩固和发展战略核力量，确保核威慑能力的可靠、有效，是国家安全的重要保障，是国家根本利益所在，也是中核集团公司肩负的战略使命和神圣职责。在当今复杂多变的国际形势下，必须加强先进军用核动力关键技术研究，促进军用核材料生产技术的升级换代，切实提高我国核威慑力量的可靠性和有效性。

中核集团公司始终把确保核军工放在首要位置，全面高质量完成了各项军工科研生产任务，取得了新的重大成绩，为国防建设作出了重要贡献。

13.7.4.2 发展核电产业的基本思路

核电是中核集团公司长期发展的龙头产业。根据中央领导的重要指示精神和国务院关于核电建设的工作部署，中核集团公司核电发展的指导方针是：一要坚持积极推进核电建设，将核电作为国家能源战略的重要组成部分，加快发展；二要坚持以我为主、中外合作，引进技术、推进自主化，走有中国特色的民族核电发展之路；三要坚持“安全第一、质量第一”的方针；四要坚持按照市场经济原则，逐步参与电力市场的竞争。

中核集团公司还肩负着发展民族核电的历史责任，始终坚持“研发一代、预研一代、探索一代”。“研发一代”就是在持续不断的做好二代核电技术改进的基础上，全面掌握三代核电技术；“预研一代”就是瞄准国际核电技术发展的前沿技术，提早开展预先研究工作，争取早起步，实现跨越式发展，如超临界水堆技术、快堆技术等；“探索一代”就是针对新概念、新理论开展探索性的工作，如聚变技术等。

在推进核电技术发展进程方面，中核集团公司将首先在现有的基础上，进行必要的改进，提高安全性和某些主要技术性能，积极开展我国改进型第二代百万千瓦级压水堆核电技术的研发和设计。通过自主研发和设计，以及必要的外方技术咨询和技术转让，掌握数字化仪控技术等，提高安全性，形成具有“二代加”技术水平的中国核电设计方案 CNP1000 和 CNP1500。以浙江三门和山东海阳两个核电项目为依托，开展第三代核电技术 AP1000 的引进、消化、吸收和再创新的工作，通过自主研发和消化、吸收，掌握第三代核电技术，具备批量建设第三代核电机组的能力。自主开发具有国际先进水平的中国核电品牌。主要通过重大科技专项——大型先进压水堆，国家重大科技工程，自主研发，加上运行经验反馈的积累和国际合作，在 2020 年前形成具有国际先进水平（三代加）、拥有自主知识产权的中国先进核电品牌（ACNP＋），为 2020 年后批量建设做好准备。积极发展快中子增殖堆。开展中国原型快堆关键技术研究、设计、实验验证，以及关键设备的研究、研制和实验，形成自主设计快堆核电厂的能力。继续跟踪研究受控核聚变堆技术，完成热核聚变研究装置环流器 2 号 A 工程。积极参与国际热核聚变实验堆（ITER）计划，开展聚变领域的国际合作，加快掌握有关核聚变堆的关键技术。

在国家“863 计划”的支持下，中核集团公司已经建成实验快堆并投入使用。实验快堆投资达 13.88 亿元人民币，是“863”计划中迄今投资最大的项目之一。

在核电技术服务方面，要做强做大核电技术服务产业。充分发挥中核集团公司在核电运行、役前和在役检查、诊断、检修、换料、乏燃料管理与放射性废物管理、人员培训等方面的技术、人员、设备和经营管理的优势，加强技术能力开发，不断进行技术创新，提高核电技术服务能力和水平。充分挖掘和利用现有资源和优势，对全系统范围内的核电技术服务资源进行优化组合和统一协调。通过与国内外有关商家的联合，组建专业化核电技术服务公司，创建中核集团公司统一的“中国核电技术服务”品牌，成为国内最重要的核电技术服务商。

13.7.4.3　发展核燃料循环经济产业的基本思路

围绕中核集团公司党组“集团化运作，专业化管理”的发展模式，以建立与先进核燃料循环产业目标相适应、满足市场竞争要求的新型管理体制和经营机制为总体目标，初步形成核燃料产业体制机制改革总体思路及具体方案，全面开展体制机制改革工作。

国产核燃料产品质量优良，实现了零破损率，价格与国外比也有竞争力。近年来按照核电发展规划目标的要求，生产能力持续快速提升，核燃料加工和供应能力超前配置，完全能够满足核电大发展的需求。在生产技术上，核燃料加工关键环节关键设备的研发成功，突破了国内核燃料加工产业的发展瓶颈。

中核集团公司核燃料循环产业的发展，坚持军民结合、立足国内的方针。坚持核燃料闭合循环的技术路线，通过对核电厂乏燃料的处理，提取可裂变核素制成铀环混合燃料供核电厂使用，并为以后快中子堆核电厂的发展创造条件。继续执行天然铀、核燃料、核材料、核技术生产经营与进出口专营的政策。

在铀矿地质勘查方面，主攻地浸砂岩型铀矿，兼顾其他经济型铀矿。加强铀资源总体潜力的调查和评价，摸清资源家底。加大勘查力度，增加后备勘查基地。加强铀矿成矿理论的研究、深部探矿技术的研究和改善铀矿勘查装备，扩大勘查范围和提高勘查效率。

在铀矿冶发展方面，合理开发国内资源，积极利用国外资源，建立由国内生产、境外开发和国际贸易构成的供应保障体系。抓好国内天然铀几大生产基地的开发工作；抓好境外铀矿冶项目建设和国际采购工作；抓好铀矿冶工艺的技术进步；建立天然铀储备体系。

在核燃料加工生产方面，坚持“满足国内、面向国际、立足竞争、自主发展”的基本思路。以满足国防和国内核电需求为基础，核燃料的主要环节要面向国内、国际两个核电市场发展的需求，个别环节可率先参与国际市场竞争。依靠科技进步和机制创新，积极开展对外科技交流与中外合作，进一步发展壮大核燃料产业。到2020年，基本形成具有国际先进水平的核燃料循环工业体系。

在核燃料循环技术方面，掌握先进铀矿勘查采冶技术，掌握先进的铀转化生产工艺及设备制造技术，形成高性能核燃料元件自主品牌，掌握先进核燃料后处理工艺技术和大型核燃料后处理厂设计建造技术。

13.7.4.4 核能研发(实验)中心建设

国家能源局设立了38个国家能源研发(实验)中心，其中与中核集团有关的有三个。

国家能源快堆工程研发(实验)中心：国家能源快堆工程研发(实验)中心是依托中核集团中国原子能科学研究院设立的。研发(实验)中心定位于国家核能发展战略研究咨询中心、快堆电站建设的技术支持中心、国家先进燃料循环体系的技术研发中心。以“掌握技术、培养人才、推进产业化”为目标，通过自主创新和国际合作，依托中国实验快堆装置和示范快堆电站工程项目的带动，重点突破燃料、材料和关键设备等技术瓶颈，不断改进快堆电站的安全性和经济性，全面形成快堆研发、设计、建造技术服务和工程承包能力。该中心建成后，将使我国成为世界上第八个具有快堆研发能力的国家。

国家能源压水堆技术研发中心：国家能源压水堆技术研发中心是依托中国核动力研究设计院而设立的。该中心主要是从事先进反应堆研究与开发的综合性研发机构，以提高核电产业自主创新能力及核心竞争力为宗旨，逐步建设成为具有国际先进水平的反应堆研发技术的研究基地。研发中心的研发目标是：新型反应堆研发、技术推广和应用；承担反应堆关键技术和实验研究、工程设计验证和试验验证；促进引进技术的消化、吸收、再创新，推动国际合作交流；结合现有核电厂反应堆运行经验反馈，大力开展反应堆安全运行及保障技术研究，提供专业化的反应堆安全运行及保障技术支持服务；提供工程技术、标准的评价与咨询服务；解决制约核电产业发展的关键技术及瓶颈问题，为国家重点工程提供技术支持和保障，同时为国家核能科技发展及战略规划提供技术支持；培养核能领域的创新型人才和技术带头人，并为国家核能发展提供人员培训。

国家能源先进核燃料元件研发中心：国家能源先进核燃料元件研发中心是依托中核集团中国核动力研究设计院、中广核集团中科华核电技术研究院而共同设立的。研发中心以提高我国核电燃料元件自主创新能力及核心竞争力为宗旨，以培养国内一流的核燃料元件研发技术团队为使命，逐步形成技术研发与工程应用相结合的科技创新体系，并建设成为具有国际先进水平、向国内外开放的核燃料元件技术平台和研发基地。研发中心涉及先进堆芯及燃料设计、研制及评价等多个环节，主要从事核电燃料元件研发的系统规划、核电先进燃料元件的开发，燃料元件标准法规技术研究与建立、评价与咨询，燃料元件技术的国际合作交流，燃料元件研发人才的培训及技术储备，为我国核能科技发展及战略规划提供技术支持。

13.8　中核集团公司两院院士简介

院士是我国科学家的最高荣誉，科学家们也以得到这个荣誉为荣。中国科学院院士和中国工程院院士是国家设立的科学技术方面的最高学术称号，为终身荣誉。院士增选工作每两年进行一次。中国科学院学部成立于1955年，中国工程院成立于1994年，两个机构的主要职能和任务是组织院士对国家经济建设、社会发展中的重大科学技术问题，科学技术发展规划、科学发展战略和重大科学技术决策提供咨询，推动科学技术政策和措施的制定和实施，对重要研究领域、研究计划和学术问题进行评议和指导，开展学术活动，同国内外学术团体进行交流与合作，促进科学技术的发展与普及等。

中国科学院现有院士717名，外籍院士56名。中国工程院现有院士755名，外籍院士36名。

13.8.1　中核集团公司中国科学院院士简介

中核集团公司中国科学院院士有：王乃彦、王方定、刘广钧、李正武、李德平、张焕乔、欧阳予7人（按姓氏笔画排序）。

王乃彦——核物理学家。1935年11月21日生于福建福州。1956年毕业于北京大学技术物理系，并被聘入中国科学院原子能研究所进行研究工作，曾任中国原子能科学研究院激光与粒子束研究室主任、研究员，核物理研究所所长，中国原子能科学研究院副院长，现任该院科学技术委员会主任；同时担任国家“863”计划高功率准分子激光研究项目负责人，“863”计划激光技术主题专家组和惯性约束聚变主题专家组成员等学术职务。1993年当选为中国科学院院士（学部委员）。领导和参加了核武器试验中极其重要的11种近区物理测试项目，对探测器系统的响应函数、测试数据的解卷积的复原处理等重要问题做了创造性研究，促进了我国核武器设计和测试技术的不断改进。对惯性约束核聚变领域的物理和技术问题做了系统研究，在高功率脉冲技术、束流物理和束靶相互作用诸方面取得在国内具有开创性的研究成果。在电子束泵浦氟化氪准分子激光的研究中，激光输出能量达106焦耳，能量抽取效率达国际水平。同时在大面积非箍缩型电子束泵浦技术、大孔径氟化氪激光振荡器、强流束流物理和高功率脉冲技术等方面建立了巩固的基础。

王方定——放射化学家。1928年12月出生，放射化学专业。1948.9—1949.1上海交通大学学习，1950.9—1952.11四川重庆大学学习，1952.11—1953.7四川化工学院化学工程系学习。曾任中国原子能科学研究院科技委主任。

- 研究解决了核武器点火中子源。
- 为我国核武器试验创建了放射化学测试法，为核武器的改进、提高提供了可靠数据。

· 曾获 2 项全国科学大会奖、1 项国家科技进步特等奖和 4 项国家发明奖。

· 全国“五一”劳动奖章获得者。

刘广钧——同位素分离专家。1929 年 7 月出生，原子能科学技术同位素分离专业。1948.9—1952.8 北京清华大学物理系物理专业学习，1956.9—1958.5 苏联莫斯科动力学院特别进修班（同位素分离专业学）。现任核工业理化工程研究院高级顾问，清华大学兼职教授，中国核学会理事，铀同位素分离学会副理事长，中国科学院技术科学部材料学科分组成员。一直从事铀同位素分离的科研工作，在同位素分离理论和气体分子运动论的研究上发表了几十篇论文，其中关于稀薄气体分子运动论方面的论文在美国流体物理杂志发表后，受到同行重视，被约为流体物理杂志审稿人。在扩散级联理论上提出了最佳运行条件的三种判据并阐明了浓度干扰传播的规律对工厂实际运行有重大意义。1989 年曾在美国纽约州罗彻斯特大学任客座教授。曾获国家科技进步一等奖、二等奖等重大奖项。

李正武——核物理与等离子体物理学家。曾用名李整武。1916 年 11 月生于浙江东阳。1938 年毕业于清华大学（西南联大）物理系。第四、五、六、七届全国政协委员。中国核学会第一、二、三届常务理事，中国核聚变与等离子体物理学会第一、二届理事长。国标原子能机构国际核聚变研究委员会中国成员。1980 年当选为中国科学院院士（学部委员）。

· 曾任贵阳气象所技士，后在江苏医学院、复旦大学、交通大学任教。

· 1947 年赴美国加州理工学院物理系留学，1951 年获博士学位，任美国加州理工学院凯洛格（核物理）实验室研究员，并曾在美国望城医学中心从事核技术和辐射应用工作。

· 1955 年 9 月回国，是中国较早从事受控热核聚变研究的科学家之一，为中国受控热核聚变研究和人才培养做出重要贡献。

· 对轻原子核及热核聚变反应作了多项精密实验及分析；解决了用核物理方法系统地确定原子核质量的问题；独立发现轻原子核的库仑激发现象；在国内首先提出了受控氘氚“点火”设想。

李德平——1926 年 11 月 4 日生于北京（原籍江苏兴化）。1948 年毕业于清华大学物理系，先后在中国科学院近代物理研究所（后易名为原子能研究所）、中国辐射防护研究院工作。现任中国辐射防护研究院研究员，中国核安全专家委员会副主席，环保局顾问与核环境专家委员会副主任委员。

1991 年当选为中国科学院院士（学部委员）。研究建立了我国核工业辐射防护研究和监测体系，曾指导我国初期放射性实验室计量科研及建立实验室工作，参与了我国首次研制卤素计数管强流管及稳压管的工作；推导了普适的电离电流体复合损失新的公式，指出当时堆控硼壁电离室设计参数的缺点；发展了用细束照射研究探测器性能的方法；证明近滕等人的精细工作仍与实际不符。所著《球形电离室特性》有助于平息关于中心是否随源距离前移的争论。较完整地改进了核工业职业照射危害最大的氡及其子体的测量中的问题。作为国际放射防护委员会主委会成员，参与制定辐射防护基本标件 ICRP1990 年建议书，并参加审议国际劳动组织(ILO)的职工辐射防护规定。

张焕乔——1933 年 12 月出生。1952.9—1955.9 武汉大学物理系学习，1955.9—1956.7 北京大学物理系学习，1982.9—1984.9 美国俄亥俄州立大学冶金工程系访问学者(公派)。中国原子能科学研究院科技委委员、博士生导师。

· 作为实验核物理的学科带头人之一，在中子物理、裂变物理和重离子核反应等方面取得了突出成果。参加了压电振荡石英单晶中子衍射增强现象的发现并提出了合理的解释；负责自发裂变和中子诱发裂变的瞬发中子数及其与碎片特性关联的系统研究，提供了高精度的裂变中子产额初级标准，达到国际先进水平；开拓了重离子垒下熔合裂变反应碎片角分布研究，发现碎片角异性随质心能量的变化中有峰结构的异常现象，并在垒下更深能区看到碎片角异性反常具有普遍性。

· 曾获全国科学大会奖、国家自然科学三等奖、吴有训物理奖和部级科技进步一等奖。

欧阳予——生于 1927 年 7 月。四川乐山人。1948 年武汉大学工学院电机系毕业。1957 年在苏联莫斯科动力学院获技术科学博士学位。中国核工业集团公司科学技术委员会副主任。1991 年当选为中国科学院院士(学部委员)。

· 1957 年起参与主持并组织完成了中国第一座军用生产堆研究设计。

· 担任中国第一座自行设计建造的秦山核电厂的总设计师，全面负责技术指挥和决策。秦山核电厂已并网发电成功，是中国在核电技术上的重大突破。

· 1989 年获建设部授予的“中国工程设计大师称号”。

· 1992 年获全国“五一”劳动奖章。

· 曾获国家科技进步特等奖、一等奖等多项重大奖项。

· 1995 年获何梁何利技术科学奖。

13.8.2　中核集团公司中国工程院院士简介

中核集团公司中国工程院院士有：于俊崇、叶奇蓁、阮可强、孙玉发、李冠兴、陈念念、周永茂、钱皋韵、徐銤、彭士禄、潘自强 10 人(按姓氏笔画排序)。

于俊崇——核能工程专家。1940 年 12 月出生于江苏滨海县，研究员级高级工程师，博士生导师。1965 年参加工作以来，一直从事核反应堆工程研制及设计研究工作，在核反应堆热工水力和安全方面有很深造诣。他作为主要技术负责人，在负责策划、组织工程设计，支持关键技术攻关等方面发挥了关键作用，并作出重大贡献。他曾获多项国家和部级科技进步奖，2006 年获全国“五一”劳动奖章。

叶奇蓁——核反应堆及核电工程专家。1934 年 9 月 16 日出生

于武汉，祖籍浙江海宁。1955年毕业于上海交通大学。1960年在苏联莫斯科动力学院获电力系统专业副博士学位。原任核电秦山联营有限公司副总经理、总设计师。曾任核工业第二研究设计院副总工程师、核工业计算机应用研究所所长。2003年当选为中国工程院能源与矿业工程学部院士。曾任我国生产发电两用堆设计总工程师。参加了我国第一座生产堆的设计、调试启动工作，为确保堆的安全和长期运行作出了贡献。20世纪80年代初主持筹建核工业计算机应用研究所，组织开发了计划协调技术应用软件，为我国首座核电厂——秦山核电厂编制了工程网络计划。在筹建秦山二期60万千瓦核电厂工程中，主持了可行性研究和总体设计，参加了技术路线、堆型选择、主要技术指标确定等决策性工作，组织初步设计及重大技术方案的审定，处理协调了大量接口技术问题和施工中的重大技术问题，为秦山二期1号机组提前投产和2号机组建设作出了卓越贡献。由于在核反应堆及核电工程等方面取得的卓越成绩，1988年起，先后在国家核安全局专家委员会、中国核动力学会、中国国际工程咨询公司专家委员会、国防科学技术工业委员会专家咨询委员会兼任委员、常务理事等职。1990年被授予享受国务院特殊津贴的有突出贡献的专家。

阮可强——反应堆物理及核安全专家。1932年12月生于上海，原籍浙江慈溪。1950年至1951年于清华大学学习，1951年至1958年在苏联学习，毕业于莫斯科动力学院。现任中国原子能科学研究院研究员，国家“863”计划能源领域第三届专家委员会首席科学家。1995年当选为中国工程院院士。长期在反应堆物理和核安全领域从事研究、设计，负责过多个反应堆的物理研究、设计项目，负责核设施的临界安全研究、设计和审查工作。负责核潜艇压水堆物理计算，研究解决了堆芯热中子空间能量分布的精确计算问题。负责完成了第一座快中子零功率反应堆的建造和物理启动，为我国快堆研究的起步打下基础。作为物理设计负责人研制成功微型反应堆，获1986年国家科技进步奖一等奖。为核工业中铀同位素分离、核燃料后处理、燃料元件制造、铀钚冶炼加工等十几个重要工厂的设计、投产、运行，解决了大量的临界安全问题。曾获国家科技进步一等奖、全国科学大会奖。

孙玉发——1937年5月出生，反应堆工程专业。1963年7月毕业于哈尔滨工业大学反应堆工程专业。中国核动力研究设计院高级工程师（研究员级），曾任中国核动力研究院副总工程师、副院长。

· 完成潜艇核动力反应堆燃料元件两相流特性实验研究。

· 负责设计建造了热工实验装置。

· 主持完成秦山一期DNB和驱动线热态试验、秦山二期堆芯水力模拟试验、AC-600先进堆芯设计研究。

· 主持完成了13个大型核动力实验装置和2个重点实验室建造。

· 曾获部级科技进步二等奖 2 项、国家核安全局一等奖 1 项。

李冠兴——1940 年 1 月出生，高级工程师(研究员级)，核燃料与工艺技术专业。1967 年 7 月毕业于清华大学工程物理核材料专业(研究生)。原任中国核工业集团公司二〇二厂总工、厂长，现任中国核工业集团公司二〇二厂名誉厂长，中国核学会核材料分会委员；中国复合材料学会第三届理事会金属基和陶瓷基专业委员会委员；新金属材料国家重点实验室学术委员会委员。

· 主持开发研制出独特配方的特殊材料硬质合金。

· 主持开发的特殊硬质合金浅蚀刻、薄镀层工艺具有独创性。

· 采取独特的工艺，成功地研制出研究堆辐照靶件堆外冲刷试验元件，取得具有里程碑意义的成果。

· 曾获部级科技进步一等奖 1 项、二等奖 2 项。

· 1982.9—1984.9 美国俄亥俄州立大学冶金工程系访问学者(公派)。

陈念念——同位素分离专家。1941 年 10 月生于上海。1964 年毕业于清华大学工程物理系同位素分离专业。曾任核工业理化工程研究院院长，现任院科技委主任。2005 年 12 月当选为中国工程院能源与矿业工程学部院士。几十年来，他一直从事相关工艺的研究和试验工作。20 世纪 70 年代末，他主持设计建成了用于试验鉴定专用设备核心元件的模拟装置，使元件鉴定的周期和费用大大减少，为国家节约资金数百万元。从 20 世纪 80 年代初开始，他主持了多项先进工艺研究试验，并于 1994 年至 2002 年主持研制成功了我国第一代具有自主知识产权的专用设备，经过考核试验后，现已开始投入工业化批量生产。曾获国家科技进步二等奖 3 项，国防科学技术、部级科技进步一等奖 3 项、二等奖 2 项。

周永茂——核反应堆工程专家。1931 年 5 月生于浙江镇海。1955 年毕业于上海交通大学。1958 年毕业于苏联莫斯科动力学院进修班。现任中原对外工程公司高级工程师，中国核工业集团公司科技委顾问。1995 年当选为中国工程院院士。长期在反应堆工程和科技第一线从事设计、研究和建设工作，完成了国家交给的许多核科研任务：完成了潜艇核动力堆本体的早期设计方案；主持开展了为生产堆、动力堆、游泳池堆的燃料元件与靶元件的首次国产工艺定型验证工作；参与了高通量堆设计建造的重大决策，该堆的设计特色，国外尚无先例；核工业二次创业期间，领导民用微堆的开发，该堆在国内外各建造四座，赢得了很好的国际信誉和经济效益。曾两次获得国家科技进步一等奖，曾获国家级有突出贡献中青年专家称号。2000 年获何梁何利技术科技奖。

钱皋韵——1927 年 3 月生于上海。1950 年毕业于上海交通大学。1953 年赴莫斯科大学当研究生。现任中国核工业集团公司科技委顾问，兼任中国核学会理事长。1994 年当选

为中国工程院院士。

· 先后在热核聚变和铀同位素分离的科学研究及其组织方面做了大量的工作。是气体扩散机中核心元件——分离膜研制的创始人之一，亲自参加研究和组织协作，取得了出色成绩。

· 为了节约能耗，在我国铀浓缩技术向离心法过渡的决策中，起到极其重要的促进作用。

· 主持建立了包括主机和辅助系统研制在内的一整套完整的离心机研制体系，并及时组织了中间试验和筹建了离心机生产线，促进科研成果迅速向工业化转化。

· 曾四次获国家级奖励，包括一项国家发明一等奖。

徐銤——核反应堆工程专家。1937 年 4 月出生于扬州，1961 年 7 月毕业于清华大学工程物理系核反应堆工程专业。1961.9—1971.11，先后在北京原子能所和北京 194 所从事核反应堆零功率装置物理实验研究和快堆技术研究。1971.12—1987.6，在核工业一院从事快堆发展战略、快堆设计研究和快堆科研。1987.7 月—今，在中国原子能科学研究院从事国家 863 高技术计划下的快堆发展战略和技术路线研究，技术上领导快堆科研，快堆设计。中国核工业集团公司快堆首席专家，中国原子能科学研究院快堆工程部总工程师，国家能源工程快堆工程研发（实验）中心学术委员会副主任。中国快堆事业的开拓者和奠基人之一。

彭士禄——核动力专家。1925 年 11 月生于广东海丰。1956 年毕业于苏联莫斯科化工机械学院。1958 年修毕于莫斯科动力学院核动力专业。现任中国核工业集团公司顾问，兼任中国核学会名誉理事长、核动力学会理事长。1994 年当选为中国工程院院士。

曾任中国核潜艇总设计师，主持了潜艇核动力装置的论证、设计、试验以及运行的全过程，并参加指挥了第一代核潜艇的调试和试航工作。参加、组织研制成功的耐高温高压全密封主泵达到了当时的世界先进水平。亲自建立的核动力装置静、动态主参数计算法。20 世纪 80 年代初，以《关于广东核电站经济效益的汇报提纲》为国家领导决策迄今最大的中外合资——大亚湾核电厂项目，提供了坚实的依据。在从事秦山核电厂二期工程工作中，亲自作了 60 万千瓦核电厂主参数的计算并作了核电厂经济分析模型，被公认为电站技术经济专家。

曾获国家科技进步特等奖、全国科技大会奖、国防科工委荣誉奖。1996 年获何梁何利技术科学奖。

潘自强——1936 年 6 月生于湖南益阳。1957 年毕业于北京大学。现任中国核工业集团公司科技委主任、中国核学会辐射防护学会理事长、国家环保总局核环境专家委员会副主任、中国灾害防御协会理事、联合国辐射效应委员会主委。1997 年当选为中国工程院院士。在我国辐射防护学科发展的初期，提出了我国的实用保健物理学框架，完成

了具有国际水平的“低本底气流式测量装置”等多项监测装置和方法。参与指导和解决了大量技术问题，为建立我国辐射防护监测和学科体系奠定了基础。自20世纪70年代末开始，主持完成了多项重大项目，对推动我国核电事业的起步和发展作出了重要贡献。积极推动“辐射事故和应急体系”的建立，在我国辐射防护法规和标准体系的建立方面作了开拓性工作，奠定了我国放射性废物安全管理的基础。1996年获美国保健物理学会最高学术奖——摩尔根学者奖。2001年获国家环境保护局授予的全国环境保护杰出贡献者称号。

第十四章　与核电工程有关的其他集团公司(研究院)简介

14.1　中国工程物理研究院

中国工程物理研究院创建于1958年，是以发展国防尖端科学技术为主的理论、实验、设计、生产的综合性科研生产机构，为国务院计划单列单位。科研基地主体坐落在四川省绵阳市涪江之畔，占地四千多亩，建筑面积150多万平方米，是一座设施齐全、文明美丽的现代化科学城。在北京、上海、深圳、成都等地设有科研分支机构或办事机构。

“铸国防基石，做民族脊梁”是中国工程物理研究院的核心价值观。

中国工程物理研究院有一支政治素质好、业务水平高、在国内外同行业中有影响的学术技术骨干和导师队伍，有大量国防科研和军民两用技术科研项目、先进的科研条件、广泛的国内外学术技术交流途径以及有利于人才成长的环境，在理学、工学学科门类的许多研究方向具有学科优势。

中国工程物理研究院拥有12个研究所、100余个科研室和30多个生产车间及3万多台(套)各类先进设备仪器，主要从事冲击波与爆轰物理；核物理、等离子体与激光技术；工程与材料科学；电子学与光电子学；化学与化工；计算机与计算数学等学科领域的研究及应用。已形成专业门类齐全、先进设备与技术保障能力相配套的科研生产基地。

中国工程物理研究院拥有专业技术人员8 000余名，其中高级专业技术人员2 000余名。中科院院士11名、工程院院士12名；“两弹一星”功勋奖章获得者：于敏、王淦昌、邓稼先、朱光亚、陈能宽、周光召、郭永怀、程开甲、彭桓武等杰出科学家都曾经或正在担任该院的重要领导工作。入选国家“百千万人才工程”第一、二层次人选10名；国家级有突出贡献的中青年专家24名和一批优秀年轻科技人才。

中国工程物理研究院现有5个国防科技重点实验室。该院设有研究生部，有9个博士学位授予权专业和21个硕士学位授予权专业；有物理、数学、原子能科学与技术3个博士后流动站，涉及等离子体物理、理论物理、粒子物理与原子核物理、凝聚态物理、应用数学、计算数学、核技术及应用、核燃料循环与材料等学科专业。近几年来，该院先后与30多个国家和地区开展了学术交流活动，派出留学人员和访问学者共2 500余人次。

14.2　中国核工业建设集团公司

中国核工业建设集团公司是经国务院批准在原中国核工业总公司所属部分企事业单位的基础上组建、由中央管理的国有重要骨干企业，是经国务院批准的国家授权投资机构和资产经营主体，是国防科技工业十大军工集团公司之一。

中核建设集团公司成立11年以来，围绕“保军促民，调整结构，以核为本，科技兴业”的经营方针，各项事业步入持续稳定的良性发展轨道，核心竞争能力得到进一步提升。国务院国资委首批确认集团公司的主业为“军工工程，核电工程、核能利用，核工程技术研究、服务”。集团公司目前已经形成了“一个核心能力，两个核心业务”的战略发展框架，以国防工程和核电工程为代表的工程建设、以高温气冷堆和低温供热堆技术为代表的先进反应堆技术产业化是集团公司的核心业务。

中国核工业建设产业是与我国原子能工业同时诞生并共同发展的，是我国核工业完整体系和国家高科技战略产业的重要组成部分，先后完成了我国大陆所有的核武器研究生产基地和核燃料生产设施建设，承担建设了我国航空、航天、船舶、兵器等各军工行业的各类国防科技工程，履行了国家赋予的保军建设责任，为我国核工业的发展和“两弹一星”的丰功伟业做出了重大贡献。

在和平利用原子能方面，中核建设集团公司承担了秦山一期、二期、三期核电厂和大亚湾核电厂、岭澳核电厂、田湾核电厂等我国所有核电厂以及我国出口巴基斯坦的恰希玛核电站的工程建设，积累了多种核反应堆工程的建造经验，取得了多项建造技术的突破，形成了一批自有知识产权，全面掌握了百万千瓦级核电厂建造能力。2005 年，中核建设集团公司又相继赢得了新开工建设的岭澳核电厂二期工程、秦山核电厂二期扩建工程、巴基斯坦恰希玛核电厂二期工程等核电厂工程建造合同。

中核建设集团公司还以军工企业的优良信誉和奋斗精神，先后承建了遍及石化、能源、交通、纺织、医药、冶金、建材等多个行业的大批国家重点工程项目，其中多项工程获国家建筑工程鲁班奖和省部级优质工程奖。集团公司愿竭诚与国内外各界通力合作，不断为客户和社会创造更多的价值，共同创造我们伟大民族的美好未来。

14.3　中国广东核电集团有限公司

中国广东核电集团有限公司是我国以核电为主业、由国务院国有资产监督管理委员会监管的清洁能源企业，1994 年 9 月注册成立。中国广东核电集团是由核心企业——中国广东核电集团有限公司和 20 多家主要成员公司组成的国家特大型企业集团。

截至 2008 年 12 月底，中国广东核电集团拥有大亚湾核电厂和岭澳核电厂一期近 400 万千瓦的在运行核电机组，岭澳核电厂二期、辽宁红沿河核电厂、福建宁德核电厂、阳江核电厂超过 1 600 万千瓦核电机组正在建设，台山核电项目、广西防城港核电项目、湖北咸宁核电项目约 800 万千瓦核电机组正在开展前期工作；风电投产装机容量超过 45 万千瓦，在建 70 万千瓦，拥有常规电力权益容量 120 万千瓦，在建 100 万千瓦。

中国广东核电集团自成立以来，始终坚持“安全第一，质量第一，追求卓越”的方针，以打造同行业金牌栋梁企业为目标，在成功建设大亚湾核电厂的基础上，通过将已投产核电厂产生的效益作为资本金投入开发新的核电项目，形成了“以核养核，滚动发展”的良性循环机制；以从法国引进的百万千瓦核电机组为基础、结合多项重大技术改进形成了具有自主品牌的中国改进型压水堆核电技术方案——CPR1000；培养了一支专业化的核电厂运营管理、工程管理和技术研发队伍；建立了与国际接轨的核电生产运行、工程建设、科技研发和人才培养体系，在核电厂运行、维修、技术支持、安全监督、质量管理等方面达到了世界先进水平。

近年来，党中央国务院作出了“积极推进核电建设”的决策，为主动适应国家核电发展新形势要求，中国广东核电集团修订了集团战略规划，明确战略定位为“以核电为主的清洁能源集团，为社会提供安全、环保、经济的电力”。确定了自主化、专业化、市场化、国际化战略，在确保已运行机组安全生产、在建工程建设稳步推进的同时，中国广东核电集团坚持专业化和自主化发展，不断推进组织管理体系创新，加快核心能力、经营管理水平与发展平台的全面提升，先后成立了国内首家专业化的核电运营管理、工程管理、工程设计和公用技术研究机构；完善了以核电学院为龙头的专业化核电人才培养体系；加强了与核电产业链上下游企业的企业联盟，在技术、人才、资金和管理等方面具备了面向全国、跨地区、多基地同时开工建设和运营管理多个核电厂的能力。

在新的历史时期，按照国家的统一部署，通过建设三代 EPR 核电项目和参与三代 AP1000 项目建设，中国广东核电集团进入了高起点引进、消化、吸收三代核电技术的新阶段。

14.4 国家核电技术有限公司

国家核电技术有限公司是由中央管理的国有重要骨干企业；2007 年 5 月，是经国务院批准，由国务院和中国核工业集团公司、中国电力投资集团公司、中国广东核电集团有限公司、中国技术进出口总公司等四家大型国有企业共同出资组建的有限责任公司。国家核电技术公司注册资本为人民币 40 亿元。其中，国家出资 24 亿人民币，占注册资本的 60%；中国核工业集团公司、中国电力投资集团公司、中国广东核电集团有限公司和中国技术进出口总公司各按 10%的比例出资。

国家核电技术公司主要从事第三代核电(AP1000)技术的引进、消化、吸收、研发、转让、应用和推广，通过自主创新，形成自主品牌核电技术；组织国内企业实现技术的公平、有偿共享；承担第三代核电工程建设、技术支持和咨询服务以及国家批准或授权的其他方面的业务。目前主要成员单位包括上海核工程研究设计院、国核电力规划设计研究院、山东电力工程咨询院有限公司、国核工程有限公司、山东核电设备制造有限公司、国核宝钛锆业股份公司、国核自仪系统工程有限公司、国核电站运行服务技术公司、国家核电技术研发中心等。参股企业有湖南核电有限公司、中核包头核燃料元件股份有限公司。

14.5 中国电力投资集团公司

2002 年 12 月，中国电力投资集团公司是在原国家电力公司部分企事业单位基础上组建的国有企业，经国务院同意进行国家授权投资的机构和国家控股公司的试点。集团公司注册资本金人民币 120 亿元。

截至 2008 年底，中电投集团资产总额 2 842 亿元，可控装机容量为 51 990 MW，权益装机容量为 40 116 MW；其中水电机组 10 539 MW，占集团公司可控装机容量的 20.3%；火电机组 41 123 MW，占集团公司可控装机容量的 79.1%；风电机组 328 MW，占集团公司可控装机容量的 0.6%。核电机组 1 350.8MW，占集团公司权益装机容量的 3.37%；集团公司包括 213 家成员单位，15 家参股企业，职工总数为 104 018 人。

中电投集团资产分布在全国 28 个省(区、市)及港、澳等地，拥有上海电力股份有限公司、山西漳泽电力股份有限公司、重庆九龙电力股份有限公司、吉林电力股份有限公司、中电霍煤露天煤业股份公司、石家庄东方热电股份有限公司 6 家 A 股上市公司;拥有在香港注册的中国电力国际有限公司,并通过中国电力国际有限公司拥有在香港上市的中国电力国际发展有限公司,以及致力于为香港提供电力的中港电力发展有限公司;拥有承担流域开发的黄河上游水电开发有限责任公司和五凌电力有限公司;拥有在电力设备成套服务领域中业绩突出的中国电能成套设备有限公司;拥有大型煤炭企业中电投蒙东集团有限责任公司;拥有 19 个已建成的 1 000 MW 以上的大型电厂;拥有控股的山东海阳核电项目,等比例控股的辽宁红沿河核电项目一期工程,以及在广西、辽宁、湖南、吉林、重庆等省市进行了核电项目前期工作,参股 5 个运行核电厂和 3 个在建核电项目。

附录

中国核工业历史沿革和领导人年表

(1955—2012年)

1955年1月15日:毛泽东主持召开中共中央书记处扩大会议,讨论并决定建设原子能工业,毛泽东就此作了重要讲话。李四光、刘杰、钱三强等列席了会议。

1956年11月16日:第一届全国人大常委会第五十一次会议通过决定,设立中华人民共和国第三机械工业部(简称三机部),主管我国核工业的建设和发展工作。宋任穷为部长,刘杰、袁成隆、刘伟、雷荣天、钱三强为副部长,张献金、何克希为部长助理。

1958年2月11日:第一届全国人民代表大会第五次会议决定,将第三机械工业部改为第二机械工业部(简称二机部)。

1960年9月10日:中共中央任命刘杰为二机部党组书记,刘伟为党组副书记。

1960年9月30日:刘杰被任命为二机部部长。

1962年8月:国务院任命刘淇生为二机部副部长。

1963年7月5日:牛书申被任命为二机部副部长兼政治部主任。

1963年7月24日:刘西尧被任命为二机部副部长、党组副书记。

1963年12月4日:钱信忠被任命为二机部副部长。

1964年10月4日:中共中央批准,二机部党委由刘杰任书记,刘西尧、刘伟任副书记。

1965年2月28日:国务院任命李觉为二机部副部长。

1975年1月17日,第四届全国人民代表大会任命刘西尧为二机部部长。

1977年1月15日:刘伟被任命为二机部党的核心小组组长、二机部部长。

1977年8月16日:牛书申、李觉被任命为二机部党的核心小组副组长,雷荣天、王介福、苏华、姜圣阶为二机部副部长。

1978年6月16日:周秩、王淦昌被任命为二机部副部长,刘淇生、张献金为二机部顾问。

1979年4月16日:刘淇生、张丕绪、赵敬璞、刘玉柱、刁筠寿、王侯山被任命为二机部副部长。

1982年4月9日:张忱被任命为核工业部部长、党组书记;刘书林为副部长、党组副书记;蒋心雄、赵宏为副部长;姜圣阶为科技委主任,王淦昌、邓稼先为副主任;李觉、周秩、刁筠寿、张道容为顾问。

1982年5月4日:第五届全国人大常委会第23次会议决定,将二机部改名为核工业部。

1983年6月20日:第六届全国人大常委会第一次会议任命蒋心雄为核工业部部长。

1983年6月26日:中共中央通知,蒋心雄为核工业部党组书记,张忱任核工业部顾问。

1983年10月5日:周平被任命为核工业部副部长。

1983年12月13日:陈肇博被任命为核工业部副部长。

1986年4月：李定凡被任命为核工业部副部长。

1988年5月3日：国务院任命蒋心雄为中国核工业总公司总经理，陈肇博、赵宏、李定凡、黄齐陶为副总经理。

1988年8月29日：国务院办公厅转发能源部关于组建中国核工业总公司的报告，国务院原则同意这个报告，并责成能源部协同中国核工业总公司抓紧组建工作。

1988年9月15日：中核总召开新闻发布会，宣布中国核工业总公司成立。

1989年12月21日：中共中央发出通知，中央同意成立中国核工业总公司党组，蒋心雄任党组书记，陈肇博任党组副书记。同日，中共中央组织部发文通知，同意赵宏、李定凡、黄齐陶、闵耀中、马福邦任中国核工业总公司党组成员。

1991年1月27日：中共中央任命闵耀中为中核总党组纪律检查组组长。

1991年6月17日：国务院和中共中央组织部分别发文通知，昝云龙任中核总副总经理、党组成员。

1993年12月21日：国务院任命李玉崙为中核总副总经理。

1995年1月27日：国务院决定，任命张华祝为中核总副总经理。

1995年4月24日：国务院决定，任命傅锐为中核总副总经理。

1997年6月13日：中共中央通知，中央批准张华祝任中核总党组副书记。

1999年4月13日：国防科工委召开会议，宣布国务院已批准5个军工总公司改组为企业集团的框架方案和10个企业集团筹备组成员名单。根据国务院批准的方案，中核总将改组为中国核工业集团公司和中国核工业建设集团公司。中国核工业集团公司筹备组的组长为李定凡，成员有康日新、孙勤、李忠良、黄国俊、钱福源、徐福顺。中国核工业建设集团公司筹备组的组长为穆占英，成员有王寿君、吕华祥、时传清。

1999年7月1日：李定凡任中国核工业集团公司党组书记、总经理，康日新任党组副书记、副总经理，孙勤、李忠良、黄国俊任党组成员、副总经理，钱福源、徐福顺任党组成员。穆占英任中国核工业建设集团公司党组书记、总经理，王寿君、吕华祥、时传清任党组成员、副总经理。

2001年6月：王炳华、孙又奇被任命为中核集团公司党组成员、副总经理。

2003年9月：中共中央发出通知，任命康日新同志为中国核工业集团公司总经理、党组书记。

2009年8月13日：中核集团公司召开总部和京区单位领导干部会议，中组部副部长王尔乘宣布中央决定并作重要讲话。中央决定：孙勤同志任中国核工业集团公司总经理、党组书记，不再担任国家能源局副局长、党组成员职务。

2012年5月：任命孙勤同志任中国核工业集团公司董事长、党组书记；钱智民同志任中国核工业集团公司总经理、党组副书记。

参 考 文 献

[1] 李觉,雷荣天,李毅,李鹰翔. 当代中国的核工业. 北京:中国社会科学出版社,1987.

[2] 左云峰,张伟星,李鹰翔. 走过五十年. 北京:中国核工业集团公司新闻宣传中心,2005.

[3] 左云峰,周方圆,杨志平. 光辉的足迹. 北京:中国核工业集团公司新闻宣传中心,2005.

[4] 罗上庚. 走近核科学技术. 北京:原子能出版社,2005.

[5] 阎承忠. 当代北京国防工业. 北京:北京日报出版社,1990.

[6] 陈平,刘国冬,秦文. 新中国的基本建设——国防工业卷. 北京:国防工业出版社,1987.

[7] 王忠海,侯建赟. 原子城揭秘——中国第一个核武器研制基地内幕.

[8] 赵志祥,汪兆富,陈叔平. 岁月如歌——中国原子能科学研究院反应堆事业五十年. 北京:原子能出版社,2006.

[9] 中核集团公司安徽吉阳核电公司. 核电科普知识. 北京:原子能出版社.

[10] 湖南桃花江核电公司. 核电——安全清洁的能源. 北京:原子能出版社.

[11] 杨志平. 中国核工业——创建五十周年专刊. 北京:中国核工业集团公司新闻宣传中心,2005.

[12] 中国核工业. 二〇〇六年合订本.

[13] 张金带. 铀矿地质(2007 年第一期). 北京:原子能出版社,2007.

[14] 秦山基地组织部. 海盐县志——秦山一、二、三期.

[15] 沈昌亚,石惠,王治丹. 中国核工业集团公司现状及发展(第一版),2007.

[16] 郑庆云. 核工业精神的形成和内涵,2009.

[17] 中国核能行业协会. 中国核能年鉴 2009—2012 年卷. 北京:中国原子能出版社.